EXAMPRESS®

消防設備士試験学習書

炎の消防設備士 第6類

［テキスト&問題集］

佐藤毅史

SE
SHOEISHA

本書内容に関するお問い合わせについて

このたびは翔泳社の書籍をお買い上げいただき、誠にありがとうございます。弊社では、読者の皆様からのお問い合わせに適切に対応させていただくため、以下のガイドラインへのご協力をお願い致しております。下記項目をお読みいただき、手順に従ってお問い合わせください。

●ご質問される前に

弊社Webサイトの「正誤表」をご参照ください。これまでに判明した正誤や追加情報を掲載しています。

正誤表　https://www.shoeisha.co.jp/book/errata/

●ご質問方法

弊社Webサイトの「書籍に関するお問い合わせ」をご利用ください。

書籍に関するお問い合わせ　https://www.shoeisha.co.jp/book/qa/

インターネットをご利用でない場合は、FAXまたは郵便にて、下記"翔泳社 愛読者サービスセンター"までお問い合わせください。
電話でのご質問は、お受けしておりません。

●回答について

回答は、ご質問いただいた手段によってご返事申し上げます。ご質問の内容によっては、回答に数日ないしはそれ以上の期間を要する場合があります。

●ご質問に際してのご注意

本書の対象を越えるもの、記述箇所を特定されないもの、また読者固有の環境に起因するご質問等にはお答えできませんので、予めご了承ください。

●郵便物送付先およびFAX番号

送付先住所　〒160-0006　東京都新宿区舟町5
FAX番号　　03-5362-3818
宛先　　　　（株）翔泳社 愛読者サービスセンター

不況に強い技術系の資格。
その入り口にあるのが消防設備士だ!!

　弊社の消防設備士資格取得テキストを手に取り、目を通していただきありがとうございます。本書を手に取られた皆様は、色々な思いを持って本書に手を付けていることと思います。そして、本書を学習の一助として選んだ皆さんは、すでに合格への最短コースを歩めることが約束されたようなものです！　本書に詰め込んだノウハウは、他に類を見ないゴロあわせと計算問題を一切省略しない分かりやすさで、多くの受験生の合格をサポートした実績があるからです。

　と、ずいぶん大見栄切った紹介となりますが、申し遅れました、私は本テキストの著者の佐藤毅史と申します。できれば皆様のお顔を見てお話ししたいところですが、書籍ということで紙面上にてお伝えしたいことがあります。

　私は技術系資格の取得対策本を執筆する著者である傍ら、不動産管理会社（ビルメンテナンス業）を営む経営者でもあります。そんな私の立場からも、消防設備士は、これからの時代に最も安定して仕事をすることができる業種であると、声を大にして言いたい！　それはなぜか！？　消防法という法律によって、消防設備は年2回の点検が義務化されているからです。もし点検を怠ったり、設置すべき設備を工事していない場合は、罰則があります。つまり、『義務＝強制＝仕事が続く！＝安定・不況に強い』といえるのです。

　本書の主題である、消防設備士乙種第6類は、消火器の点検を対象とするものであり、この消火器は最も数のある消防設備です。建物内や駐車場、はては公道上にも設置されていることから、その数だけ点検のニーズがあるといえます。そうです、仕事がなくなることはありません、消火器がこの日本からなくならない限りは！

　ところが、周りを見ますと消防設備士のなり手は圧倒的に不足しています（消防署の職員はいつも人気があるけれど、消防設備士として点検・工事する人になりたいという人は実は絶望的に少ない！）。そんな穴場ともいえる資格です。

　本書が、手に取って下さった皆様が合格（資格証）を勝ち取り、安定した仕事に就労するサポートができる、最良の指南書であることを確信しています。

　本書籍の作成に携わるすべての関係者、私の親族、お客様、全ての人への感謝を込めて。

2021年7月　佐藤　毅史

CONTENTS | 目次

第1科目　機械に関する基礎知識·············· 1

第2科目　消防関係法令················· 69

| 第**3**科目 | 消火器の構造・機能および点検・整備 …… 165 |

▶ 鑑別（実技等） ……………………………… 281

▶ 模擬問題 ………………………………… 305

Information | 試験情報

◆消防設備士とは

建物には、その条件に応じて消防用設備等または特殊消防用設備等の設置が義務付けられています。これらの工事、整備の実施には、消防設備士の資格が要ります。

また、工事、整備の対象となる設備は、特類および第1類から第7類まで全8種類に分けられており、第6類では消火器がこの対象となっています。

◆試験の内容

第6類消防設備士の試験では、筆記試験3科目と実技試験が課されます。筆記試験は、四肢択一式で計30問、実技は写真・イラスト・図面等による記述式で大問が5問出題されます。筆記試験と実技試験は同時に実施され、試験時間は1時間45分です。

試験科目		問題数	試験時間
筆記	消防関係法令	10	1時間45分
	基礎的知識	5	
	構造・機能・整備	15	
実技		5	

◆科目免除

消防設備士（受験する試験種別とは別のもの）、電気工事士、電気主任技術者、技術士等の資格を有する方は、申請することで、試験科目の一部が免除になります。

◆合格基準

筆記試験3科目の各科目で40％以上、全体で60％以上、かつ、実技試験で60％以上の成績を修めると合格となります。なお、試験の一部免除がある場合、それ以外の問題数で計算します。

◆受験資格、受験地

受験資格はなく、誰でも受験できます。試験は各都道府県（一般財団法人消防試験研究センターの各都道府県支部）で実施され、居住地に関係なく、どこでも受験できます。

◆受験の手続き

受験の申し込み方法には、願書を郵送する「書面申請」と、ホームページ上で申込む「電子申請」の2種類があります。願書は、消防試験研究センターの各支部等及び関係機関の窓口から入手できます。

◆受験手数料

消防設備士第6類の受験手数料は、3,800円（非課税。2021年7月現在）です。

◆合格後の講習受講義務

消防設備士は、工事、整備に関する新たな知識や技術習得のため、講習の受講義務があります。講習は、免状交付後の4月1日から2年以内、その後は5年に一度受講します。

◆詳細情報

受験内容に関する詳細、最新情報は、試験のホームページで必ず事前にご確認ください。各受験地の試験予定日の確認や、電子申請もこちらから行えます。
一般財団法人 消防試験研究センター：https://www.shoubo-shiken.or.jp/

Structure | 本書の使い方

　本書では、筆記3科目と実技（鑑別等）の内容を、50テーマ（全9章）に分けて解説しています。各章末には演習問題があり、巻末には模擬問題があります。

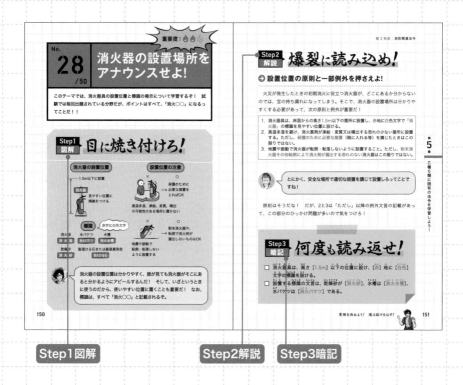

Step1図解　　　　　Step2解説　Step3暗記

◆テキスト部分

各テーマは、3ステップで学べるように構成しています。

Step1図解：重要ポイントのイメージをつかむことができます。

Step2解説：丁寧な解説で、イメージを理解につなげることができます。

Step3暗記：覚えるべき最重要ポイントを振り返ることができます。

　また、解説内には、複数の関連事項をまとめて覚える際の助けになるよう、ゴロあわせを用意しています。

◆演習問題

　章内容の知識を定着させられるよう、章末には演習問題を用意しています。分からなかった問題は、各テーマの解説に戻るなどして、復習をしましょう。

◆模擬問題

　紙面とWeb、合わせて2回分の模擬問題を用意しています。模擬問題を解くことで、試験での出題のされ方や、時間配分などを把握できます。

◆付録

　テキスト中に登場する特に重要な表などを、巻末にまとめています。似た内容の比較や、復習に活用できます。

Special | 読者特典のご案内

　本書の読者特典として、模擬問題1回分のPDFファイルをダウンロードすることができます。また、一問一答が300問解けるWebアプリを利用することができます。本書の内容を繰り返しこなすだけでも、十分合格レベルに達するように設計しておりますが、合格までの距離を測ったり、外出先でも気軽に学習ができるように、追加の模擬問題や一問一答のWebアプリを用意しました。

◆模擬問題のダウンロード方法

1. 下記のURLにアクセスしてください。

https://www.shoeisha.co.jp/book/present/9784798171388

2.　ダウンロードにあたっては、SHOEISHAiD への登録と、アクセスキーの入力が必要になります。お手数ですが、画面の指示に従って進めてください。アクセスキーは本書の各章の最初のページ下端に記載されています。画面で指定された章のアクセスキーを、半角英数字で、大文字、小文字を区別して入力してください。

免責事項

> ・PDF ファイルの内容は、著作権法により保護されています。個人で利用する以外には使うことができません。また、著者の許可なくネットワークなどへの配布はできません。
> ・データの使い方に対して、株式会社翔泳社、著者はお答えしかねます。また、データを運用した結果に対して、株式会社翔泳社、著者は一切の責任を負いません。

◆Webアプリについて

　一問一答が300問解けるWebアプリ「一問一答300本ノック」をご利用いただけます。下記URLにアクセスしてください。

https://www.shoeisha.co.jp/book/exam/9784798171388

　ご利用にあたっては、SHOEISHAiD への登録と、アクセスキーの入力が必要になります。お手数ですが、画面の指示に従って進めてください。

第1科目

機械に
関する
基礎知識

武者我羅

他のことは一切考えるな。
「消防設備士試験の合格」
これに向かって、ただひたすらに取り組め！

第 1 章

物理現象を算数しよう!

本章では、機械に関する知識の物理・計算問題を見ていくぞ! 難しいことはない、身の回りの現象を数値に置き換えたものが物理だ。公式の意味するものを理解したら、あとは簡単な四則の計算だ! 暗記より、理解を意識して学習に取り組むんだ!

気体には
こんな法則がある！

最初のテーマでは、毎回出題がある「気体に成立する法則」とその関係式を学習するぞ！　大切なことは、公式の関係性（①何と何についての公式か？　②何が○倍で、何が▲倍か？）を理解することだ！

Step1 図解 → 目に焼き付けろ！

ボイル・シャルルの法則

圧力

合体！

$$\frac{\text{圧力} \times \text{体積}}{\text{絶対温度}} = \text{一定}$$

ボイル・
シャルルの法則

反比例

圧力が大きいと
体積は小さくなる

ボイルの法則

温度　　　　　　　　　　　　　　体積

シャルルの法則

比例

温度が高くなると
体積も大きくなる

圧力・体積・温度それぞれの関係性は、このあとの解説に登場する図でイメージをつかむんだ！　それを踏まえて、もう一度、上図を理解できるようにしてほしいぞ！　実際の試験では、細かい計算問題は出ないから、比例関係を確実にしよう！

Step2 解説 爆裂に読み込め！

➔ 圧力・温度・体積は恋の三角関係!?

気体は、圧力・体積・温度によってどう変化するか、その法則を学ぶぞ。

◆悲しき片思い？　猛プッシュでドン引き「ボイルの法則」

「気になるあの娘に積極的にアプローチしたら、ドン引きされた」という、悲しい恋の経験をした人はいないか？　世の中の恋と、気体に成立する関係も同じなんだ。圧力と体積は反比例の関係にあるぞ。詳しく解説しよう。

一定の温度下において、一定質量の気体の体積 [V] は、圧力 [p] に反比例するんだ。このシーソーのような関係が、ボイルの法則だ！

$$公式\quad pV=k \quad p：圧力 \quad V：体積 \quad k：一定の値$$

下図のようなピストンをイメージしよう。左のピストンのように、「体積1・圧力1」の状態があるとする。ここに、2倍の圧力をかけたら、その分だけピストン内の空間（体積）が減少 $\left(体積 \frac{1}{2}\right)$ していることが分かるはずだ。

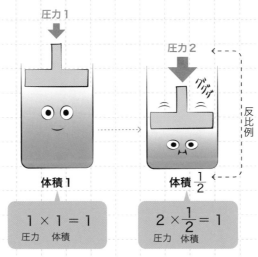

図1-1：ボイルの法則のイメージ

◆両想いで燃え上がる恋の炎！ 「シャルルの法則」

　両想いの男女の恋の炎が激しく燃え上がっていって、誰にも手が出せない。周りでそういう人を見たことがあるだろう？　これは気体においても同じだ。温度と体積の関係は、比例だ！　一定質量の気体の体積は、一定圧力下において、1℃の温度上昇につき、0℃のときの体積の1/273だけ増加するんだ。一緒に増えるこの関係が、シャルルの法則だ！

$$\boxed{\text{公式}}\quad \frac{V}{T}=k \quad T=273+t$$

V：体積　T：絶対温度　k：一定の値　t：セ氏温度

　次図を見てくれ、左は温度も何も変化を加えていない状態だ。右は、この状態で下から熱を加えているが、これによってピストン内の分子が運動エネルギーを得て、ピストンを押し上げている（体積増加）様子が分かるはずだ！

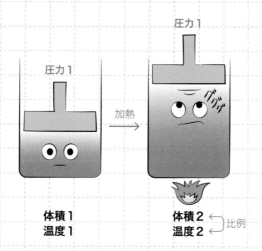

図1-2：シャルルの法則のイメージ

> 公式の中に「温度」が2つもありますけど、これは何ですか？

　我々がよく知っていて、天気予報等で用いられる「℃」をセ氏温度というん

だ。セ氏温度は日常生活だと便利だけど、物理の世界で温度を計算・表記する際には少し使い勝手が悪い。そこで、気体についての法則で計算する便宜上の温度が絶対温度だと理解してくれればOK！

　覚えてほしいことは、絶対温度とセ氏温度の換算関係だ！　セ氏温度をt℃としたとき、絶対温度T（単位はK）は、$T=273+t$で表される。

◆恋のトライアングル（三角関係）　ボイル・シャルルの法則

　気体に成立する圧力・体積・温度の関係を恋愛に例えて見てきたが、最終法則は、これらの全部入りだ！　ボイルの法則＋シャルルの法則で、その名もボイル・シャルルの法則だ（本当にそのまんま合体）。一定質量の気体の体積は、圧力に反比例し、絶対温度に比例するぞ。

$$\boxed{公式}\ \frac{pV}{T}=k\quad T=273+t$$

p：圧力　V：体積　T：絶対温度　t：セ氏温度

　公式が3つもあって、使い分けが難しそうだが、問題文中に次のフレーズがあるから、そこから判断できるぞ！
　・「温度一定」ときたらボイルの法則→体積と圧力の関係だから！
　・「圧力一定」ときたらシャルルの法則→体積と絶対温度の関係だから！

Step3 暗記　何度も読み返せ！

□　気体の体積は［絶対温度］に比例し、［圧力］に反比例する。
□　ボイル・シャルルの法則が成立する気体の温度を表すとき、
　　$T=$［273］$+t$を用いる（Tは［絶対温度］、tは［セ氏温度］）
□　一定質量の気体の圧力を4倍、絶対温度を3倍にした。ボイル・シャルルの法則によれば、この気体の体積は［3/4］倍になる。

重要度：🔥🔥🔥

「力」って、そもそも何なんだ？

ここでは、力の働きを決める3要素を学ぶぞ。動いている物体は当然だが、動いていない物体にも力は作用しているぞ。この原理や働きを理解した上で、滑車に作用する力などの公式を見ていこう！　キーワードは「力のつり合い」だ。

目に焼き付けろ！

力の3要素

力のつり合い

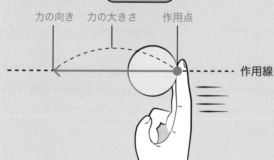

力の向き　力の大きさ　作用点

作用線

つり合っている

目に見えない「力」というものを学習するが、力の3要素に加えて静止している物体に作用する力が重要だ！　図でいえば二人の男が互いに別の方向に力をかけあっているのだが、ここにどういう力が作用しているかを注意して見ていくぞ！

Step2 解説 爆裂に読み込め！

→ 「力」を科学すると…

　「あの人は力持ちだ」「重い荷物を軽々持ち上げる」。「力」という言葉を聞くと、こんなイメージをするよな。どうやら「力」というのは、加える力の大きさや向き（持ち上げる方向など）が関係しているみたいだ。図解の野球ボールを例に見てみるぞ。

　ボールは、投げ方（握り）などによって、速さや方向が異なってくるよな。「力」という側面で考えると、①大きさ、②向き、③作用点（力の始点）の3つの要素で力の働きは決まるといえるんだ。野球ボールでいえば、①投げる力、②投げる方向、③ボールを放す瞬間、といったところだろうか。この上記3つの要素を、力の3要素というぞ。

　力は作用点を始点として、力の大きさに比例した長さの矢印を力の方向（向き）に引いて表すんだ。図解の破線で表された、作用点を通って力の方向に引いた直線は、力の作用線というぞ。

◆静止している物体に働く力は、バランスしている！！
　図解の腕相撲の図を、力の3要素の視点で見ていこう。同じ力を持った2人の男性が腕相撲をしている。力の作用点（始点）はお互いの手のひら部分だ。双方が反対方向に押し合っている（力の向き）のに、双方の手は真ん中から動いていない。このような状態を、「力はつり合っている」というんだ。

　同じ力が逆方向に作用して、はた目には力が加わっていないかのように見えるのが「力がつり合っている」なんですね！

　そうなんだ。このほかに、試験では垂直抗力がよく出るぞ。

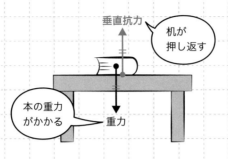

図2-1：垂直抗力のイメージ

　図は、机の上に本を置いた状態を表したものだ。机の上で静止している。ここで、静止しているということは、この本にもつり合っている力が作用しているんだ。

　もし本の重力が一方的に下の方向に作用していたら、机をぶち抜いて下に抜け落ちてしまうが、本は静止している。つまり、本の重力と同じ力の机が本を押す力（これが垂直抗力）が作用しているから、本は落下せずに静止して、机の上にのっているというわけだ（力がつり合っている）。

◆滑車の計算問題はこう解け！

　最後は滑車を使った計算問題を見ていこう。まずは言葉の定義を説明するぞ。

　静滑車：固定されて動かない滑車のこと。定滑車ともいう

　動滑車：固定されていない、動く滑車のこと

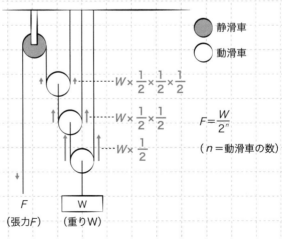

図2-2：滑車と張力

滑車を使って重りを持ち上げようとするとき、1つの動滑車にかかる力（引っ張る力）は $\frac{1}{2}$ になるんだ。一番下の滑車に重り W を付けているが、左右2本のロープで引っ張り上げるわけだから、ロープ1本当たりの引っ張る力（張力）は、$\frac{W}{2}$ になるという按配だ。

今度は下から2つ目の滑車で見てみよう。先ほどの $\frac{W}{2}$ の張力を2本のロープで引っ張り上げているわけだから、この滑車のロープそれぞれには $\frac{W}{4}$ の張力がはたらいているわけだ。

> 動滑車の数が増えるたびに、1/2の力で引っ張り上げられるようになるってことですか？

その通り。最後の3つ目の滑車は $\frac{W}{4}$ の張力を2本のロープで引っ張り上げているから、この滑車のロープそれぞれには $\frac{W}{8}$ の張力がはたらいているわけだ。力がつり合っているということは、同じ力で引っ張り上げているということなんだな。まとめると、「重さ W の物体を n 個の動滑車で引っ張り上げるとき、ロープにかかる張力 F は、$F = \frac{W}{2^n}$ の公式で表される」といえるな。

Step3 暗記 何度も読み返せ！

- [ ] 力の大きさ、[向き]、[作用]点を「力の3要素」という。
- [ ] 静止している物体にも力は作用しており、このとき力は[つり合っている]といえる。
- [ ] 動滑車を n 個取り付けて、重り W をロープで引っ張りあげるときの張力 F は、$F = \left[\dfrac{W}{2^n}\right]$ である。

重要度：🔥🔥🔥

楽して効率よく仕事をする方法?

このテーマでは、ドライバーのネジ締めやスパナでナットを締めるときの回転・運動の力について学習するぞ。工具類を小さな労力で効率よく使う方法を学ぶ（楽する方法を科学する）のは、まさに物理学の真骨頂だ！

目に焼き付けろ!

力のモーメント

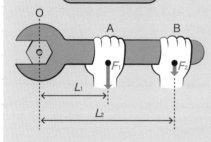

カバンを持つ位置とかかる負荷

$$\underset{\text{力のモーメント}}{M} = \underset{\text{力}}{F} \times \underset{\text{距離}}{L}$$

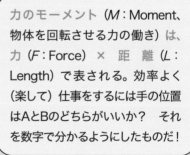

力のモーメント（M：Moment、物体を回転させる力の働き）は、力（F：Force）×距離（L：Length）で表される。効率よく（楽して）仕事をするには手の位置はAとBのどちらがいいか？　それを数字で分かるようにしたものだ！

Step2 解説 | 爆裂に読み込め！

➡ どうやって楽するかを究める学問＝物理学！

　物理学の専門家には怒られるかもしれないが、物理というのは身の回りで起こる現象を数値で表すことを目的にしているんだ。そこに力の要素を加えて、小さな労力で、いかに効率よく仕事をするか。怠け者が楽を究めるための学問が、物理学というわけだ。ここでは、これから君が労少なくして工具類を扱えるようになる術を教えてあげようと思う。

◆小さい力で大きな仕事をする方法

　冒頭の図に記載したが、物体を回転させる力の働きを**モーメント**（M：Moment）という（工学的には**トルク**といわれることもあるんだ）。作用点（O）から回転軸（スパナの持ち手部分）までの距離（**腕の長さという**）をL、加える力をFとすると、モーメントは、次の式で表すことができるんだ。

公式 $M = F \times L$　単位：**N・m**（ニュートン・メートル）

M：モーメント　L：距離　F：加える力

　物体を回転させる力の働き（モーメント）の公式から、加える力が大きいほど、また、腕の長さが大きいほど（作用点からの距離が離れるほど）、モーメントは大きくなることが分かるはずだ。これを基に、手の位置はAとBどちらが効率よく仕事ができるか、もう分かったよな！？

　腕の長さ（Oからの距離）が大きい、Bですね！

　その通りだ。同じ力Fを加えても、距離の大きいBの手の位置の方がモーメントは大きくなるぞ。では、もう1つ事例を見てみるぞ。

◆**体力の消耗を押さえる方法**

　図解の右図は、2人の人が同じ重さのカバンを持っている様子を表している。このときカバンにかかるモーメントは、先ほどと同じ、F×Lで表される。Fは、カバンの重さ（重力）で、これは2人とも同じだが、L（腕の長さ：距離）は、左の真下よりも斜めの方が当然大きくなるので、モーメントの大きくなる右の人の方が、負担が大きくなると分かるな。

　先ほどは効率よく仕事をするために、腕の長さを長くすると学習したが、同じ重さで負担を軽くしたい場合には、腕の長さを最小にする必要があるんだ。

➡ 試験に出る、力のつり合いとモーメントの応用

　スパナやカバンの持ち方を例にしたモーメントを見てきたが、これらは部材に対して一方向からの力を考慮したもの（基本中の基本）だ。試験では、静止した1つの部材に異なる方向から複数の力がはたらいている場合のモーメント（もう少し難しい内容）が出題されているぞ。

　難しい内容といっても、これまで学習してきた内容の知識で十分に解けるから安心してくれ。力が複数の方向から作用しても、モーメントがつり合っていれば物体は動かないわけだから、このときのモーメントは同じになると分かればいいわけだ。実例で見てみるぞ。

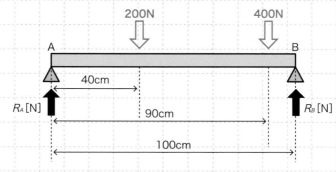

図3-1：複数の力がはたらく場合のモーメント

　図のような1つのはりに複数方向から様々な距離（腕の長さ）で力が作用している図が出てきて、R_AとR_Bの力を求める問題が試験ではよく見られるぞ。

　問題の解き方だが、A点またはB点のどちらかを基準にして、右回り（時計回り）・左回り（反時計回り）のモーメントの和をそれぞれ求める。そして、「右回りのモーメントの和＝左回りのモーメントの和」という関係性から、それぞれの値を求めることができるんだ。

　さっそく、R_Aの求め方を解説しよう。

（1）右回りのモーメント

　腕の長さが40cmと90cmの箇所で力が作用しているぞ。このとき、cm→mに単位換算することに注意しよう。

$$右回りのモーメントの和＝（200×0.4）＋（400×0.9）$$
$$＝80＋360＝440N・m　………①$$

（2）左回りのモーメント

　Aを基準とすると、1m離れた位置にあるR_Bのみとなる。

$$左回りのモーメント R_B×1　N・m　………②$$

①＝②でつり合っているので、

$$R_B×1＝440$$

$$R_B＝440N・m$$

　以上から、上から下に作用する力→は200＋400で600。下から上に作用する力→は、"R_A＋440"で、これがつり合っているから、R_A＋440＝600、よって、R_A＝160Nとなるんだ。

Step3 暗記　何度も読み返せ！

☐ 物体を回転させる力の働きを［モーメント］といい、工学的には［トルク］とも呼ばれる。

☐ モーメントは加える力をF、［腕の長さ］をLとしたとき、$M＝$［$F×L$］と表せる。Lは［長いほど］大きなモーメントとなる。

No. 04 /50 仕事と摩擦の力を数値で学ぼう！

このテーマでは、力を加えて物体を移動させる（仕事）量と効率について学ぶ
ぞ。押しても物体が動かないのは、押す力以上の目に見えない「摩擦」という
力が作用しているからなんだ。この力の計算を見ていくぞ！

Step1 図解 目に焼き付けろ！

仕事量の計算

$$W = F \times L$$

仕事量　　力　　距離

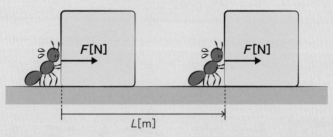

L[m]

 物体を動かす仕事の量は、モーメントと同じ計算で求められる
んだ。仕事の単位換算"J=N・m"に気をつけよう！

Step2 解説　爆裂に読み込め！

→ 仕事と仕事量（率）

ここでは、仕事の量と効率を、数字で表せるようになろう！

◆モーメントと同じ方法で、仕事量を表せ！！

「今日は仕事したな～（汗）」

多くの人は、①長時間労働で、②数多くの案件を処理した場合にこう思うのだろうか。物理の世界でもこれは同じだ。外から力F［N］を加えて、力の向きに距離L［m］移動させたとき、仕事の量は次の式で表すことができるぞ。

$$W = F \times L \quad 単位：J（ジュール）$$

W：仕事量　F：力　L：距離

よく見れば、モーメントと同じ要素のかけ算だと気づくだろう！！上の式から仕事量1Jは、1Nの力を加えてその方向に距離1mだけ移動させたときの仕事量として表されると分かるはずだ。

> 1J＝1N・mということですか？

その通りだ、この単位換算は重要だから覚えておくんだ！

◆効率よく仕事を行っているか、時間を基準に計算せよ！

1つの仕事をほんの数分で終わらせる人もいれば、数時間要する人もいるわけで、前者を「仕事ができる人」と世間ではいうんだな。皆を合格に導く、仕事のできる「必殺」合格請負人、これは漢・国松英雄のキャッチコピーだ！！

話の脱線はこの辺にして、話を先に進めるぞ。先ほど求めた仕事が効率よく行われているかを表す数値として、仕事率Pがあるんだ。これは、求められた仕事量W[J]を仕事の時間t[s]で割ることで求めることができるぞ。仕事率の単位はW（ワット）、仕事率は工率またはパワーともいわれるんだ。

$$P = \frac{W}{t}$$

P：仕事率　W：仕事量　t：時間　tの単位はs(second：秒)

仕事率1Wは、1秒当たり1Jの仕事となるから、次のように単位換算することができるぞ。1W＝1J/s＝1N・m/s

➡ 物体が落下するときの速度と加速度

さあ、さらに話を進めるぞ。ココで学習する内容は、中学の理科で習った内容（もう忘れた！）だけど、苦手にする人は多い！　俺が皆に熱く・分かりやすく解説してるが、何度も読んで慣れるようにしてほしい！！

車に乗ってアクセルを踏むと、車は徐々に加速して速度を増していくわけだが、いきなり時速100kmになるわけではないのは当然だ。このとき、単位時間当たりの速度の変化率を加速度といい、特に、物を落とす際に発生する重力における加速度を重力加速度というんだ。その数値gは、9.8と定義されているぞ（これは絶対に覚えておくように！！）。

加速度の公式　　$\alpha = \frac{V_2 - V_1}{t}$　　V_1：初速、V_2：t秒後の速度、t：時間

重力加速度の公式　$V_2 = V_1 + gt$　　g：重力加速度〈＝9.8〉

いろいろな用語が出てきて頭が…。実際の試験での出題を教えて下さい！

そうだな、論より実践だ！　簡単な例題で加速度と重力加速度を学習しよう。

【例題1】 静止状態のボールを右図のように上から落として、20m/sの速度に達する時間は約何秒か。

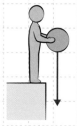

【例題2】 停止していた車が時速54kmに達するまでに要した時間は5秒だった。このとき、加速度の値とその間に移動した距離は何mか。

【例題1の解答・解説】 正解：約2秒

　初速をV_1、t秒後の速度をV_2、重力加速度をg〈=9.8〉としたときの落下速度は、$V_2 = V_1 + gt$で表される。速さを表す記号VはVerocity（速度）の略だ。

　本問は静止状態なので、初速V_1は0となる。求めるt秒後の速度V_2は20m/sだ。ここまでの情報から、公式に数値を代入すると、

　　20＝0＋9.8t

　　9.8t＝20

　以上より、tは約2秒となる。

【例題2の解答・解説】 正解：37.5m

　初速をV_1、t秒後の速度をV_2としたときの加速度αは、次の式で表される。

$$\alpha = \frac{V_2 - V_1}{t} \, [\text{m/s}^2]$$

本問は停止状態なので、初速V_1は0だ。

　よって、加速度の公式は、$\dfrac{V_2}{t}$となる。問題文中の速度は時速だが、加速度の公式は秒だ。この場合、秒速に直す必要があるな。時速は1時間（3,600秒）当たりの速さで54km（54,000m）移動したことになる。よって、

$$\frac{54\text{km}}{1\text{H}} = \frac{54,000\text{m}}{3,600\text{s}} = 15\text{m/s}$$

となる。以上から、

$$\alpha = \frac{15}{5} = 3 \, [\text{m/s}^2]$$

続けて移動距離を求める。小学校で学習した、「木の下に歯抜けのじじい」から、「距離＝速さ×時間」で求めることが分かる。ただし、本問は初速が0のため、速さは平均速度（÷2）で計算する。

$$距離 = \frac{V_2 - V_1}{2} \times t$$

$$= \frac{15}{2} \times 5$$

$$= 7.5 \times 5$$

$$= 37.5 \ [m]$$

慣れないと苦痛かもしれない。でも最初からできる人はいないんだ！　繰り返し計算過程を丁寧に読んで、習うより慣れるんだ！

➡ 物体の運動を阻止する力が摩擦力だ!

力強く君を「合格」へ導く、俺を邪魔するものは存在しない！　あるとしたら愛しき彼女の存在だ…（遠い目）。

さて、相互に接触している物体を動かそうとすると、その運動を阻害するように物体の間に摩擦力が働くんだ。摩擦力Fは、摩擦係数μと垂直抗力Nの積で表すぞ。

$$F = \mu N$$

F：力　*μ*：摩擦係数　*N*：垂直抗力

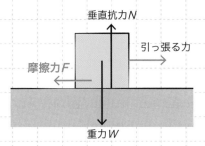

図4：摩擦力が働くイメージ

『垂直抗力＝重力』でしたよね！

　いいぞ、その調子だ！　垂直抗力の値が記載されてなくても、重力（重さ）から数値は判断できるんだ。なお、摩擦力と摩擦係数は比例関係で、滑りやすい物質ほど摩擦係数の値は低くなるぞ！

Step3 暗記　何度も読み返せ！

- [ ] 物体に力*F*を加えて*L*m動かしたとき、この仕事量*W*は［*FL*］で表される。なお、これを単位時間で割ったものは［仕事率］で、単位は［W（ワット）］である。
- [ ] 1W＝1［J/s］＝1［N・m］/sで表される。
- [ ] 重力加速度*g*は、［9.8］である。
- [ ] 摩擦力は、［摩擦係数］*μ*と垂直抗力または［重力］の積で求められる。

No. 05 /50 力の加え方と残像の違いを理解しよう!

このテーマでは、プールの飛び込み台のような棒状の「はり」に力を加えた場合の変化について学習するぞ。力の加え方や加える場所によって、様々な形にはりがたわむわけだが、はりの種類とたわみの残像（曲げモーメント線図）が頻出だ!

Step1 図解 目に焼き付けろ!

はりに力を加えたときの変化

荷重（W）

はり

支点　　支点

反力　　反力

曲げモーメント線図

主なはりの種類

W

固定端　　自由端

片持はり（かたもち）

W

両端支持ばり

W　　W

張出しばり

W

固定はり

W　W　W

連続はり

重要なのは①はりの種類と特徴、②荷重の加わり方と残像、③モーメントの計算だ!

Step2 解説 爆裂に読み込め！

→ はりは5種類を押さえておけ！

「はり」といっても「鍼治療」だとかの「はり」じゃないぞ。建築現場で見る床や屋根等の荷重を柱に伝えるために使われる棒状の部材を**はり**（漢字：梁）というんだ。図解の図のようにはりに荷重が加わると、この荷重とつり合うようにして、はりを支える支点に荷重と反対の力がはたらくが、この力を支点の**反力**というんだ。

はりを支える支点については、主に次の2つを押さえておこう！さらに、支点の組み合わせではりを分類すると、5種類に分けられるんだ。このあとの曲げモーメント線図の基本だから、この5つは覚えてくれ！！

・回転支点：ピンで支えて水平・垂直は固定、回転は自由
・固定支点：水平・垂直・回転を固定

表5-1：主な支点の構造と記号

	回転支点	固定支点
構造		
記号		

表5-2：主なはりの種類

種類	構造
片持はり	一端を固定、もう一端を自由にしたもの
両端支持ばり	両端を支持したもの。単純はりともいう
張出しばり	支点の外側に荷重がかかるもの
固定はり	両端を固定したもの
連続はり	3点以上の支点で固定したもの

→ はりに加えた力の「残像」が曲げモーメント線図だ！

覚えることが多くて、テキストがかすんで見えるだと？　そんなものは幻だ！　甘えるなよ、ここまでがウォーミングアップで、本番はこれからだ！

微かな希望の灯を見つけて、全力で努力しよう！

◆力の加わり方は、点か面だ！

　はりの1箇所（一点）に力が集中するものを集中荷重（図左）、連続的に作用するものを分布荷重といい、分布加重の中でもはりの単位長さ辺りの荷重が一定（面）になるものを、特に等分布荷重というんだ（図右）。

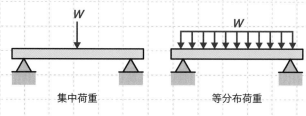

集中荷重　　　　　　　　　　　　　　等分布荷重

図5-1：点と面の力の加わり方

　集中荷重は「点」、等分布荷重は「面」ということですね！

◆残像はイメージをすること！

　はりに、集中荷重や等分布荷重をかけたときに、はりがどのように変化（作用）するか、その変化を影絵（残像）で表したものが、曲げモーメント線図だ！　近年の試験でよく見るから注意してほしい！

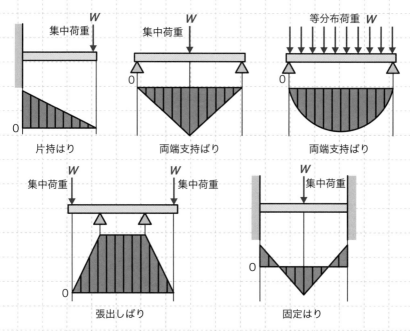

図5-2：はりと曲げモーメント線図

下敷きのような柔らかいプラスチックの板に荷重を掛けたらどう
変化するかをイメージして覚えた方がいいだろう。

➡ 曲げモーメントの計算は力のモーメントと同じだ！

　ここで学習する計算法は、テーマ3で学習した力のモーメントと同じだ。はりの断面において、曲げようとする力の働きを曲げモーメントといい、腕の長さLと荷重の大きさFの積で表されるぞ。気をつけたいのは、はりに荷重が作用して静止しているときは、曲げモーメントがつり合っていて傍目に力が作用していないように見えても、曲げモーメントはゼロにはならないことだ。

　では、例題で具体的に見ていこう！

【例題】図を見て答えなさい。なお、はりは静止している。

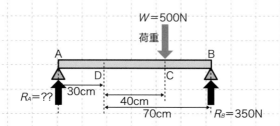

（1）支点Aに作用する力のモーメントはいくつか。

（2）断面C、Dに作用する曲げモーメントの値はいくつか。また、どちらの曲げモーメントの値が大きくなるか。

【例題の解答・解説】

（1）正解：150N

本問では、『はりが静止している（モーメントがつり合っている）』という情報があるので、「上からの荷重＝下からの荷重」となることから、次の通り計算できるぞ。

上からの荷重：500N（W）

下からの荷重：$350+R_A$

$350+R_A=500$

$R_A=150N$

（2）正解：Cの場合 105N・m、Dの場合 45N・m、Cの曲げモーメントの値の方が大きくなる

C、Dそれぞれの場所を支点として、モーメントを求めればOKだ。ポイントは、『はりが静止している（モーメントがつり合っている）』から、右回りと左回りのモーメントは同じ値になるなので、どちらか一方を計算すればOKだ！ここでは参考までに、右回りと左回りの両方の値を計算してみせるぞ。

　〜Cの場合〜

［右回りの曲げモーメント］：150×0.7＝105　（N・m）

［左回りの曲げモーメント］：350×0.3＝105　（N・m）

～Dの場合～

[右回りの曲げモーメント]：150×0.3＝45　（N・m）

[左回りの曲げモーメント]：(350×0.7) − (500×0.4)

＝245−200＝45　（N・m）

以上から、断面Cに作用する曲げモーメントの値の方が大きいと分かる。

> モーメントは、「腕の長さ×荷重（力）」で求めるのは共通だ！
> さらに、はりが静止している場合は、力が加わっていないように
> 見えるが、つり合っているから静止しているんだ！　そのときの
> 左右回りのモーメントは同じ値になっていることを意識すると、
> 計算問題が解きやすくなるぞ！！

Step3 暗記 何度も読み返せ！

- [ ] はりを支える支点は、回転支点と [固定支点] の2種類ある。
- [ ] はりに加える荷重は、はりの一点に作用する [集中荷重] と、連続的に作用する分布加重の2種類ある。単位長さ辺りの荷重が一定になる分布加重は、[等分布荷重] という。
- [ ] プールの飛び込み台のように、はりの一端を固定したものを [片持はり]、両端を支持したものは両端支持ばり（別名：[単純はり]）という。3点以上の支点で固定されたはりは、[連続はり] という。

重要度：🔥🔥🔥

「荷重⇔応力」の計算を学ぶべし!

部材に荷重をかけると、その内部では荷重に応じた抵抗力が生じるんだ。この抵抗力の面積辺りの大きさが、応力だ!　計算問題が頻出で、公式は図の通りだが単位変換に要注意だ!

Step1 図解 目に焼き付けろ!

荷重と応力の関係

Weightの略

荷重 W [N]

応力 [Pa]　断面積 A [m²]

Areaの略

単位換算

パスカル　　ニュートン バー 平方メートル
$$1Pa = 1N/m^2$$

メガ
$$10^6 = M$$

ニュートン バー 平方ミリメートル
$$1MPa = 1N/mm^2$$

単位換算は超重要だ!　このあと、変換する過程を示すから、何度も繰り返し見て慣れるようにしてほしいぞ!!　なお、単純な応力は σ（シグマ）、せん断応力は τ（タウ）と、ギリシャ語でアルファベット表記するんだ。

Step2 解説 爆裂に読み込め！

➡ 荷重に逆らう力が応力だ！

　右といったのに左、あーいえばこういう、などなど…。俺の気になるあの娘は、反抗的で、素直じゃないんだ…。

（始まったよ、ロマンチック国松さん…。）

　ゴホン、失礼した。『転んでもただで起きない漢・国松』と同じで、外部から力（荷重）が加わると、その部材内部には荷重と同じ大きさの抵抗力が発生するんだ。この抵抗力の単位面積当たりの大きさが応力というわけだ。

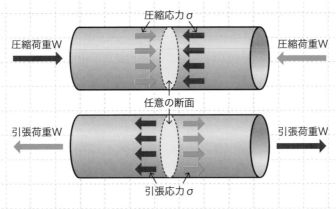

図6-1：応力

　図のように部材の左右から荷重を加えると、部材内部に応力が生じる。その応力は、部材の任意の断面上に均一に分布し、その総和は荷重の大きさと同じになり、かつ、荷重と逆の向きになるぞ。

　圧縮荷重には圧縮応力、引張荷重には引張応力という具合だ！

人生逃げ場なし、今が正念場だ！

これ、テーマ2で学習した「垂直抗力」に似てますね！

　お、いい気づきだ！　その調子だ、圧縮荷重の場合もそうだが、下の引張荷重における応力についても、同じように考えることができるぞ！

　なお、部材に作用する圧縮・引張荷重をW、部材の任意の断面積をAとしたときの応力σ [Pa] は、次の式で表すことができるんだ。

$$応力\ \sigma = \frac{荷重W}{断面積A}$$

◆**ぶった切る（せん断）際に発生するのが、せん断応力だ！**

　熱血漢・国松が、従来の資格書をぶった切って、消防設備士の勉強法に革命を起こす！！

（あ、熱いぞこの人やっぱり。）

　今度は、ハサミや穴あけパンチで物体を切る（せん断という）ときに発生する応力を見ていこう。せん断するときに発生する力（荷重）をせん断荷重といい、これによって生じる内力を、せん断応力τ（タウ）というぞ。

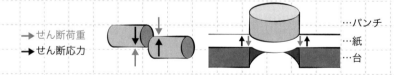

→ せん断荷重
→ せん断応力

…パンチ
…紙
…台

図6-2：せん断荷重とせん断応力

せん断応力は、せん断荷重と平行な面に働き、次の式で表すぞ。

$$せん断応力\ \tau = \frac{せん断荷重W}{断面積A}$$　※応力を求める式と一緒だ！

→ 超重要！ 極めろ「単位換算」

応力の意味と公式（記号）が分かれば、あとは問題文中の数値を拾い出して公式に当てはめるだけで問題を解くことができるんだ。

> ちょっと待ってください！ 単位がいきなり変化するのも、10の右上の「6」も、意味不明っす…。

そうだな、応力の問題で一番引っかかるのが、この『単位換算』というやつだな。漢・国松が、2ステップで基本からレクチャーするから、次の解説を見てくれ。

◆【Step1】単位もかけ算！？ 10の右上の「数値」の意味

まずは基本。図6-3の通り、①1辺1mの正方形の面積を計算する場合、②1辺1mの立方体の体積を計算する場合を見ていこう。

いまさら小学校の復習だと侮るな、基本ができていないから、単位換算ができないんだからな！ 基本が一番大事だ！

①正方形の面積は、「たて×よこ」で計算できるから、$1m \times 1m = 1m^2$となる。ここで、単位の「m」を2個かけ算しているから、かけ算した数を単位記号「m」の右上に乗せているんだ。このかけ算した記号や数値の数を右上に乗せて表す方法を累乗というんだ。

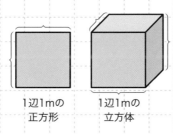

1辺1mの
正方形

1辺1mの
立方体

図6-3：正方形と立方体

②立方体の体積は、「たて×よこ×高さ」で表されるぞ。1m×1m×1m＝1m³となる。ここでも同じ、単位の「m」を3個かけ算しているので「m」の右上に「3」が乗っているんだ。

この累乗について説明すると、例えば、10をいくつもかけ算した場合、「10×10×10×10×…」と10がいくつもあると、計算をまちがえてしまいそうにならないか？

そういうミスを防ぐため、10を掛ける個数を右上に乗せた方が、記載も楽だし、分かりやすいよねってことになるから、累乗表記をするというわけだ。つまり、「10^6」は、10を6個かけ算したという意味だ！

◆ 【Step2】単位換算を省略しないで攻略する！
さあ、本題に行くぞ。冒頭にも記載した、応力で覚えておきたい単位換算は、次の通りだ。

$1Pa=1N/m^2$　$10^6=M$（メガ）　$1MPa=1N/mm^2$

※M（メガ）は10^6を表す接頭語なので、ここで覚えておこう。

最終型である1MPaを分解しながら見ていくぞ。下線部分が、変換の軌跡だ！

$$\boxed{1MPa}=1\times10^6Pa=1\times10^6N/m^2=\frac{10^6N}{1m^2}=\frac{10^6N}{1m\times1m} \quad \cdots①$$

次に、m²をmm²に変形するんだ。ここで「？」な人が多いから、基本から見ていこう。
『1m＝100cmで、1cm＝10mm』から、次の通りに変形する。
「1m＝1,000mm」

①の分母に、変形したmmの値を入れて計算する。このとき、累乗の考え方で、「1,000＝10^3」なので、気をつけよう。

$$\frac{10^6N}{1m\times1m}=\frac{10^6N}{1,000mm\times1,000mm}=\frac{10^6N}{10^6mm^2}=\boxed{1N/mm^2}$$

以上から、$1MPa=1N/mm^2$となることが導けるぞ。

かなり手ごわい変形ですが、基本はかけ算と割り算で、単位や数値の右上にある「数」は、累乗でかけ算した「数」を表しているんですね！ 慣れるまで繰り返しチェックします！

Step3 暗記 何度も読み返せ！

☐ 物体に荷重を加えると、その内部で荷重と反対方向の［応力］が働く。圧縮荷重には［圧縮応力］、引張荷重には［引張応力］が働く。

☐ 物体をせん断する際に発生する荷重に対応する［せん断応力］は［τ］で表され、せん断荷重を［断面積］で除して求める。

☐ 応力の単位換算は、次の通り表すことができる。

1Pa＝1 [N/m²]　M（メガ）＝10⁶　1MPa＝1 [N/mm²]

グラフで見る、折れる寸前までの物質の状態

このテーマでは、はりに荷重を加えて折れる寸前までの状態変化をグラフ（応力ーひずみ曲線）で見ていくぞ！ グラフ上での変化の仕方や、各点での名称、しなりやすさの考え方を意識して学習するぞ！！

Step1 図解 目に焼き付けろ！

応力ーひずみ曲線

応力 σ

引張強さ E

上降伏点 C

比例限度 B

A

降伏点

下降伏点 D

F

破断

引張強さ

弾性限度

塑性ひずみ

弾性ひずみ

ひずみ ε

最大曲げ応力 $\sigma_{MAX} = \dfrac{M}{Z}$　　M：曲げモーメント　Z：断面係数

応力ーひずみ曲線は、各点での名称と状態（元に戻るか否か）を理解しよう。

Step2 解説 爆裂に読み込め！

→ よくしなるのは、どっち!?

次の図を見ながら聞いてくれ。片持はりの先端に荷重Pを作用させると、荷重のかかる（押される）側の任意の断面の上面は外側に引っ張られるが、下側面は荷重に抵抗するための内力が発生して圧縮される。これらの両方の応力を総称して、**曲げ応力**というぞ。

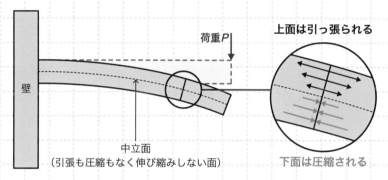

荷重P

上面は引っ張られる

壁

中立面
（引張も圧縮もなく伸び縮みしない面）

下面は圧縮される

図7-1：曲げ応力のイメージ

はりをどれだけ曲げることができるか（最大曲げ応力）は、作用する曲げモーメントをはりに固有の断面係数で割った値で求めることができるんだ。

$$\text{最大曲げ応力 } \overset{\text{シグマ}}{\sigma}_{MAX} = \frac{M}{Z} \quad M：\text{曲げモーメント} \quad Z：\text{断面係数}$$

断面係数は、はりが持つ曲げに対する強さを表す数値で、はりの断面形状によって数値が決まるもので、数値そのものを覚える必要はないぞ。ただ、断面係数の値で最大曲げ応力（しなりやすさ）がどう変化するのか、その考え方を理解する必要があるぞ。

物事は、良くなると信じて行動すれば、必ず良くなる！

最大曲げ応力の公式から、仮に同じ曲げモーメントMが作用していても、断面係数Zの数値が大きい断面形状のはりほど、最大曲げ応力は小さくなるんだ。

　少し算数な話をしよう。最大曲げ応力の公式中で、$M=2$、Zが5と10の場合を比較しよう。$\dfrac{2}{5}$と$\dfrac{2}{10}$で、分母の数が大きい$\dfrac{2}{10}$の方が、全体としては小さくなる$\left(\dfrac{1}{5}\right)$のが分かるよな。つまり、曲げに対して強い（断面係数が大きい）ほど、最大曲げ応力の値は小さくなるということだ。

> 分母が大きいと、数値そのものは小さくなるってことですね！

　たとえ同じ部材を使ったとしても、力を受ける向きを変えて断面係数を変化させることで、曲げ応力の数値を変えられるぞ。具体例として、長方形の部材（片持はり）を使って最大曲げ応力の数値を見てみよう。

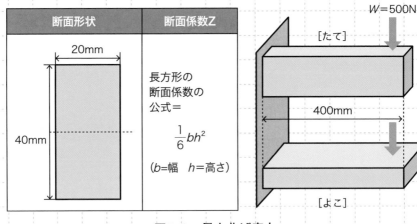

断面形状	断面係数Z
20mm 40mm	長方形の 断面係数の 公式＝ $\dfrac{1}{6}bh^2$ （b＝幅　h＝高さ）

$W=500\mathrm{N}$

[たて]

400mm

[よこ]

図7-2：最大曲げ応力

長方形の断面係数Zは、$\frac{1}{6}bh^2$ と決まっているんだ（問題文中に記載があるので、覚えなくてOK。各辺の長さがmmになっていることに注意しよう）。これを使って、たてよこそれぞれの断面係数を算出してみよう。

[たて]：$\frac{1}{6} \times 20 \times 40 \times 40 = 5{,}333.33 \fallingdotseq 5{,}333.3 \cdots ①$

[よこ]：$\frac{1}{6} \times 40 \times 20 \times 20 = 2{,}666.66 \fallingdotseq 2{,}666.7 \cdots ②$

次に、片持はりに働く曲げモーメントを計算（$M = FL$）するぞ。

$M = 500N \times 400mm = 200{,}000N \cdot mm \cdots ③$

以上から、たて・よこの最大曲げ応力は次の通りとなる（単位換算に注意！）。

[たて]：$\sigma_{MAX} = \dfrac{200{,}000}{5{,}333.3} \fallingdotseq 37.5N/mm^2 = 37.5MPa$

[よこ]：$\sigma_{MAX} = \dfrac{200{,}000}{2{,}666.7} \fallingdotseq 75.0N/mm^2 = 75.0MPa$

よって、同じ断面積（20×40）でも、荷重を受ける面積が大きい［よこ］の方が、最大曲げ応力は大きく、はりがよりしなることになるぞ！

◆荷重による変化割合が「ひずみ」

物体に荷重を掛けると、その荷重に応じて物体は変形する。このときの伸びやゆがみ等変形の程度を定量的に表した量が**ひずみ ε** で、次の式で求めることができるぞ。

$$ひずみ\,\varepsilon = \frac{変化量}{変化前の長さ}$$

分母に元の物体の長さ、分子は変形した量を入れて計算するんですね！

→ 応力－ひずみ曲線は各点での名称と状態を押さえよう!

　はりや鉄鋼棒などの試験用部材に荷重を徐々に加えていって、部材が破断するまでの応力とゆがみ（ひずみ）の関係性を表したのが、応力－ひずみ曲線だ。縦軸に応力、横軸にひずみをとり、次図の通り表されるぞ。

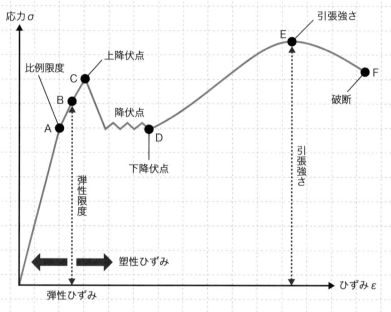

図7-3：応力－ひずみ曲線

表7-1：「応力－ひずみ曲線」各点の名称と状態

場所	名称	状態
A	比例限度	部材に応力を加えて最初に到達する点がA点（比例限度）だ。この比例限度までは、応力とひずみが比例関係で、グラフは一直線になる
B	弾性限度	A点（比例限度）を越えると、直線の傾斜角がやや小さくなり、ひずみが大きくなる。ただ、B点までは弾性が保たれていて、荷重を取り去ればひずみも消滅して元に戻る。このB点を弾性限度、弾性限度内のひずみを弾性ひずみという
C	上降伏点	B点（弾性限度）を過ぎてさらに応力を増すと、それにともなってひずみが増大し、C点（上降伏点）に達する
D	下降伏点	C点からは応力が減少してひずみが増大するが、その進行は不規則だ。やがてD点（下降伏点）に達する。単に「降伏点」と記載のある場合は、C点～D点の間の点を表すぞ。降伏点では、応力は増えないが、ひずみが徐々に増大する
E	引張強さ	D点を過ぎると、応力とひずみが共に増大し、E点（引張強さ）に達する。切れる寸前の応力だ
F	破断	E点を過ぎると、ひずみだけが急速に進行し、最終的に破断する。B点以降は、荷重を取り去ってもひずみが残ってしまう（塑性ひずみ）。塑性とは、変形しやすい性質のこと。部材等のプレス加工は、元に戻らないこの原理を利用したものである

Step3 暗記　何度も読み返せ！

- □ 最大曲げ応力は、曲げモーメントを［断面係数］で除して求める。
- □ 断面係数は［試験用部材］に固有の数値で、この数値が［大きい］ほど曲げに強く、最大曲げ応力の値は［小さく］なる。
- □ 荷重を取り去ってひずみが元に戻るのは［弾性限度］までである。

No. 08 /50　安全にものを利用するための許容応力と安全率

このテーマでは、試験用部材が折れることなく安全・安心に使えるための2つの指標について学習するぞ。これまでの知識＋公式の意味を理解することを意識して学習に取り組むんだ！

Step1 図解　目に焼き付けろ！

（許容応力を決めるもの）

部材の引張強さ

許容応力　安全率

許容応力：荷重で材料が破壊されずに安全に使用できる応力の最大値

許容応力を変化させる要因：①材質（試験用部材）
　　　　　　　　　　　　　②荷重のかかり方
　　　　　　　　　　　　　③使用条件等

テーマ6で学習した応力を求めるための図と形が似ていることに気づいたか？　応力の場合は、断面積当たりの荷重だったが、許容応力は部材の引張強さと安全率の関係だ！

爆裂に読み込め！

➡ 安全に使えることが、生活を豊かにしているんだ!!

　普段の身の回りのものが、急に壊れたりしたら誰もが困るだろう。自転車の車輪が脱輪した、車のブレーキが効かない、椅子に座ったら脚がへし折れたなどなど…。

> 怖すぎです…、安全に使えるものと思って生活してますから。

　加えた荷重によって部材が破壊されず、十分安全に使用できると考えられる応力の最大値が許容応力で、建築物を設計するときの目安に利用されているんだ。材料の許容応力は、次の3つの要因で変化するぞ。

表8-1：材料の許容応力の変化要因

要因	状態
材料	鉄については、炭素含有量の多い中硬鋼の数値が高くなる（詳細はテーマ9を参照）
荷重のかかり方	静荷重よりも繰り返し荷重の方が低い値になる。アナログ式体重計に乗るとき、そーっと乗るのが静荷重（死荷重ともいう）で、実際の体重が計測できる。一方、勢いよく飛び乗ると、本来の体重よりもメーターが大きな値を示すように、時間の経過とともに変化する荷重を動荷重といい、そのうちの1つが繰り返し荷重である
使用条件	腐食されやすい環境下（塩害など）にあったり、わずかな変形も許されない命にかかわる場合には、低い値となる

表8-2は軟鋼と中硬鋼の許容応力の一例だ。炭素含有量の多い中硬鋼の方が硬いんだ（混ぜた方が丈夫ということだな）。

表8-2：許容応力の一例

応力	荷重の種類	軟鋼（N/mm^2）	中硬鋼（N/mm^2）
引張および圧縮応力	静荷重	90〜120	120〜180
	繰り返し荷重	55〜70	70〜108

→ 引張強さと応力の比が安全率!

建築物を設計する場合、部材の引張強さを安全率で除した値の範囲内に応力が収まるように設計するんだ。つまり、部材ごとの許容応力を決めるための数値が安全率だ。部材の引張強さ、許容応力と安全率の関係は、次の通りだ。

唱えろ! ゴロあわせ

■部材の引張強さ、許容応力と安全率の関係〜上下関係が大事〜

材引　　の下に　　安全・応力
部材の引張強さ　　　　　　安全率　許容応力

部材の
引張強さ

許容
応力｜安全率

部材の引張強さ（「基準強さ」と表記の場合あり）の値は、テーマ7で学習した「応力−ひずみ曲線」の引張強さを用いることが多いが、使用条件によって比例限度や降伏点を用いることもある（以降、引張強さで話を進める）。

安全率の値は、次の要素で決まるぞ。

表8-3：安全率の値の決まり方

要因	状態
材料	炭素含有量の多い鋳鉄を、鋼よりも安全率を高く設定するぞ。鋳鉄の方が、衝撃に弱いからだ！
荷重の かかり方	静荷重、繰り返し荷重、衝撃荷重（瞬間的、および短時間に発生する荷重のこと）の順に、安全率を高く設定するぞ。

曲げ応力の断面係数に似ているような気がします！

　そうだ、いい着眼点だ。公式の意味を理解することが重要だ。分母に相当する安全率の値が低い方が、結果的に許容応力や引張強さは大きくなるんだ。衝撃に弱い鋳鉄や、繰り返し荷重や衝撃荷重（車の衝突など）の場合には、部材への負担が大きくなるから、安全率の値を高くして、許容応力や引張強さを小さな値にするなどしているという按配だ！

Step3 暗記 何度も読み返せ！

□ 荷重によって部材が破壊されずに安全に使用できる最大応力を［許容応力］といい、その値は、材料・［荷重のかかり方］・使用条件によって変化する。

□ 部材の基準強さと許容応力の比が［安全率］で、静荷重よりも繰り返し荷重、鋼よりも鋳鉄の場合に［大きな値］となる。

演習問題

燃えろ！

本章で学んだことを復習だ！　分からない問題は、テキストに戻って確認するんだ！
分からないままで終わらせるなよ！！

問題 Lv.1

次の文章の正誤、または問いの答えを述べよ。

01 ボイル・シャルルの法則によれば、一定質量の気体の体積は、圧力に比例し、温度に反比例する。

02 力の3要素とは、力の大きさと向き、そして種類である。

03 物体を回転させる力をモーメントといい、加える力と腕の長さの積で求めることができる。

04 同じ力を加える場合、腕の長さが短い方がモーメントの値は大きくなる。

05 一定質量の気体の圧力を4倍、絶対温度を3倍にした。このとき、気体の体積は元の何倍になるか。

①$\frac{1}{4}$倍　②$\frac{1}{3}$倍　③$\frac{3}{4}$倍　④$\frac{4}{3}$倍

06 図のようなスパナでボルトを締めるとき、トルクの値はいくつになるか。

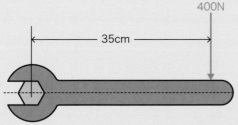

400N

35cm

①120N・m　②140N・m　③160N・m　④180N・m

🔥**07** 物体に力Fを加えて力の向きにLmだけ移動させた。このとき「W=FL」で表されるものはどれか。

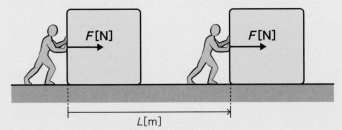

①仕事率　②変位　③荷重　④仕事量

🔥**08** せん断応力は、断面積をせん断荷重で除して求めることができる。

🔥**09** 車の衝突のように、短時間で加わる荷重は、衝撃の動荷重である。

🔥**10** 棒状部材を引抜く際に加わる荷重は、静荷重である。

🔥**11** カメラの脚立や万力で挟んだ材料等に徐々に加わる荷重は、繰り返しの静荷重である。

🔥**12** ハサミの上刃と下刃で挟み切る際に加わる荷重は、せん断の動荷重である。

🔥**13** 机の上に置いた本が静止しているのは、本の重力と机の垂直抗力が互いに同じ力でつり合っているからである。

解説 Lv.1

🔥**01** ✕ →テーマNo.1

ボイル・シャルルの法則によれば、気体の体積は圧力に反比例し、絶対温度に比例するぞ！

🔥**02** ✕ →テーマNo.2

力の3要素は、大きさ・向き・作用点だ。まちがえるなよ！

🔥**03** ○ →テーマNo.3

🔥**04** ✕ →テーマNo.3

モーメントは、加える力と腕の長さの積（F×L）のため、加える力が同じ場合は、腕の長さが長い方がモーメントの値が大きくなるぞ。結果的に、楽に仕事ができるというやつだ！

🔥**05** ③ →テーマNo.1

問01でも解説したが、ボイル・シャルルの法則によれば、気体の体積は、

圧力に反比例し、絶対温度に比例するんだ。このことから、圧力4倍（反比例は$\frac{1}{4}$倍）、絶対温度3倍（比例なので3倍）となるから、$\frac{1}{4} \times 3 = \frac{3}{4}$倍となり、③が正解となるぞ。

⭕ **06** ② →テーマNo.3

モーメントは、工学的に「トルク」といわれることもあるぞ。計算法は問04で解説したが、腕の長さ×加える力だ。単位［N・m］から、単位換算に気をつけよう。

$M = 400 \times 0.35 = 140$N・mとなり、②が正解だ。

⭕ **07** ④ →テーマNo.4

問題の記載は、仕事量についての説明だ（モーメントと同じ計算になるぞ）。なお、仕事量を単位時間で除したものが、①の仕事率だ。

⭕ **08** ✕ →テーマNo.6

せん断応力$\tau = \dfrac{\text{せん断荷重}W}{\text{断面積}A}$となることから、せん断荷重を断面積で除して求めるぞ。本問は記載が逆になっているので、誤りだ。

⭕ **09** ⭕ →テーマNo.8

⭕ **10** ⭕ →テーマNo.8

⭕ **11** ✕ →テーマNo.8

どちらも一定の荷重が作用しているので静荷重だが、繰り返し加わっているわけではないから、ただの静荷重だ。

⭕ **12** ⭕ →テーマNo.8

⭕ **13** ⭕ →テーマNo.2

（問題 Lv.2）

次の文章の正誤、または問いの答えを述べよ。

⭕ **14** 固定はりは、一端を固定して他端を自由にしたはりである。

⭕ **15** 連続はりは、2点の支点で支えられているはりである。

⭕ **16** 両端支持ばりは、両端を支持したもので支持はりとも呼ばれる。

⭕ **17** 張出しばりは、支点の外側に荷重が加わるはりである。

🔥18 図のような単純はりに等分布荷重が加わるときの、曲げモーメントを表す概念図として、正しいものはどれか。

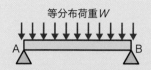

等分布荷重 W

(1)	(2)	(3)	(4)
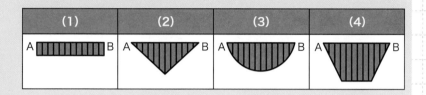			

次の図の「応力－ひずみ曲線」を見て問19〜問23に答えなさい。

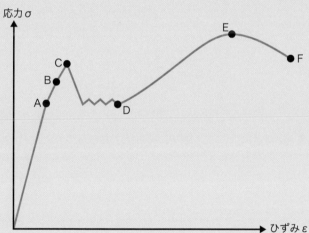

🔥19 A点までは、加えた応力とひずみは正比例である。このA点の応力を比例限度という。

🔥20 C点までは、荷重を取り除けば応力もひずみもなくなり元の状態に戻る。このC点の応力を弾性限度という。

🔥21 E点で応力が最大となり、F点で部材は破断する。E点の応力は、引張強さという。

22　D点を下降伏点といい、単に降伏点という場合は、C〜D間の応力を表す。
23　応力ーひずみ曲線に用いられる応力とひずみは、共に公称である。

解説 Lv.2

14　×　→テーマNo.5
固定はりは、両端とも固定支持されたはりのことで、記載は片持はりのことだ。

15　×　→テーマNo.5
連続はりは、3点以上の支点で支えられたはりのことだ。

16　×　→テーマNo.5
両端支持ばりの別の呼び名は、「単純はり」だ。

17　○　→テーマNo.5

18　(3)　→テーマNo.5
本問は、つい（1）を選びがちだが、支点の近くはしなりが悪く、支点から離れる中央ほどしなりがいいと分かれば、(3) が正解と導けるはずだ。なお、はりの中央に集中荷重を加えた場合の曲げモーメント線図は（2）になるぞ。

19〜23は、応力ーひずみ曲線についての問題だ。各点における名称と状態(元に戻るか否か）について、確実に押さえておこう！

19　○　→テーマNo.7

20　×　→テーマNo.7
荷重を取り除いて応力もひずみもなくなるのはB点までだ。B点は弾性限度、B点までは弾性ひずみである。

21　○　→テーマNo.7

22　○　→テーマNo.7
C点を上降伏点というのも忘れずに押さえておこう！

23　○　→テーマNo.6
本テキストでは触れていない内容だが、次で触れておくぞ。
図のような丸棒に引張荷重を加える場合、加える荷重の大きさによって断面積の値が変わってくるんだ。

応力 $\sigma = \dfrac{荷重W}{断面積A}$ から、引っ張る前と後の断面積の違い別に考える必要があるんだ。

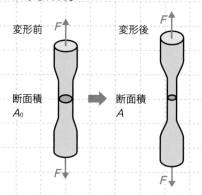

変形前　F

変形後　F

断面積 A_0

断面積 A

F

F

変形前の断面積 A_0 を基にした値が、公称応力と公称ひずみ、変形後の断面積 A を基にした値が真応力と真ひずみというわけだ。理論上の数値が「公称」、実際の数値が「真」で、応力－ひずみ曲線は、「公称」を用いることが多いぞ。

問題 Lv.3

次の文章の正誤、または問いの答えを述べよ。

♂ **24** 試験用部材の安全率は、材質および荷重のかかり方等に応じて値が決まる。

♂ **25** 材料が破断する直前の最大応力を安全率で除したものが、許容応力である。

♂ **26** 許容応力は材料や荷重の加わり方、使用条件によって変化する。

♂ **27** 試験用部材の許容応力の最低値は、常に一定である。

♂ **28** ある物体を水平面において、水平方向に150Nの力を加えたらこの物体が動き出した。この物体に働く垂直抗力の値として、正しいものはどれか。なお、摩擦係数を0.3とする。
①500N　②750N　③1,000N　④1,250N

♂ **29** ある金属材料の降伏点が360MPaだった。これを基準強さとしたときの安全率は5であった。この金属の許容応力の値として、正しいものはどれか。
①36MPa　②72MPa　③108MPa　④180MPa

🔥**30** 直径40mmの丸棒を片持はりとして、図のように支点から500mm離れた所に2,000Nの荷重を加えた場合、最大曲げ応力の値として正しいものはどれか。なお、丸棒（直径πd^3）の断面係数を$\pi d^3/32$（d：直径）とする。

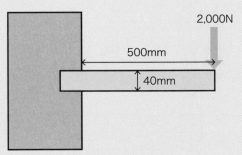

①50MPa　②150MPa　③159.2MPa　④200MPa

🔥**31** 断面積200cm²と50cm²の図のような水を入れた容器が細い管で連結している。ピストンAに上から80Nの荷重を掛けたとき、ピストンBにいくらの荷重を掛ければ両者はつり合うか。次の中から選びなさい。

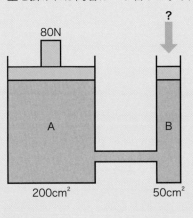

①10N　②20N　③30N　④40N

解説 Lv.3

🔥**24** ○ →テーマNo.8
🔥**25** ○ →テーマNo.8
🔥**26** ○ →テーマNo.8
🔥**27** × →テーマNo.8

よく見れば気づくが、問26の内容と矛盾しているぞ。問題単体で分かりづらい場合は、選択肢間の矛盾を探して、一方が誤りだと判断して解くのもコツだ！ 『常に』というのは言い過ぎというやつだ！

🔥 **28** ① →テーマNo.4

摩擦力は、次の公式で計算できるぞ。$F = \mu N$

水平方向の力が摩擦力、摩擦係数 μ は問題文中より0.3と分かるので、これを基に計算をしていく。

150＝0.3×N　N＝150÷0.3＝500N

🔥 **29** ② →テーマNo.8

『材引　の下に　安全・応力』の公式から、基準強さは360、安全率は5と分かるので、これを基に計算をしていく。

$$許容応力 = \frac{基準強さ}{安全率} = \frac{360}{5} = 72\text{MPa}$$

🔥 **30** ③ →テーマNo.7

最大曲げ応力 $\sigma_{MAX} = \dfrac{M}{Z}$ から、必要な値を計算するぞ。

M：曲げモーメント　Z：断面係数

M＝F×L＝2000×500＝1,000,000N・mm

$Z = \pi d^3 / 32 = 3.14 \times 40 \times 40 \times 40 \div 32 = 6280\text{mm}^3$

以上より、 $\sigma_{MAX} = \dfrac{M}{Z} = \dfrac{1,000,000\text{N·mm}}{6,280\text{mm}^3} = 159.23\text{N/mm}^2$

$1\text{MPa} = 1\text{N/mm}^2$ より、$159.23\text{N/mm}^2 = 159.23\text{MPa}$

🔥 **31** ② →テーマNo.2&6

本問は、これまでの知識の応用版だ！　問23に同じ、本問も講義では触れてないので、ここで触れておくぞ。「密閉容器中の流体（水など）は、容器形状に関係なく、ある一点に受けた単位面積辺りの圧力をそのままの強さで流体の他のすべての部分に伝える」という流体静力学における基本原理でパスカルの原理というんだ。簡単に言えば、AとBのそれぞれに働く最大応力が等しいとき、両者はつり合うということだ。よって、応力 $\sigma = \dfrac{荷重W}{断面積A}$

から、AとBの応力を求めて、それを『＝』でつなげばよいぞ。Bの荷重をWとして、

[Aの応力] $= \dfrac{80\text{N}}{200\text{cm}^2}$　　[Bの応力] $= \dfrac{W}{50\text{cm}^2}$　　以上より、

$$\frac{80\text{N}}{200\text{cm}^2} = \frac{W}{50\text{cm}^2}$$

$$W = \frac{80}{200} \times 50 = 20\text{N}$$

第 2 章

物理に関する暗記事項を
学ぼう!

本章では、機械に関する知識の
暗記事項を見ていくぞ!　鉄と
それ以外の金属の強化法を中心
に、近年はねじとベアリングに
ついて出題されているぞ。そこ
の所を意識して学習に取り組む
んだ!

アクセスキー　e（小文字のイー）

No. 09 /50 鉄を強化するために「焼き」を入れろ!

このテーマでは、『鉄』について学習するぞ。炭素含有量の違いで名称や材質にどう違いが出るのかがポイントだ。あわせて、鉄合金の混合割合、2種類ある酸化鉄の違い、4つの「焼き」を見ていくぞ!

Step1 図解 目に焼き付けろ!

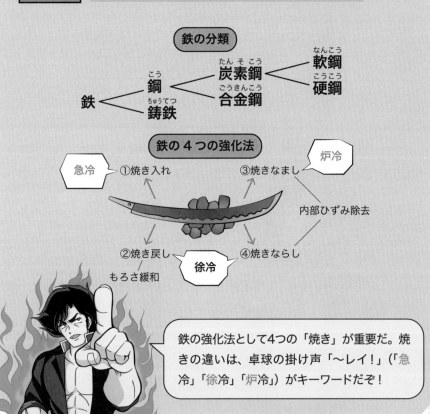

鉄の分類

鉄 ─┬─ 鋼（こう） ─┬─ 炭素鋼（たんそこう） ─┬─ 軟鋼（なんこう）
　　│　　　　　　　　│　　　　　　　　　　　　└─ 硬鋼（こうこう）
　　│　　　　　　　　└─ 合金鋼（ごうきんこう）
　　└─ 鋳鉄（ちゅうてつ）

鉄の4つの強化法

急冷 → ①焼き入れ　　　③焼きなまし ← 炉冷

②焼き戻し → 徐冷　　　④焼きならし

もろさ緩和　　　内部ひずみ除去

鉄の強化法として4つの「焼き」が重要だ。焼きの違いは、卓球の掛け声「〜レイ!」(「急冷」「徐冷」「炉冷」)がキーワードだぞ!

Step2 解説 爆裂に読み込め！

→ 鉄の分類を学べ！

　図解に示したように、鉄は、炭素含有量によって鋳鉄（ちゅうてつ）と鋼（こう）に大別されるが、炭素含有量は鋳鉄の方が鋼に比べて多いぞ。この鋼は炭素鋼と合金鋼に分類され、さらに炭素鋼は軟鋼と硬鋼に分類されるんだ。

　「鋼」の文字だらけで、初めての人には難解な話かもしれないな。試験での出題ポイントを中心に、分類と特徴を見ていくぞ！

◆混ぜ物兄弟で強化せよ！ 〈その①　鉄＋炭素〉

　○○レンジャーは合体すると強くなるよな。金属の世界もちょっと似ているぞ！　純粋な金属よりも、混じり気のある方が金属の強度は増すんだ！

　鉄でいえば、炭素含有量の多い鋳鉄や硬鋼は、鋼や軟鋼と比べて耐摩耗性（硬さや引張強さ）に優れている。その一方、衝撃に弱く（もろく）、展性・延性には劣るんだ（展性とは、たたくと広がる性質。延性とは、引っ張ると伸びる性質のこと）。

◆混ぜ物兄弟で強化せよ！ 〈その② 鉄＋18・8〉

　鋼にクロムやニッケル、モリブデン等の金属を1種類以上加えた合金を合金鋼（特種鋼）といって、これは強度・耐熱・耐酸性に優れているんだ。このうち、クロムを18％、ニッケルを8％含有するものを特に18・8ステンレス鋼といい、耐食性に優れた合金として広く使われているんだ！

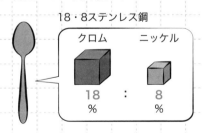

図9-1：18・8ステンレス鋼のイメージ

教えてもらったことは忘れる、自分で考えるんだ！

◆**鉄のさびにも2種類ある！**

　自転車のチェーンや古いアパートの階段でよく見る赤褐色のさびは、鉄が空気中の湿気と反応し、酸化した結果生じる酸化鉄（Ⅲ）[Fe_2O_3] だ（いわゆる「赤さび」）。見た目がボロボロになっているのを見たことがあるかもしれないが、きめが粗く、次第にさびが進行して鉄本体を侵食するんだ。

　一方、鉄は強く熱すると黒色の四酸化三鉄 [Fe_3O_4]（いわゆる黒さび）となり、きめの細かい被膜となって鉄表面を覆う。これを利用したのが、岩手の伝統工芸の南部鉄器だ！

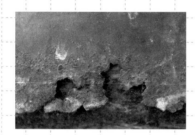

図9-2：赤さびと黒さび（南部鉄器）

➡ 鉄そのものを鍛え上げる、4つの『焼き』

　人間もトレーニングを積んで鍛えれば、筋肉がついて身体が頑丈になるように、金属も単体で強度を高める方法があるんだ。それが熱処理で、金属を加熱・冷却して硬度や性質を変化させて、素材の完成度を高めるんだ。鉄の場合、4つの「焼き」が重要だ。名称もだが、冷却法（急冷、徐冷、炉冷）が出題されているぞ。

表9-1：4つの「焼き」の冷却法とその目的

熱処理の種類	操作内容	目的
焼き入れ	加熱後に急冷却	硬さおよび強さを増大させる
焼き戻し	加熱後に徐々に冷却	焼き入れによるもろさを緩和する
焼きなまし	加熱後に炉内等で冷却	内部ひずみを除去して、組織を軟化する
焼きならし	加熱後に徐々に冷却	

もう少し解説しよう。冷却法を基準に整理すると、急冷するのは焼き入れ、徐冷するのは焼き戻しと焼きならし、炉冷するのは焼きなまし、ということだ。

唱えろ！ ゴロあわせ

■急冷は焼き入れ、徐冷は焼き戻し、焼きならし～戻ってきた大気～

急な　焼き入れ　で、　奈良　戻りの大気
急冷　　　焼き入れ　　　　　　ならし　　　戻し 徐冷

※炉冷するのは、焼きなましのみ！

なお、それぞれの熱処理の特徴と違いは次の通りだ。

表9-2：4つの「焼き」の特徴と違い

熱処理の種類	操作内容の詳細
焼き入れ	800℃程度まで加熱後、油や水で急激に冷却する。炭素含有量の多い鋼ほど効果大だが、急激な冷却のため、材質はもろくなる
焼き戻し	焼き入れによるもろさを緩和し、粘り強さを増すため400℃程度に加熱後に空気中で徐冷する
焼きなまし 焼きならし	加工硬化によって発生した部材内部のひずみを取り除いて、組織を軟化させるための処理。なましは炉冷、ならしは徐冷。違いは、冷却時間の長さ（なまし＞ならし）だ

Step3 暗記 何度も読み返せ！

□ 鋳鉄と鋼では、[鋳鉄] の方が炭素含有量が多く、[引張強さ] に優れているが、[展性・延性] では劣る。

□ 鉄に [クロム] を18%、[ニッケル] を8%加えた合金は、[18・8ステンレス鋼] という。

□ 加熱後に炉内で冷却する熱処理は、[焼きなまし] である。

鉄以外の金属と防食法を学べ！

このテーマでは、鉄以外の金属と金属の防食法を学習するぞ！ 出題はある程度パターン化しているから、よく出る銅とアルミニウムを中心に見ていこう！

Step1 図解 目に焼き付けろ！

非鉄金属

| 銅 Cu | アルミニウム Al | マグネシウム Mg | ジュラルミン |

銅合金

| 青銅 銅＋錫 | 黄銅 銅＋亜鉛 | 緑青 銅のさび | 洋白 銅＋ニッケル＋亜鉛 |

別名 ▶ ブロンズ　　　真ちゅう　　　　　　　　ニッケルシルバ

防食方法

塗装
樹脂等で
金属を
コーティング

ライニング
配管等の
内部を
コーティング

メッキ
金属薄膜
を被覆

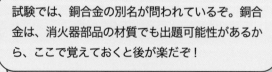

試験では、銅合金の別名が問われているぞ。銅合金は、消火器部品の材質でも出題可能性があるから、ここで覚えておくと後が楽だぞ！

Step2 解説 爆裂に読み込め！

➡ 鉄以外の金属（非鉄金属）の特徴と試験での問われ方

鉄以外の金属を総称して、非鉄金属というぞ。出題されやすい順に、銅、アルミニウム、ジュラルミン、マグネシウムの4つに分けて見ていくぞ。

◆銅は、合金の組成と別名の両方覚えておく！

電気や熱の伝導率が、銀に次いで高いのが銅だ。展性、延性にも優れていることから、電線や家電製品の配管、身近なものでは10円玉にも利用されている。

表10-1：銅合金の種類

名称	別名	組成と特徴
青銅 （せいどう）	ブロンズ	銅に錫（スズ）を加えた合金。寺院の鐘等に使われている
黄銅 （おうどう）	真ちゅう	銅に亜鉛を加えた合金で、加工性に優れる。ファスナーやホック等に使われている
緑青 （ろくしょう）		銅または銅合金の表面に生じる青緑色のさび。湿った空気中で徐々に生じる
洋白 （ようはく）	ニッケルシルバ	銅＋ニッケル＋亜鉛の合金（名称と別名に注意！）

◆アルミニウムは5つの特徴が重要だ！

銅に次いで出題されるのがアルミニウムだ。5つの特徴を見ていこう。

①導電性があり、電気伝導率は銅の60％程度
②熱を通しやすく、熱伝導率は鉄の約3倍（アルミ鍋はこの特徴を利用したもの）
③比重が軽く、鉄の約 $\frac{1}{3}$ （2.7）
④大気中で酸素と結合して、表面に緻密な酸化被膜（不動態）を形成し、腐食を防ぐ。
⑤アルミニウム単体では強度不足のため、他の金属を1種または数種類加えたアルミニウム合金として利用される。

人間は試練にぶち当たると、閃きを手に入れるんだ！

◆その他の金属は、ざっくりと要点チェック！ ☑

ジュラルミン（合金）とマグネシウムの特徴は次の通りだ。

表10-2：ジュラルミンとマグネシウムの特徴

名称	特徴
ジュラルミン	アルミニウムに銅、マグネシウム、マンガンなどを加えたアルミニウム合金の1種。機械的強度に優れていて、航空機の機体や現金輸送用のアタッシェケース等に使用されている
マグネシウム	比重が1.7とアルミニウムの2.7よりも軽い。アルミニウム合金に比べて軽量で寸法安定性に優れている一方、腐食しやすく、成形加工（プレス、鍛・鋳造）が難しいのが難点

➡ 金属を腐食から守る方法を学べ!

試験の出題は多くないが、金属を腐食から守る防食には、次の3つの方法があるぞ。特に3つ目のメッキ（鍍金）は、金属同士の化学的な性質を利用したもので、今後出題の可能性があるので触れておくぞ。

表10-3：防食方法

方法	特徴
塗装	樹脂等を塗装して、金属をコーティング（空気や水分との接触を遮断）する方法
ライニング	エポキシ樹脂等を熱で半溶解状態にして、配管等の内部に圧縮空気で吹きつけて塗装する方法
メッキ（鍍金）	金属または非金属の材料表面に、別の金属薄膜を被覆する方法

被覆する金属は、元の金属よりもイオン化傾向が高いものを選定する必要があるんだ。金属原子が水溶液中において陽イオンになりやすいことをイオン化傾向といい、イオン化傾向の順に金属を並べたものをイオン化列というんだ。左のものほどイオンになりやすいぞ。

唱えろ！ゴロあわせ

■イオン化列〜値段順じゃない！イオン化傾向順〜

まず、「イオンになりやすい＝金属が溶けだす＝腐食しやすい」という関係がある。これを踏まえて、「犠牲になる金属」と「腐食から守りたい金属」におけるイオン化傾向の差が重要なんだ。次の図を比較して見てほしい！

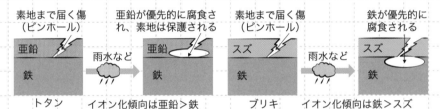

図10-1：イオン化傾向と腐食の関係

図左（トタン）のように鉄に亜鉛をメッキして保護すれば、イオン化傾向の高い亜鉛が優先的に腐食されるから、鉄が腐食から守られるというわけだ。

Step3 暗記 何度も読み返せ！

- □ 銅合金のうち、スズとの合金は［青銅］、亜鉛との合金は［黄銅］。
- □ アルミニウムの比重は鉄の［約3分の1］で、熱伝導率は［約3］倍。
- □ 金属を腐食から守るメッキは、腐食から守りたい金属の表面に、イオン化傾向の［高い］金属を被膜する方法である。

重要度：🔥🔥

ねじと軸受を学べ！

このテーマでは、ねじと軸受について学習するぞ。ねじは出題項目が限られているので、図に記載した概要（各部位の名称）とそれを表す記号を中心に、サラッと見ていこう。軸受は出題頻度が低いので、名称と分類だけ覚えろ！

Step1 図解 目に焼き付けろ！

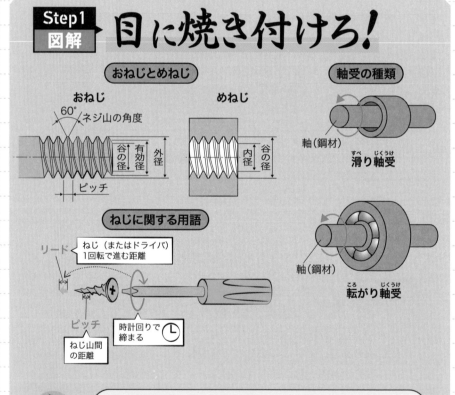

おねじとめねじ

おねじ

60° ネジ山の角度
谷の径　有効径　外径
ピッチ

めねじ

谷の径　内径

軸受の種類

軸（鋼材）
滑り軸受

軸（鋼材）
転がり軸受

ねじに関する用語

リード
ねじ（またはドライバ）1回転で進む距離

ピッチ
ねじ山間の距離

時計回りで締まる

出題頻度は低いが、出題実績がないわけではないから、ポイントになる箇所を中心に「狭く深く」学習するんだ！

Step2 解説　爆裂に読み込め！

→ 名称の違いは、男と女の「大切な所」の違いだ！

　ここではねじの概要を学ぶぞ。ねじを1回転させて、軸方向に進む距離をリードというんだ。また、隣り合うねじ山間の距離をピッチというぞ。

　基本は、時計回りでねじを締めるんだ。反時計回りでねじは緩むぞ。

　ねじは刺す方と受ける方の2種類あって、これを組み合わせてドライバー等で締めて部材等を固定するわけだ。円柱の外側にねじ山を切ったものはおねじ（♂）、円柱の内側にねじ山を切ったものはめねじ（♀）というぞ。

　主な4種類のねじの記号表記と特徴（一部外観）は最低限覚えてくれ！

表11：主なねじ

名称	記号	特徴
メートルねじ	M	ねじの直径およびピッチをmm（ミリメートル）で表記したもの。ねじ山の角度は60°と決まっていて、国内外で広く使われている。標準ピッチのものはメートル並目ねじ、それよりも細かいピッチのものはメートル細目ねじという。両者とも記号「M」の後ろに外径の数値を付けて表記する
管用平行ねじ	G	機械的接続を目的として用いられるねじ
管用テーパねじ	R	先細りの形状になっているねじで、気密性が求められる構造物の管の接続用に使用する　めねじ　おねじ
ユニファイねじ	UNC	基本はメートルねじと同じだが、径とピッチの単位がインチで表記されているアメリカ等の欧米各国を中心に使用されていたもので、現在はメートルねじに順次切り替えられている

→ 軸受がないと、世の中うまく回らない!?

　ものが回転するのを助ける部品が、軸受（別名：ベアリング）だ。名前の通り、主として機械の中で回転する箇所の「軸」を支える部品で、機械動作を滑らかにする部品だ。『機械産業のコメ』と呼ばれるほど、あらゆる場所で使われている部品だ。

　機械内部の部品だからなかなか直で見ることはないと思うが、例えば自動車や航空機、発電機のモーターなどにも使われているぞ。身近な暮らしの中では、冷蔵庫や掃除機、エアコンといった家電製品の内部にも使われているんだ。

　ベアリングはその機構の違いから①滑り軸受と②転がり軸受に大別されるぞ。

表11-2：軸受の種類

種類	機構
滑り軸受	荷重を面で支えて、滑り摩擦で荷重を支持する軸受
転がり軸受	内輪と外輪の間に玉やころ（円柱）を挿入して、転がり摩擦で荷重を支持する軸受

　実は転がり軸受には多くの種類があるが、試験にはほとんど出ない！　最低限、滑り軸受と転がり軸受の区別だけできるようにしておこう。

Step3 暗記 何度も読み返せ！

- [ ] ねじを1回転させて軸方向に進む距離を［リード］、ねじ山間の距離を［ピッチ］という。
- [ ] 『M10』とは、［外径］10mmの［メートル］ねじである。
- [ ] 機械的接続を目的とする［管用平行ねじ］の記号は［G］である。
- [ ] 軸受は［ベアリング］とも呼ばれ、機構の違いから、［滑り］軸受と［転がり］軸受の2種類に分類される。

燃えろ！ 演習問題

本章で学んだことを復習だ！ 分からない問題は、テキストに戻って復習するんだ！
何度も思い出すことで、記憶が定着するぞ！

問題 Lv1

次の文章の正誤、または問いの答えを述べよ。

🔥 **01** 炭素含有量の多い鉄を、特に鋼という。

🔥 **02** 金属の強度を強化する目的で行う熱処理のうち、加熱後に急冷する方法を
焼き戻しという。

🔥 **03** 金属の強度を強化する目的で行う熱処理のうち、加熱後に炉内で徐冷する
方法を焼きなましという。

🔥 **04** 合金についての以下の記述のうち、正しいものはどれか。
①銅と亜鉛の合金を青銅という。
②銅とスズの合金を黄銅という。
③ニッケルとマンガンの合金をステンレス鋼という。
④鉄と炭素の合金を炭素鋼という。

🔥 **05** 合金は洋名で呼ばれるものがあるが、次の組み合わせのうち、同一でない
ものはどれか。
①黄銅と真ちゅう　　　　　　　③青銅とブロンズ
②白銅とジュラルミン　　　　　④洋白とニッケルシルバ

🔥 **06** 炭素鋼の機械的性質に関する以下の記述中の（　）に入る語句の組み合わ
せとして、正しいものはどれか。
『一般に炭素鋼は、炭素含有量が多くなると、引張強さや硬さが（ア）し、
伸びや絞りが（イ）して、展性・延性が（ウ）なる』。

	（ア）	（イ）	（ウ）
①	減少	増加	大きく
②	減少	減少	小さく
③	増加	増加	大きく
④	増加	減少	小さく

解説 Lv.1

🔥 **01** ✕ →テーマNo.9

炭素含有量の多い鉄は、鋳鉄だ。記載の鋼は、炭素含有量の少ない鉄のことだ。間違えないようにな！

🔥 **02** ✕ →テーマNo.9

語呂合わせ「急な焼き入れで〜」が分かれば簡単に解ける問題だ。急冷するのは、「焼き入れ」だ。焼き戻しは、大気中で徐冷だ！

🔥 **03** ○ →テーマNo.9

🔥 **04** ④ →テーマNo.9&10

選択肢を正すと、次のようになるぞ。
①銅と亜鉛の合金を~~青銅~~黄銅という。
②銅とスズの合金を~~黄銅~~青銅という。
③ニッケルと~~マンガン~~鉄とクロムの合金をステンレス鋼という。
④鉄と炭素の合金を炭素鋼という。（正しい！）

🔥 **05** ② →テーマNo.10

白銅は、銅にニッケルを加えた合金で、身近には100円玉、50円玉に使われているぞ。ジュラルミンは、アルミニウムに銅、マグネシウム、マンガンなどを加えた合金だ。

🔥 **06** ④ →テーマNo.9

空白を埋めた正しい文章は、以下の通りだ。なお、炭素含有量の違いで引張強さや硬さ、展性・延性にどう違いが出るのかは、混同している受験生が多いので、一方（炭素鋼）を覚えて、他方はその逆とすれば複雑にならずに覚えられるぞ。

『一般に炭素鋼は、炭素含有量が多くなると、引張強さや硬さが（ア増加）し、伸びや絞りが（イ減少）して、展性・延性が（ウ小さく）なる』。

問題 Lv.2

次の文章の正誤、または問いの答えを述べよ。

🔥 **07** 18・8ステンレス鋼は、耐食・耐酸性に優れた合金で、クロムが18%、マンガンが8%、残りが鉄で構成されたものである。

🔥 **08** 金属材料の防食法として、該当しないものはどれか。
①メッキ　②脱脂洗浄　③ライニング　④塗装

♨09 非鉄金属に関する以下の記述に該当する金属は、次のうちどれか。

『比重が鉄の約 $\frac{1}{3}$ と軽量で、部材表面には緻密な酸化被膜を形成し、

耐食性の高い金属として使用されている。』

①マグネシウム　②チタン　③アルミニウム　④ニッケル

♨10 スズに銅でメッキを施しても、防食効果は得られない。

♨11 隣り合うねじ山間の距離をリードという。

♨12 ねじを1回転させて、ねじが軸方向に進む距離をピッチという。

♨13 日本工業規格で、「M10」と記載のあるねじは、ピッチ10mmのメートルねじのことである。

解説 Lv.2

♨07 ✕ →テーマNo.9

正しくは「クロムが18%、ニッケルが8%、残りが鉄」だ、

♨08 ② →テーマNo.10

テキストでは②以外を触れたので消去法で選べるぞ。なお、脱脂洗浄とは、防食のために行う塗装等の密着性向上のために行う下処理で、金属表面の油脂を洗浄して、防錆力や塗料の密着性を向上させるために行うぞ。

♨09 ③ →テーマNo.10

アルミニウムの比重が、鉄の約 $\frac{1}{3}$ という内容は頻出だ！

♨10 ○ →テーマNo.10

メッキの組合せはイオン化傾向を基に、メッキする側の金属はイオン化傾向の高い金属、防食から守りたい金属をイオン化傾向の小さい金属にする。

♨11 ✕ →テーマNo.11

記載は、ピッチだ。

♨12 ✕ →テーマNo.11

記載は、リードだ。

♨13 ✕ →テーマNo.11

M10は、直径10mmのメートルねじのことだ。

第2科目

消防関係法令

限界を決めるのは、いつも自分だ。
まだ勉強は始まったばかり。君の本当の力はこんなもんじゃないはずだ！
全力を出して、合格に向かって突き進むんだ！

第 **3** 章

法の基本！
意義・法体系を学ぼう！

本章では、消防設備士全般に必要な知識のうち、基本となる法体系を学習するぞ。消防法が適用される建物の基準や、各種届出等の基本を中心に見ていくぞ。多様なゴロあわせで覚えやすさ重視にまとめているから、一緒に頑張るぞ！

No. 12 /50

消防法は何のためにあるんだ!?

このテーマでは、今後の学習の土台となる用語の定義と消防法の基本を学習するぞ！ このテーマの内容（文言）がそのまま出題されることもあるから、油断せずに取り組むんだ！

Step1 図解 目に焼き付けろ！

防火対象物と消防対象物

消防対象物

防火対象物

山林	舟車	船きょ もしくは
		ふ頭に繋留された船舶	物件
建築物	工作物	

3種類の「関係者」

所有者 管理者 占有者

防火・消防対象物

関係のある場所

次のポイントに注意して見ていくぞ。詳細はこのあとに続く各テーマで学習するが、まずは全体像をざっくりとつかむことに注力するんだ！
①防火対象物と消防対象物の違い
②関係者に該当する3者とは？
③その他

Step2 解説 爆裂に読み込め！

➡ 火災の脅威から、人命や財産を守るための法律だ!!

　泥棒は金目のものを目当てに空き巣をしたりするかもしれないが、火事は泥棒が盗ろうとしない思い出の写真や家電製品、そしてゴミ箱のゴミまで、ありとあらゆるものを燃やし尽くし、果ては尊い人命までも奪ってしまう、本当に怖い災害なんだ。そんな火災の脅威から人命や財産を守るために、この消防法という法律があるんだ！

◆言葉の定義は、違いを押さえよ！

　まずは言葉の定義から見ていこう。火災から守る対象を防火対象物というが、これは「山林又は舟車、船きょ若しくはふ頭に繋留された船舶、建築物その他の工作物、若しくはこれらに属する物」を総称したものだ（詳細は次のテーマで見ていくぞ！）。

表12-1：防火対象物に関する用語

防火対象物	内容
舟車 （しゅうしゃ）	舟および車両のこと
船きょ （せん）	船の建造・修理のために構築された設備のこと（別名：ドック）
工作物	人為的に作られた建造物以外の人工物（例：橋、トンネルなど）

　一方、「山林又は舟車、船きょ若しくはふ頭に繋留された船舶や建築物その他の工作物又は物件」のことを消防対象物というんだ。

「防火対象物＋物件＝消防対象物」ってことですか？

高い目標を掲げ、それを叶える。達成感を得よう！

その通りだ！　読んで字の如く、「防火」は、火災を防ぐことをメインにしているが、「消防」は、消火と防火の両方の意味を持つんだ。

防火対象物または消防対象物の所有者・管理者・占有者のことを、総称して関係者といい、これらの施設がある場所は、関係のある場所というんだ。

◆危険物の定義は、分類と性質だけ覚えておこう！

危険物とは、消防法別表第1の品名欄に掲げる物品で、同表に定める区分に従い同表の性質欄に掲げる性状を有する物をいうんだ。消防法では、表12-2にあるように、危険物を性質別に第1類から第6類に分類している。「第1類は酸化性の固体」「第4類は引火性液体」という具合に、分類と性質だけは確実に覚えるんだ！

表12-2：危険物の分類

分類	性質	主な物品
第1類	酸化性固体	塩素酸塩類、過塩素酸塩類、無機過酸化物、亜塩素酸塩類など
第2類	可燃性固体	硫化りん、赤りん、硫黄、鉄粉、金属粉、マグネシウムなど
第3類	自然発火性物質および禁水性物質	カリウム、ナトリウム、アルキルアルミニウム、黄りんなど
第4類	引火性液体	ガソリン、アルコール類、灯油、軽油、重油、動植物油類など
第5類	自己反応性物質	有機過酸化物、硝酸エステル類、ニトロ化合物など
第6類	酸化性液体	過塩素酸、過酸化水素、硝酸など

◆文言に騙されるな！「無窓階」とは！？

総務省令で定める避難上または消火活動上有効な開口部を有しない階のことを無窓階というぞ。ポイントは、たとえその階に窓がついていたとしても、それがネズミサイズの小さな窓なら、「無窓階」とされることだ。

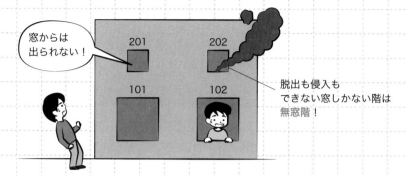

図12：無窓階

➡ 条文の内容を噛み砕いた、以下の内容を頭に叩き込め！

　最後に、ざっくりとしたイメージをつかむため、次の3項目を見てほしいぞ。
【消防法における消防設備の規制の基本】
①政令で定める防火対象物の関係者（所有者・管理者・占有者）は、
②政令で定める技術上の基準に従い、
③政令で定める消防用設備等を設置し、及び維持しなければならない。
　波線の「政令で定める防火対象物（次テーマ一覧参照）」を見るとわかるが、消防用設備等を設置・維持しなければならない防火対象物から、戸建て一般住宅は除外されている！　ただし、住宅用途として用いられる防火対象物でも、基準に従い、住宅用防災機器（住宅における火災予防に資する機械器具又は設備で政令で定めるもの）を設置・維持しなければならないことに注意だ。

Step3 暗記　何度も読み返せ！

□　防火対象物の所有者・管理者・[占有者] を [関係者] という。
□　山林又は舟車、船きょ若しくはふ頭に繋留された船舶や建築物その他の工作物、そしてこれらに属するものを [防火対象物] といい、これに [物件] を加えたものを消防対象物という。

重要度：🔥🔥🔥

「特定と非特定」の違いが大事だ!

このテーマでは、「特定」防火対象物か否かの判断基準や、複数管理者がいる場合の取扱を学ぶぞ。ひっかけ問題が多いところだが、どういう理由で「特定」か否かの判断をするかが分かれば、すんなり理解できるようになるぞ!

Step1 図解 ▶ 目に焼き付けろ!

特定防火対象物と非特定防火対象物の見極め

> ポイント1：不特定多数の人が出入りし
> かつ
> お金のやりとりがある場所が「特定」

旅館、ホテル
宿泊所など

寄宿舎、事務所、
芸術施設など

> ポイント2：逃げ遅れの懸念のある人がいる場所が
> 「特定」

幼稚園、
特別支援学校、
地下街など

小・中学校・
高校・大学など

 たくさんの人&お金のやりとりがあったり、逃げ遅れ懸念が高い危険な施設が特定防火対象物ということだな! じゃあ、非特定との違いはどうなのか? そんなところに注目して学習しようじゃないか!

Step2 解説 爆裂に読み込め！

→ 防火対象物を分類せよ！

　法令で最初の難所。それが、防火対象物の分類（特定か非特定か）だ。次の表（消防法第17条第1項）がそれだが、この内容を一言一句全部覚える必要はないぞ。「特定」と「非特定」の違いが区別できることが重要だ。なお、今後テキスト文中に「(施行) 令別表第1」と記載がある箇所は、すべてこの表だから、その都度確認してほしいぞ！

　それでは表を見てくれ！　ピンク色の背景が「特定」防火対象物、無色の背景が「非特定」防火対象物だ！

表13-1：防火対象物の分類（施行令別表第1）

(1)	イ	劇場、映画館、演芸場又は観覧場
	ロ	公会堂又は集会場
(2)	イ	キャバレー、カフェー、ナイトクラブ等
	ロ	遊技場又はダンスホール
	ハ	風俗店等
	ニ	カラオケボックス、インターネットカフェ、漫画喫茶など
(3)	イ	待合、料理店等
	ロ	飲食店
(4)		百貨店、マーケットその他の物品販売業を営む店舗又は展示場
(5)	イ	旅館、ホテル、宿泊所等
	ロ	寄宿舎、下宿又は共同住宅
(6)	イ	病院、診察所、助産所 入院・入所施設を有しない診療所・助産所（クリニック等）
	ロ	養護老人ホーム、有料老人ホーム、救護施設等
	ハ	老人デイサービスセンター、保育所、児童及び障碍者関連施設等

苦難こそが、人生の肥やしになる。

(6)	ニ	幼稚園又は特別支援学校
(7)		小学校、中学校、高等学校、中等教育学校、高等専門学校、大学、専修学校、各種学校等
(8)		図書館、博物館、美術館等
(9)	イ	公衆浴場のうち、蒸気浴場、熱気浴場等
	ロ	イに掲げる公衆浴場以外の公衆浴場
(10)		車両の停車場又は船舶若しくは航空機の発着場（旅客の乗降または待合いの用に供する建築物に限る）
(11)		神社、寺院、教会等
(12)	イ	工場又は作業場
	ロ	映画スタジオ又はテレビスタジオ
(13)	イ	自動車車庫、駐車場
	ロ	飛行機又はヘリコプターの格納庫
(14)		倉庫
(15)		（1）～（14）に該当しない事業場（事務所、銀行、郵便局等）
(16)	イ	複合用途防火対象物（特定用途部を含むもの）
	ロ	イに掲げる複合用途防火対象物以外の複合用途防火対象物
(16の2)		地下街
(16の3)		準地下街
(17)		重要文化財等の建造物
(18)		延長50m以上のアーケード
(19)		市町村長の指定する山林
(20)		総務省令で定める舟車

表の内容が複雑で似通ってますね。特定と非特定の違いって、どこにあるんですか？

「特定」と「非特定」の見極めの勘所は、次の２点に注目してほしいぞ！

◆見極めポイント①不特定多数の人が出入りし、かつ、お金のやりとりがある場所

表13-2：「特定」と「非特定」の見極めの勘所①

特定防火対象物に該当	防火対象物（特定ではない）に該当
旅館、ホテル、宿泊所その他これらに類するもの	寄宿舎、下宿または共同住宅
	事務所、事務所からなる高層ビル、官公庁
	図書館、博物館、美術館ほか

事務所と芸術施設（博物館や図書館）が除外されているのがポイントですね！

◆見極めポイント②逃げ遅れの懸念のある人がいる場所

表13-3：「特定」と「非特定」の見極めの勘所②

特定防火対象物に該当	防火対象物（特定ではない）に該当
幼稚園または特別支援学校	小・中学校、高等学校、大学ほか
地下街、準地下街	

自力避難が難しい幼児や障碍者のいる施設、地下は要注意ということですね！

➡ 一つの敷地内に複数の建物がある場合は!?

同一敷地内に管理について権原を有する者が同一である施行令別表第1に掲げる防火対象物が2つ以上あるとき（図イメージ参照）、それらの防火対象物は、

あとで（第4章テーマ22）学習する防火管理者の選任等の規定適用については、別個ではなく、1つの防火対象物とみなして扱うんだ！

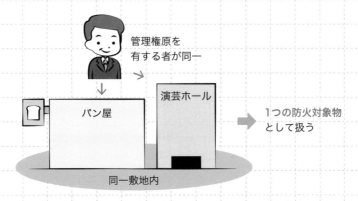

図13-1：同一敷地内にある複数の防火対象物

「同一敷地内で権原者が一緒なら、それぞれをバラバラに扱うのではなく、1つの防火対象物として扱えよ！」ってことですね！

鉄壁で隔てられていたら、それぞれを別個の防火対象物として扱え！

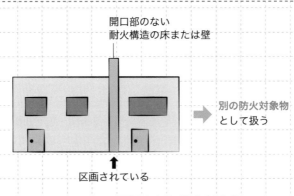

図13-2：区画された防火対象物

上図のように、防火対象物を開口部のない耐火構造の床または壁で区画した

場合で話を進めていくぞ。このとき、区画されたそれぞれの部分について、消防用設備等の設置・維持の技術上の基準については、それぞれを別の防火対象物とみなして適用するんだ。

鉄壁で完全に分けられていたら、それぞれ別個の防火対象物なんですね！　この他に注意することはありますか？

次の2つは、逆に一つの「もの」として扱うから注意するんだ。

(1) 複合用途防火対象物の部分で施行令別表第1 (1) ～ (15) のいずれかに該当する用途として供されているものは、消防用設備等の設置・維持の技術上の基準の規定適用について、その管理者や階に関係なく、同一用途に供される部分を一の防火対象物とみなす。
(2) 特定防火対象物の地階で、地下街と一体をなすものとして消防長又は消防署長の指定したものについては、下記について、地下街の一部であるものとみなして基準を適用する。
 ・スプリンクラー設備に関する基準
 ・自動火災報知設備、ガス漏れ火災警報設備に関する基準
 ・非常警報器具又は非常警報設備に関する基準（それぞれ一部）

Step3 暗記　何度も読み返せ！

□ 旅館とホテルは［特定防火対象物］で、寄宿舎と下宿は［非特定防火対象物］である。事務所や図書館は［非特定］防火対象物である。
□ 同一敷地内で管理権原者が同一の建物が複数ある場合、［防火管理者の選任］については、1つの防火対象物とみなして扱う。また、開口部のない耐火構造の床又は壁で区画されたそれぞれの部分は、［別の防火対象物］とみなす。

重要度：🔥🔥🔥

消防用設備等は3種類に分けられるぞ!

このテーマでは、消防法上の消防用設備について学習するぞ。大きなくくりで3分類、その中でさらに分類されるわけだが、ゴロあわせを使ってイメージをつかむことを意識しよう!

Step1 図解 目に焼き付けろ!

消防用設備等

○ 消火活動上　　　　　　　　○ 消防の用に供する設備
　　必要な施設

○ 消防用水

消火設備	・消火器、簡易消火用具 ・屋内消火栓設備　等
警報設備	・自動火災報知設備 ・ガス漏れ火災警報設備　等
避難設備	・すべり台 ・誘導灯　等

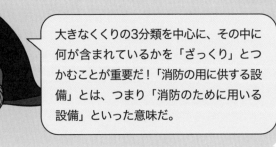

大きなくくりの3分類を中心に、その中に何が含まれているかを「ざっくり」とつかむことが重要だ!「消防の用に供する設備」とは、つまり「消防のために用いる設備」といった意味だ。

Step2 解説 爆裂に読み込め！

→ 3つに分かれる、『用に供する設備』

　一度で覚えることはなかなか難しい、だから繰り返し特訓するわけだ。政令で定める①消防の用に供する設備、②消防用水、③消火活動上必要な施設をまとめて、消防用設備等というんだ。このうち、消防の用に供する設備は、避難設備・警報設備・消火設備の3つから構成されるぞ。

唱えろ！ ゴロあわせ

■消防の用に供する設備〜設備を扱うときは真剣に！〜

陽	気	な
用に	供する	

ひ	け	し
避難	警報	消火

　まずは細かく分類を見ていこう。その上で全体をもう一度見ると、理解が深まるはずだ！

◆避難設備は脱出に使う身近なものばかり！

　火災が発生した場合に、避難をするために用いられる機械器具または設備で、次に掲げるものを避難設備というんだ。

（1）すべり台、避難はしご、救助袋、緩降機、避難橋その他の避難器具
（2）誘導灯及び誘導標識

第**3**章

法の基本！　意義・法体系を学ぼう！

◆爆音鳴らして火災を知らせる警報設備

　聞けば「火事だ！」と分かる、あの甲高い警報音。火災の発生を報知する機械器具または設備で、次に掲げるものを警報設備というんだ。

> (1) 自動火災報知設備
> (1の2) ガス漏れ火災警報設備
> (2) 漏電火災警報器
> (3) 消防機関へ通報する火災報知設備
> (4) 警鐘、携帯用拡声器、手動式サイレンその他の非常警報器具及び
> 　　 次に掲げる警報設備
> 　　　・非常ベル　　　・手動式サイレン　　　・放送設備

唱えろ！ ゴロあわせ

■警報設備〜警報の裏にドラマあり〜

じ　　ろうが　　計　　画
自火報　漏電・ガス　警鐘　拡声

非情な　　2(ツー)報
非常ベル　　　通報 放送

全マ任せろ…
私が犯人だと
通報するんだ…

> 火災の発生を音で知らせる設備が警報設備なんですね！

◆火消しに必要な消火設備！

　水その他の消火剤を用いて消火を行う機械器具または設備で次に掲げるものを消火設備というんだ。

> (1) 消火器及び次に掲げる簡易消火用具
> 　　　・水バケツ　　　・水槽　　　・乾燥砂　　　・膨張ひる石又は膨張真珠岩
> (2) 屋内・屋外消火栓設備
> (3) スプリンクラー設備
> (4) 水噴霧消火設備
> (5) 泡消火設備
> (6) 不活性ガス消火設備
> (7) ハロゲン化物消火設備
> (8) 粉末消火設備
> (9) 動力消防ポンプ設備

◆**その他、消火活動上必要な施設を覚えておこう！**

　防火水槽またはこれに代わる貯水池その他の用水を消防用水というぞ。これはサラッと見ておけばOK。火災発生時に消防隊員が消火活動する上で必要となる排煙設備、連結散水設備、連結送水管、非常コンセント設備および無線通信補助設備を消火活動上必要な施設というぞ。

唱えろ! **ゴロあわせ**

■消火活動上必要な施設〜消火活動上必要な連絡なんだろうね〜

ハ	レンチ	2人が
排煙	連結×2	

無線で	コンタクト
無線	コンセント

Step3 暗記 何度も読み返せ！

☐ 消防の用に供する設備は、[警報設備]、避難設備、[消火設備]である。

☐ 排煙設備は[消火活動上必要な施設]、放送設備は[警報設備]、すべり台および誘導灯は[避難設備]である。

No. 15 /50 法令変更と用途変更のときの規定への対応

ここでは法令変更時の消防用設備等の更新・交換を見ていくぞ！　原則は法令が変わっても従前規定を適用するが、試験に出るのは例外だ！　この原則と例外が分かれば、防火対象物の用途が変わったときの規定への適用も、覚えやすいぞ。

Step1 図解　目に焼き付けろ！

法令変更時の規定への対応

4つの例外

原則：従前規定を適用 ←→ 例外：新規定を適用

| 初期消火に必要な消防用設備等 ゴロ　勇敢な初老のひじけが | 一定規模以上の増改築 ①面積1,000m²以上 ②面積が着工時の$\frac{1}{2}$以上 |

| 以前から違反状態 | 特定防火対象物 | 元から新基準に適合 |

「従前規定を適用」とは、そのままでOKということだ。なぜこのようなルールなのか、ただ遮二無二暗記するのではなく、どういう理由でそうなっているかを理解することに重きを置こう！

Step2 解説 爆裂に読み込め！

➡ 負担軽減が目的で従前規定を適用する！ ～原則～

法律は国会という場所で作られるのだが、お上（役所）の都合で変わった法律に合わせて、その都度消防用設備等を更新・交換するとしたらお金がいくらあっても足りないよな。そこで、法改正等で消防用設備等の技術上の基準が変わった後でも、現に存する（既存の）消防用設備等については、「原則、従前規定をそのまま適用しましょう」としているんだ。

> 法改正という不可抗力によるルール変更の場合、原則はそのままでOK（従前規定を適用）ということなんですね！

➡ 従前規定が適用されない（新規定にせよ！）～例外～

ここまで原則（法改正があっても従前規定を適用する）を見てきたな。試験に出題されるのは例外だ！ 次の5つのパターンを見ていこう！

◆その1 常に最新にアップデートする消防用設備等はこれだ！

次に掲げる初期消火に必要な消防用設備等は、消防用設備等の技術上の基準について従前規定を適用しないんだ。つまり、法改正があれば常に新基準が適用されるぞ！

（1）消火器　　　　（2）避難器具　　　　（3）簡易消火用具
（4）自動火災報知設備　　　　（5）ガス漏れ火災警報設備
　※（4）と（5）は特定防火対象物に設けるものに限る
（6）漏電火災警報器　　　　（7）非常警報器具及び非常警報設備
（8）誘導灯及び誘導標識
（9）必要とされる防火安全性能を有する消防の用に供する設備等であって消防庁長官が定めるもの

今日、どれだけ自分の勉強に時間を割いたか考えよう。

唱えろ！ゴロあわせ

■常に新基準が適用される消防用設備等　〜ケガに要注意〜

勇	敢	な初	老	の
誘導	簡易	消火	漏電	

ひ	じ	け	が
避難	自火報	警報	ガス漏れ

 火災の初期消火に必要な消防用設備等は、法改正に合わせて最新のものにアップデート（更新）するってことですね！

◆その2　違反を是正するんだから、新基準にせよ！

　原則は従前規定のまま、例外として新基準が適用される消防用設備等（ソフト）があることを見てきたが、ここからは建物構造や用途、増改築等のハードについて見ていくぞ。

　消防用設備等の技術上の基準に関する政令などの従前規定に対して、もともと消防用設備が違反しているときは、従前規定は適用されないぞ！

 守るべきルールを守っていないから、従前規定ではなく、新規定に適合させるってことですね！

◆その3　一定規模以上の増改築等したら新基準！

　消防用設備等の技術上の基準に関する政令などの改正後に次の①、②の工事を行った場合は、従前規定ではなく新基準が適用されるぞ！

①増改築にかかる当該防火対象物の部分の床面積合計が1,000m²以上
②増改築にかかる当該防火対象物の部分の床面積合計が、工事着工時における
　当該防火対象物の延床面積の2分の1以上

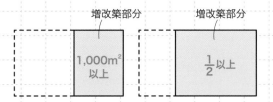

図15-1：新基準が適用される増改築の規模

 試験では、この数値（1,000m²以上と2分の1以上）を組み合わせて、新基準適用の対象か否かを問う問題が頻出だ！

◆その4　特定防火対象物は「常に」最新であれ！！

特定防火対象物における消防用設備等であるとき、もしくは新規定を施行または適用する際に新築・増改築・移転、修繕もしくは模様替え工事中の特定防火対象物にかかる消防用設備等については、新基準が適用されるぞ！

要は特定防火対象物については、技術上の基準が改正されるごとに新基準を適用せいということだ。工事の途上で設計変更されるなどしてでも、消防用設備等は新基準に適合させよってことだ！

関係者の負担軽減を目的に「原則は従前規定を適用する」と言ったが、不特定多数の者が出入りする特定防火対象物については、火災発生時の甚大な被害発生を防止するために法改正があった場合には、その都度新基準が適用されることになっているんだ。

◆その5　元から新基準に適合しているなら、そのまま守れ！

既存の消防用設備等が、改正後の新基準に元から適合しているときは、そのまま新基準が適用されるぞ。既に新基準に適合しているなら、従前規定ではなく、以後も新基準に従って消防用設備等を設置・維持しなさいってことだ！

 違反は是正し、特定防火対象物は常に最新、一定の増改築や大規模修繕・模様替え、法改正後も新基準に適合ならそのまま、といった具合ですね！

➡ 負担軽減が目的で従前規定を適用する！ ～原則～

　既存防火対象物が用途変更されたことによって、用途変更後の防火対象物における消防用設備等が技術上の基準に関する規定を充足（適合）しない場合、原則、用途変更後の消防用設備等には、従前規定を適用するんだ。

「劇場」用途としての
消防用設備等が基準に適合

変更前の「劇場」用途としての
消防用設備等の基準を適用したままでOK

図15-2：用途の変更と通用する規定

 前提として、用途によって、消防用設備等の設置基準は違うんだ。「用途」とは、表13-1の「施行令別表第1」にある、「劇場」や「図書館」などの対象物が使われる用途のことを指すぞ。

　従前規定が適用されない例外は、前テーマとほとんど同じ内容だぞ。

【従前規定が適用されない例外】
例外①以前から違反状態のとき
例外②一定規模以上の増改築等（床面積1,000m²以上、もしくは床面積が着工時の
　　　2分の1以上）をするとき
例外③以前から新基準に適合していたとき
例外④変更後の用途が特定防火対象物のとき

Step3 暗記 何度も読み返せ！

☐ 消防用設備等の技術上の基準に関する政令が変わったとしても、原則は［従前規定］を適用する。ただし、以下の場合は例外として［新基準］に適合するように措置しなければならない。

☐ (1) 元から［違反状態］のとき。［特定防火対象物］の場合は常に。

☐ (2) 増改築の床面積が［1,000］m²以上、又は床面積合計が工事着工時における延床面積の［2分の1］以上。

☐ (3)［新基準］に元から適合している場合。

☐ (4) 一定の消防用設備等 （ゴロ：［勇敢な初老のひじけが］）

次の場合、消防用設備等について新基準に適合したものを設置する。

☐ 変更後の用途が［特定防火対象物］のとき

☐ ［違反状態］を是正するとき、増改築面積［1,000］m²以上または増改築にかかる面積が着工時の延床面積の［2分の1］以上のとき

エネルギーは完全に出しきれ、寝れば復活するから！

重要度： 🔥🔥🔥

定期点検と報告は対象延床面積と頻度が大事!

このテーマでは、消防用設備等の定期点検対象となる面積要件と報告頻度について学習するぞ！　数値のほかにも、後述する消防設備士の資格制度について少し触れておくぞ。テーマ19を学習したら、プレイバックだ！

Step1 図解　目に焼き付けろ！

定期点検義務のある防火対象物

特定防火対象物	非特定防火対象物	特定一階段等（いちかいだんとう）防火対象物
↓	↓	↓
延床面積 1,000m²以上	延床面積 1,000m²以上	すべて！

かつ

消防長または
消防署長が指定
したもの

有資格者による点検が義務付けられている面積は上記の通りだが、それに満たない防火対象物は、防火対象物の関係者が点検を行うんだ！！

092

Step2 解説 爆裂に読み込め！

→ 必ずやるんだ！定期点検、その面積要件

『コンプライアンス』という言葉の通り、法律は必ず守らなければならないルールだ。消防法の中で特に重要なのが、本テーマで学習する定期点検だ。人命や財産を守る消防用設備等が適切に管理されていないと、肝心なときに使えないという笑えない話になってしまうんだ。

　防火対象物の関係者（政令で定めるものを除く）は、当該防火対象物における消防用設備等または特殊消防用設備等について、総務省令で定めるところにより、定期に点検し、その結果を消防長または消防署長に報告する義務があるんだ。ここで重要なのは、次の2点だ。

◆報告義務があるのは、防火対象物の関係者だ！

　過去の試験では、「消防点検を行う請負会社」「消防設備士」「有資格者」とする出題があったがすべて×だ。報告義務があるのは、あくまで防火対象物の関係者だということに注意しよう！

◆点検を要さない唯一の防火対象物と、有資格者が点検を行う面積要件

　点検を要さない防火対象物は、施行令別表第1の（20）に掲げる舟車のみだ！

　この他、次の表に示した、防火対象物のうち政令で定めるものは、消防設備士または消防設備点検資格者がこれを点検しなければならないんだ。

表16-1：点検を要する防火対象物

特定防火対象物	延床面積1,000m²以上
非特定防火対象物	延床面積1,000m²以上で、かつ、消防長または消防署長が指定したもの
特定一階段等防火対象物	すべて

中途半端ではなく、完全燃焼を目指せ!!

ここで消防法における資格制度について簡単に説明するぞ。消防設備士とは、消防設備士国家試験に合格して免状の交付を受けた者のことだ。

　一方、消防設備点検資格者とは、消防用設備等または特殊消防用設備等の工事または整備について5年以上の実務経験を有する者等で、消防用設備等または特殊消防用設備等の点検に関し必要な知識および技能を習得することができる講習であって、登録講習機関の行うものの課程を修了し、登録講習機関が発行する免状の交付を受けている者のことだ。

 長々とした文章ですね…。要は一生懸命勉強しなくても講習受けて免状をもらえるのが消防設備点検資格者ってことですか！？

　その通りだ。講習を受けてそのとき行われる簡易な試験にパスすれば、消防設備点検資格者になれるということだ。この制度は、消防業界における人手不足の解消を目的としたもので、1種、2種、特種に分けられるんだ。

◆毎回出てくる難解な言葉『特定一階段等防火対象物』とは？

　さあ、話を進めるぞ。表16-1で、有資格者が点検を行う防火対象物を見てきたが、基本は1,000m²以上というラインがあることが分かるはずだ。

　また、「すべて」の点検が必要なのは、特定一階段等防火対象物といって、「地階若しくは三階以上の部分に特定用途部分があり、かつ、避難に使用する階段が屋内に1つしかない防火対象物」のことを言うんだ。まだ分かりづらいだと！？

　よし、図（幼稚園を特定用途部として扱う）で説明するぞ。

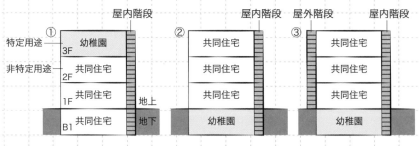

図16：特定一階段等防火対象物

①避難階（1、2階）以外の階に特定用途部があり、かつ屋内階段が1つ
②地下に特定用途部があり、かつ、屋内階段が1つ
③屋内階段と屋外階段がそれぞれ設けられているが、特定用途部のある地階に
　通じるのは屋内階段のみで屋外階段は通じていない（①と同じ）

> 避難に使う階段が1つだと、避難する人が集中して危ないから、
> このような措置を取っているんだな！　2階からの飛び降りは何と
> かなるかもだが、3階以上だと怖いからな！

→ 定期点検したものは、定期に報告せよ!!

　消防用設備等は、外観目視による機器点検を6か月（半年）に1回、実際に設備を稼働させて作動試験を行う総合点検を1年に1回行うことになっているんだ。防火対象物の関係者は、点検結果を維持台帳に記録し、次の各号に掲げる区分に従って、一定期間ごとに消防長または消防署長に報告する義務があるぞ。
・特定防火対象物：1年に1回
・特定防火対象物以外の防火対象物：3年に1回

Step3 暗記　何度も読み返せ！

☐ 延床面積［1,000］㎡以上の特定防火対象物の点検は有資格者が行う。

☐ 点検は、半年に1回行う［機器点検］と［1年］に1回行う総合点検がある。なお、報告については、特定防火対象物は［毎年］、それ以外の防火対象物は［3年ごと］に報告を行う義務がある。

重要度： 🔥🔥🔥

後出しNG!工事開始「前」に出せ!!

このテーマでは、工事着工届について学習するぞ！！ 『誰』が、『いつまで』に、『どうするか』が出題ポイントだ。テーマ18で学習する工事完了後の設置届の期間と混同しないように！！

Step1 図解 目に焼き付けろ!

消防用設備等の工事着工までの流れ

甲種消防設備士

消防長または消防署長

着工10日前までに着工届を提出

届出後に工事開始

ポイントは、この3点だ。①甲種消防設備士が、②工事着工の10日前までに、③消防長または消防署長に着工届を提出する！

Step2 解説 爆裂に読み込め！

→ 工事の着工届は、後出しNGだ！

　甲種消防設備士は、法第17条の5（詳細はテーマ19にて）の規定に基づく工事をしようとするときは、その工事に着手しようとする日の10日前までに、総務省令で定めるところにより、着工届を消防長または消防署長に届け出なければならないぞ。その内容は次のとおりだ。

【着工届の内容】
・工事整備対象設備等の種類
・工事の場所
・その他必要な事項

　この着工届で出題される重要ポイント3点を押さえておこう！

【着工届で出題される重要ポイント】
①10日前までに着工届を提出
②届出権者は甲種消防設備士のみ
③「設置届」との混同に注意！（消防用設備等の関係者は、消防用設備等を設置したときに、設置工事完了後4日以内に消防長または消防署長に届け出る。テーマ18参照）

Step3 暗記 何度も読み返せ！

□ 法第17条の5に規定する工事を行うとき、[甲種消防設備士] は当該工事に [着手しようとする日の10日前までに]、着工届を [消防長または消防署長] に提出すること。

□ 着工届は事前に届け出るものであり、[後出し] はNGである。

重要度：🔥🔥◎

要注意！必要な
届出を怠ると…

このテーマでは、工事完了後の設置届とペナルティについて学習するぞ。これまで学習してきた着工届や定期点検との違いに注意しながら見ていくぞ！　ペナルティは、中身よりも量刑の差異が生じる理由を意識して学習しよう！

Step1 図解 目に焼き付けろ！

届出と検査が必要な防火対象物

特定防火対象物
↓
延床面積
300m²以上

非特定防火対象物
↓
延床面積
300m²以上

かつ

消防長または
消防署長が指定
したもの

カラオケ、旅館、ホテル、
病院、診療所、養護老人ホーム、
地下街、準地下街、
特定一階段防火対象物

↓

すべて！

次の4点がひっかけ問題で出題されているぞ、要注意だ！

[着工届との比較]
・届出権者は？
・届出期間は？

[定期点検との比較]
・届出延床面積は？
・届出防火対象物は？

Step2 解説 爆裂に読み込め！

→ 工事完了後に、設置届をしよう！

　特定防火対象物その他政令で定めるものの関係者は、技術上の基準または設備等設置維持計画に従って設置しなければならない消防用設備等または特殊消防用設備等（政令で定めるものを除く）を設置したときは、その旨を消防長または消防署長に届け出て、検査を受けなければならないんだ。これを、設置届というぞ。

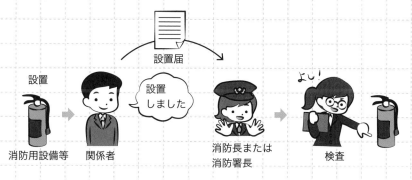

設置届

設置しました

設置　消防用設備等　関係者　消防長または消防署長　検査

図18：設置届

ちゃんと適法に工事されているかをチェックするためですね！

　その通りだ。なお、設置届は工事完了後4日以内に消防長または消防署長に届け出るんだ。前テーマで学習した着工届と混同しないように注意するんだ。

→ 届出＆検査が必要な防火対象物はコレだ！

　消防用設備等を設置して、届出＆検査を受けなければならない防火対象物は以下の表の通りだ。ただし、簡易消火用具と非常警報器具については、設置しても届出と検査を受ける必要がないぞ！（※頻出だ、覚えておくんだ！）

知恵（勉強）を富（おカネ）に変えるのが、仕事だ！

表18-1：届出＆検査が必要な防火対象物

特定防火対象物	延床面積300m^{2}以上
非特定防火対象物	延床面積300m^{2}以上で、かつ、消防長又は消防署長が指定したもの
カラオケボックス、旅館・ホテル、病院・診療所、養護老人ホーム、特定一階段等防火対象物、地下街及び準地下街	すべて

 唱えろ！**ゴロあわせ**

■届出＆検査が必要な防火対象物　～老人の名推理！？～

ホテル　の　カラオケ　と
旅館・ホテル　　　　　カラオケ

病院　で
病院

老人　が　地下　と　特定
老人施設　　　地下　　　特定一階段

ホテルの
カラオケと
病院…？

犯人は
地下にいる！

➡ 命令を受けるのは、カネの出せる決済権者だ！

　消防長または消防署長は、法第17条1項の防火対象物における消防用設備等が設備等設置基準に従って設置・維持されていないとき、当該防火対象物の関係者で権原を有する者に対し、設備を技術上の基準に従って設置すべきこと（設置命令）、維持のために必要な措置を講じること（維持命令）ができるぞ。

「関係者で権原を有する者＝関係者でカネの出せる決済権者」ってことだ！

　設置命令や維持命令に違反すると罰則があるが、その中身は問われないぞ。量刑の重さに差異が生じる理由と、3つ目の両罰規定を押さえておこう。

表18-2：**違反と量刑**

違反内容	量刑
消防用設備等を設置しなかった者 (設置命令違反)	1年以下の懲役又は100万円以下の罰金
消防用設備等の維持のために必要な措置を講じなかった者 (維持命令違反)	30万円以下の罰金
上記違反者が所属する法人 (両罰規定)	3,000万円以下の罰金

設備を設置していない（根本的に×）場合の方が罰則は重いんですね。

　両罰規定は、違反者個人だけでなく、その者が所属する法人に対しても罰則があるということだ。コンプライアンスを促す目的だ！

Step3 暗記　何度も読み返せ！

- □ 延床面積 [300] m²以上の非特定防火対象物で [消防長または消防署長] が指定したものは、工事完了後4日以内に [設置届] を提出して検査を受ける。
- □ 命令は消防長又は消防署長から、防火対象物の [関係者で権原を有する者] に対し出される。

本章で学んだことを復習だ！　分からない問題は、テキストに戻って確認するんだ！
分からないままで終わらせるなよ！！

問題 Lv.1

次の文章の正誤、または問いの答えを述べよ。

🔥 **01** 戸建て一般住宅については、消防用設備等の設置義務はない。

🔥 **02** 山林又は舟車、船きょ若しくはふ頭に繋留された船舶、建築物その他の工作物又は物件を防火対象物という。

🔥 **03** 防火対象物の所有者・管理者・占有者を関係者という。

🔥 **04** 旅館や病院、事務所のように不特定多数者が出入りする防火対象物を、特定防火対象物という。

🔥 **05** 無窓階についての説明文のうち、法令上正しいものはどれか。

 ①廊下に面する部分に有効な開口部がない階

 ②排煙上有効な開口部が一定基準に達しない階

 ③避難上又は消火活動上有効な開口部が一定基準に達しない階

 ④窓を有しない階

🔥 **06** 消防法令上、特定防火対象物に該当するものをすべて選べ。

[幼稚園、共同住宅、図書館、映画館、カラオケボックス、小学校又は中学校、重要文化財、工場、地下街]

🔥 **07** 消防法令上、特定防火対象物に該当しないものをすべて選べ。

[博物館、飲食店、舟車、養護老人ホーム、神社、旅館・ホテル、準地下街、駐車場]

🔥 **08** 防火対象物が開口部のない耐火構造の床又は壁で区画されているときは、それぞれを別の防火対象物とみなす。

🔥 **09** 同一敷地内に2以上の防火対象物がある場合、原則として、一の防火対象物とみなす。

以下、「消防の用に供する設備」についての問いに答えなさい。

🔥 **10** 動力消防ポンプ設備は、消防の用に供する設備に含まれない。

🔥 **11** 放送設備は、誘導灯と同じく避難設備に含まれる。

🔥 **12** ガス漏れ火災警報設備は、非常警報器具と同じ警報設備である。
🔥 **13** 水バケツと水槽は、消防用水の一つである。
🔥 **14** 無線通信補助設備は、警報設備である。
🔥 **15** 非常コンセント設備は、消火活動上必要な施設に分類される。

解説 Lv.1

🔥 **01** ○ →テーマNo.12
🔥 **02** × →テーマNo.12
記載の内容は消防対象物だ。「防火対象物＋物件＝消防対象物」となることを念頭に置くんだ！
🔥 **03** ○ →テーマNo.12
🔥 **04** × →テーマNo.13
特定防火対象物か否かでよく問われるものの一つが、事務所は非特定防火対象物ということだ。間違えないようにしよう。
🔥 **05** ③ →テーマNo.12
読めば分かることも、意外と問題にして似たものを並べると「？」となることがある。その最たるものが、無窓階の定義だ。確実に頭に入れておくんだ！！
🔥 **06** 幼稚園、映画館、カラオケボックス、地下街 →テーマNo.13
防火対象物の特定か否かの判断するポイントは、
・不特定多数の者が出入りする
・金のやりとりがある
・逃げ遅れ懸念のある人が常在する
上記勘所を踏まえて、例外として扱う施設を覚えるようにしよう。
🔥 **07** 博物館、舟車、神社、駐車場 →テーマNo.13
問06の解説を参照せよ。
🔥 **08** ○ →テーマNo.13
🔥 **09** × →テーマNo.13
「管理について権原を有する者が同一の者である場合」は、本問の通りだが、単に同一敷地内というだけでは、別の防火対象物だ。ひっかけ問題なので、要注意だ！
🔥 **10** × →テーマNo.14

消防の用に供する設備（消火設備）に含まれるぞ。

🔥11　✕ →テーマNo.14

放送設備は、火災を知らせるものだから、警報設備に含まれるぞ。

🔥12　〇 →テーマNo.14

🔥13　✕ →テーマNo.14

消火設備の中の簡易消火用具に含まれるぞ。

🔥14　✕ →テーマNo.14

無線通信補助設備は、消火活動上必要な施設に分類されるぞ。

🔥15　〇 →テーマNo.14

（問題 Lv.2）

次の文章の正誤、または問いの答えを述べよ。

🔥16　消防用設備等の設置・維持命令は、防火対象物の関係者であれば誰に対して発してもよい。

🔥17　次のうち、消防用設備等の技術上の基準に基づく政令又はこれに基づく命令の規定が改正されたとき、改正後の規定に適合させなければならない消防用設備をすべて選べ。

［消火器、スプリンクラー設備、誘導灯、漏電火災警報器、避難器具］

🔥18　既存防火対象物における消防用設備等は、技術上の基準が改正されても原則として改正前の基準に適合していればよいと規定されているが、一定の「増改築」が行われた場合は、この規定が適用されずに改正後の基準に適合させなければならない。この一定の「増改築」に該当しないものはどれか。

①延床面積の $\dfrac{3}{5}$ で750m²の増改築

②延床面積の $\dfrac{3}{7}$ で800m²の増改築

③延床面積の $\dfrac{1}{4}$ で1,200m²の増改築

④延床面積の $\dfrac{4}{5}$ で1,500m²の増改築

🔥19　消防用設備等の技術上の基準が改正された場合、非特定防火対象物はその

面積に関係なく、改正後の基準に適合させる。

🔥 **20** 用途変更前に設置してある消防用設備等が基準に違反している場合、用途変更後の基準に適合する消防用設備等を設置する。

🔥 **21** 用途変更後に不要となった消防用設備等については、撤去するなどして確実に機能を停止させること。

🔥 **22** 原則、用途変更前に設置された消防用設備等には従前規定を適用するが、その後一定規模以上の増改築工事を行う場合は、変更後の用途区分に適合する消防用設備等を設置しなければならない。

🔥 **23** 総合点検は年1回、機器点検は3年に1回行えばよい。

🔥 **24** 特定防火対象物は毎年、それ以外は3年ごとに消防長又は消防署長に定期点検の結果を報告しなければならない。

🔥 **25** 定期点検の報告は、消防点検請負会社の義務である。

🔥 **26** 300m²以上の特定防火対象物は有資格者が定期点検を行う。

🔥 **27** 特定一階段等防火対象物は延床面積に関係なく定期点検を行う。

🔥 **28** 着工届は、消防設備有資格者が工事開始後速やかに届け出る。

🔥 **29** 設置届は、防火対象物の関係者が都道府県知事に対して工事完了後4日以内に届け出る。

🔥 **30** 非特定防火対象物で延床面積300m²以上のものは、すべて設置届を提出しなければならない。

🔥 **31** 設置命令・維持命令の違反で量刑が重いのは、設置命令である。

解説 Lv.2

🔥 **16** ✕ →テーマNo.18

設置・維持命令を受けるのは、防火対象物の関係者で権原を有する者（金を出せる決済権者）だ！

🔥 **17** 消火器、誘導灯、漏電火災警報器、避難器具 →テーマNo.15

ゴロあわせ「勇敢な初老のひじけが」で解けるぞ。

🔥 **18** ② →テーマNo.15

本問は例外となる一定の「増改築」の定義を問う問題で、2つの要件のうちどちらかに該当すれば、改正後の基準に適合させなければならない。

> （Ⅰ）増改築にかかる当該防火対象物の部分の床面積合計が1,000m²以上
> （Ⅱ）増改築にかかる当該防火対象物の部分の床面積合計が、工事着工時における当該防火対象物の延床面積の2分の1以上

以上より、①は（Ⅱ）、③は（Ⅰ）、④は（Ⅰ）と（Ⅱ）を満たしているので、改正後の新基準に適合させなければならないぞ。

🔥 **19** ✕ →テーマNo.15

特定防火対象物の場合は本問の通りだ。

🔥 **20** ◯ →テーマNo.15

🔥 **21** ✕ →テーマNo.15

不要な消防用設備等については、消防法上特に規定されていないぞ（そのままでもOKだ）。ただし、廃棄する場合は他の法令（廃棄物処理法など）の適用を受けるから注意しよう！

🔥 **22** ◯ →テーマNo.15

🔥 **23** ✕ →テーマNo.16

機器点検は半年に1回、総合点検は年1回実施するんだ。

🔥 **24** ◯ →テーマNo.16

🔥 **25** ✕ →テーマNo.16

報告義務があるのは、防火対象物の関係者だ！

🔥 **26** ✕ →テーマNo.16

特定防火対象物の定期点検の要件は1,000m^{2}以上だ。

🔥 **27** ◯ →テーマNo.16

🔥 **28** ✕ →テーマNo.17

着工届は、甲種消防設備士が工事着手日の10日前までに届け出るぞ！

🔥 **29** ✕ →テーマNo.18

消防長または消防署長に対して、工事完了後4日以内に届け出るぞ。

🔥 **30** ✕ →テーマNo.18

300m^{2}以上で消防長または消防署長の指定があるものに限られるぞ！

🔥 **31** ◯ →テーマNo.18

第 **4** 章

資格者をはじめとした制度を学ぼう!

本章では、①消防設備士をはじめとする資格制度と、②消防設備の検定制度を学習するぞ。①は独占業務と免状の種類及びその更新サイクルについて、②は検定の流れと登場人物に注意して学習に取り組むと良いぞ!

アクセスキー 　**a** （小文字のエー）

消防用設備の扱いを許されし者とは？

このテーマでは、消防用設備等を扱うことができる資格者の制度（消防設備士の独占業務）について学習するぞ。資格制度は原則と例外、共に頻出なので、漏れなくチェックするんだ！

Step1 図解 目に焼き付けろ！

消防設備士の資格制度

区分

| 特類 |
| 第1類 |
| 第2類 |
| 第3類 |
| 第4類 |
| 第5類 |
| 第6類 |
| 第7類 |

乙種 甲種

乙種

甲種

乙種

第1～7類の
消防用設備等
の整備（点検）
のみ行える

甲種

特類、第1～5類の
消防用設備等
の工事・整備
が行える

基本は免状記載の区分に従い、工事または整備が可能だ。なお、無資格者でも行える次の整備の内容は押さえておこう！　①電源、②水源および配管、③軽微な整備で規則に定めるもの、の3つだ。

Step2 解説 爆裂に読み込め！

→ 選ばれし者でも、取扱には制限がある！

運転免許を取ると車を運転できるのと同じで、消防設備士の免状交付を受けた者は、消防用設備等または特殊消防用設備等の工事（設置にかかるものに限る）または整備ができるぞ。どんな仕事ができるか、次の表を見てくれ！

表19-1：免状の区分と行うことができる工事・整備

区分	工事整備対象設備等の種類 （Pa：パッケージ型消火設備、パッケージ型自動消火設備）		甲種消防設備士	乙種消防設備士
特類	特殊消防用設備等		工事 or 整備	
第1類	屋内・屋外消火栓設備、水噴霧消火設備、スプリンクラー設備、Pa			整備
第2類	泡消火設備、Pa			
第3類	ハロゲン化物消火設備、粉末消火設備、不活性ガス消火設備、Pa			
第4類	自動火災報知設備、消防機関へ通報する火災報知設備、ガス漏れ火災警報設備			
第5類	金属製避難はしご、救助袋、緩降機			
第6類	消火器	第7類	漏電火災警報器	

とはいえ、免状があれば何でもOKではなく、表19-1に記載されている通り、甲または乙の各類に該当する工事、整備のみを取扱うことができるんだ。

【資格制度 〜選ばれし者が扱える消防用設備等〜】

①甲種消防設備士：免状記載の特類、第1類〜第5類の工事と整備

②乙種消防設備士：免状記載の第1類〜第7類の整備のみ

→ 甲種の特類とは何だ？乙種に第6、7類があるのはなぜだ？

消防設備士免状は甲種、乙種の2種類。両者の最大の違いは、甲種は工事および整備（点検）の両方を行えるのに対して、乙種が行えるのは整備（点検）のみで、工事ができないということだ。

第4章 資格者をはじめとした制度を学ぼう！

そういう違いがあるんですね。それと…甲種は特類というのがあって、乙種にはないですよね。逆に第6、7類が乙種にしかないのはなぜですか？

　いい気づきだ！　従来ある消防用設備等に代わり、「総務大臣が当該消防用設備等と同等以上の性能があると認定した設備等」が特類消防設備というものなんだ。簡単にいえば、システム系の制御回路や色々な機能と組み合わせた消防設備が該当するんだ。

　もうひとつの「第6、7類が乙種にしかない理由」だが、これは消火器と漏電火災警報器というメーカーの既成商品で、工事というよりは、設置（消火器なら置くだけ）するだけだからなんだ。完成した商品を取り付けて終わりだから、工事には該当しない（整備のみ）ので、甲種にはないんだ。

◆甲種消防設備士が行える工事と整備

　もっと詳しく甲種消防設備士だけが行える工事整備区分を見ていくぞ。工事と整備のはっきりとした区分もそうだが、要注意なのは、撤去だ。ただ取り外すだけなので、工事でも整備でもないぞ。

表19-2：甲種だけが行える消防用設備等工事、整備の内容

	内容	区分
新設	防火対象物（新築を含む）に従前設けられていない消防用設備等を新たに設置すること	工事
増設	構成機器および装置等の一部を追加すること	
移設	構成機器および装置等の全部または一部の設置位置の変更	
取替え	構成機器および装置等の一部を既設のものと同等の種類・機能・性能等を有するものに交換すること	
改造	構成機器および装置等の一部を付加もしくは交換し、または取り外して消防用設備の構成・機能・性能等を変えることをいい、「取替え」に該当するものを除く	
補修	変形・損傷・故障箇所などを元の状態またはこれと同等の構成・機能・性能を有する状態に修復すること	整備
撤去	全部を当該防火対象物から取り外すこと	

🔵 無資格者でも、この3つは行えるぞ！

選ばれし者（消防設備士の有資格者）じゃないと、現場では役に立たないのは分かったはずだ。とはいえ、「無資格者≠不要者」ではないぞ。以下に掲げる消防用設備等の軽微な整備（ほぼ雑用）は、無資格者でも行えるぞ。

①屋内消火栓設備の表示灯の交換
②屋内・屋外消火栓設備のホースまたはノズル、ヒューズ類やねじ類等の部品交換
③屋内・屋外消火栓設備の消火栓箱、ホース格納箱等の補修その他に類する行為

🔵 法律より厳しくするのはOKだけど、緩くするのはNGって？

このテーマの最後は、そもそも論を見ていこう。消防法は日本全国で一律に適用されるものだ。しかし、北は北海道から南は沖縄まで、季節ごとの温度や環境も全く異なる地域を、同じ法律ひとつで規制するのは、無理があると思わないか？

そこで、「地元のことは地元で決めよう」となるんだ。市町村は、その地方の気候風土の特殊性により、法の基準では防火上の目的を達成するのが難しい場合、条例で、法の規定と異なる基準（厳しい内容）を定めることができるんだ。逆に、法の規定よりも緩和（緩く）するのはNGだ。法律は「これだけは守ろうね」という最低限のルールだから、それよりも緩くするわけにはいかないからだ！

Step3 暗記 何度も読み返せ！

□ 甲種消防設備士は、免状記載類の [工事または整備]、乙種消防設備士は、免状記載類の [整備のみ] 行うことができる。
□ 消防設備士の無資格者でも3つの [軽微な整備] を行える。
□ [市町村] は、法の定める基準では防火上の目的を達成するのが困難な場合、[条例] で、付加規定を定めることができる。なお、条例は法よりも [厳しい] 内容でなければならない。

重要度： 🔥🔥🔥

資格免状の取扱は
ココに気をつけろ!!

このテーマでは、消防設備士免状の取扱について学習するぞ！ 「誰が」交付するのか？ 免状の記載事項は？ 「書換えと再交付の違いは？」に気をつけて見ていくぞ！

Step1 図解 目に焼き付けろ！

免状の記載事項

消防設備士免状

氏名　国松　英雄

生年月日 ○○年○月○日　本籍 東京都

写真の書換えは
○○年
○月○日まで

東京都知事

氏名・生年月日

免状の種類
交付年月日
交付番号
交付知事

写真

写真は
10年経過で
書換え

本籍地の都道府県
（住所地ではない！）

免状記載事項で気をつけるべきは、住所地ではなく**本籍地**という点だ！ また、書換えと再交付で申請先がやや異なるので注意が必要だが、違いの生じる理由が分かると覚えやすくなるぞ！

Step2 解説 爆裂に読み込め!

→ 免状の交付資格と記載事項（住所地じゃないぞ、本籍地だ!）

　消防設備士免状の交付は、都道府県知事が試験合格者に対して行うんだ。といっても、試験に合格したら誰でも免状がもらえるわけではないぞ。火災予防という重責を担う国家資格だから、過去の一定期間内に悪いことをした人には付与されないぞ。

> 火災による甚大な被害から人命と建物を守るためですから、当然ですね!

　具体的には、次の各号のどちらかに該当する者には、消防設備士免状の交付を行わないことができるぞ。

【免状を交付しないケース】
(1) 消防設備士免状の返納を命じられ、その日から起算して1年を経過しない者
(2) この法律またはこの法律に基づく命令の規定に違反して罰金以上の刑に処せられた者で、その執行を終わり、または執行を受けることがなくなった日から起算して2年を経過しない者

　このほか、免状を交付した後に違反行為をした者に対して、消防設備士免状を交付した都道府県知事は、当該消防設備士に対して免状の返納を命ずることができるぞ。返納命令は、免状を交付した知事が行うことに気をつけるんだ!

> 免状にふさわしくない者からは、免状を返してもらうんですね。そして、交付した知事が返納を命じる、と。

　なお、消防設備士免状の記載事項は次の通りだ。「本籍地」を「住所地」にしたひっかけ問題が出題されたことがあるから、要注意だぞ!

人生は三切る（踏み切る・割り切る・思い切る）だ!

第**4**章　資格者をはじめとした制度を学ぼう!

①免状の交付年月日および交付番号
②氏名および生年月日
③本籍地の属する都道府県（「住所地」ではないから、要注意！）
④免状の種類
⑤過去10年以内に撮影した写真（10年で更新だ！）

➡ 違いの分かる人が、受かるんだ!!

　最後に、消防設備士免状の「書換え」と「再交付」を見ていくぞ。まずは違いの分かる人になってほしいから、比較して見ていこう。

表20：**免状の書換えと再交付**

	書換え（義務）	再交付（任意）
どういうときに	・記載事項に変更が生じたとき ・写真撮影から10年経過	・亡失、滅失、汚損、破損した場合
申請先	・交付した ・居住地の 都道府県知事 ・勤務地の	・交付した ・書換えをした 都道府県知事

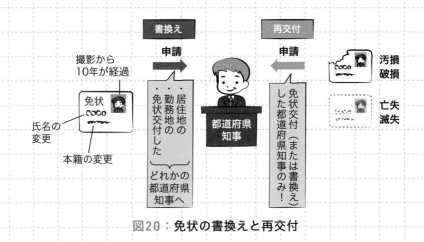

図20：**免状の書換えと再交付**

　書換えは、免状記載事項の変更（例：結婚で苗字が変わった）と写真撮影か

ら10年経過という不可抗力（しかたない事情）によって発生するから、免状所持者の負担にならないように配慮するため、手広く申請先を設けているんだ（義務だぞ！）。

　一方の再交付は、本来管理に気を遣うべき免状なのに、自分の過失でなくしたり破損したわけだから、書換えほどには手厚い規定にはなっていないんだ。

 不可抗力だから手広く、自業自得だから手狭に。法律の文言には理由があるんですね！

 この他、書換えは義務（「〜しなければならない」）だが、再交付は任意（「〜することができる」）だから、その辺も気をつけたいところだ！

 再交付は任意ですけど、免状がないと消防設備を扱えないですからね…。

Step3 暗記 何度も読み返せ！

- [ ] 消防設備士免状は［都道府県知事］が、試験合格者に交付する。
- [ ] 免状には、氏名と生年月日、免状の種類、交付年月日のほか［本籍地］の属する都道府県が記載される。
- [ ] 免状の写真撮影から［10年］が経過したら、［書換え］をしなければならない。

重要度： 🔥🔥🔥

資格取得後の講習受講サイクルはパターンだ!

消防設備士の資格制度もこれで最後だ! このテーマでは、資格取得後に義務付けられている講習の受講サイクルと資格者としての心構え（責務）を見ていくぞ! 責務は常識的な内容ばかりだから、受講サイクルを要チェックだ!

Step1 図解 目に焼き付けろ!

講習受講のサイクル

免状交付	一回目の講習		二回目の講習		三回目の講習 …
4/1	4/1		4/1		4/1

2年以内　　5年以内（以降同じ）　　5年以内

交付後、最初の4/1　　受講後、最初の4/1

消防設備士と危険物取扱者の講習に関する比較

	消防設備士の講習	危険物取扱者の講習（参考）
受講義務者	消防設備士免状を保有する者は全員	現に危険物の取扱作業に従事する者のみ
受講期間（サイクル）	交付後最初の4月1日から2年以内、以後5年以内	・基本は3年以内に1回 ・新たに従事する日から1年以内

講習の受講サイクルは、危険物取扱者の場合と比較して、その違いを意識するといいぞ!

Step2 解説 爆裂に読み込め！

➡ 講習の受講サイクルは「最初2年、あとは5年ごと」だ！

　消防設備士の免状保有者は、総務省令で定めるところにより、都道府県知事が行う工事整備対象設備等の工事または整備に関する講習（消防設備士の講習）を受講しなければならないんだ。

　危険物取扱者は現に従事していない場合は受講義務がなかったから、それと混同する受験生が多いみたいだな！　気をつけよう！

　さて、講習の受講サイクルを説明するから、図解を見てくれ。

　受講すべき最初の講習は、免状の交付を受けた日以後における最初の4月1日から2年以内とされている。その後は、講習受講後の最初の4月1日から5年以内に再び講習を受講する必要があるんだ。それ以後は、ずーっと5年に1回のサイクルで講習受講義務があるぞ。

➡ 資格者としての心構えを持て！

　法に規定されている消防設備士としての義務は次の4つだ。

①消防設備士講習を受講すること
②誠実に業務を行うこと
③業務従事中は、免状を携行すること
④甲種消防設備士は、着工届を工事しようとする日の10日前までに提出すること

Step3 暗記 何度も読み返せ！

- [ ] 消防設備士の講習は、危険物取扱者と異なり、免状を保有していて現に作業に[従事していない]者にも受講義務がある。
- [ ] 消防設備士免状は、作業に従事する際は常に[携行]すること。

重要度：

防火管理者って？

このテーマでは、防火管理者について学習するぞ！　一定規模の防火対象物に選任が必要だが、近年は一つの敷地内に複数の（異なる）所有権者の建物が建っている場合の統括防火管理者の選任要件の出題実績があるから、両方をチェックだ！

Step1 図解　目に焼き付けろ！

防火管理者と統括防火管理者の選任要件

防火管理者

↑選任

①避難困難者のいる施設
　（収容人員10人以上）
②特定防火対象物
　（収容人員30人以上）
③非特定防火対象物
　（収容人員50人以上）
④その他

統括防火管理者

↑選任

一つの敷地内に
複数の所有者

①高さ31m超の高層建築物
②準地下街
③地下街（指定されたもの）
④特定防火対象物で地上3階
　・人員30人以上
⑤複合用途防火対象物
　（地上5階・人員50人以上）

これまで学習してきたテーマの中では出題例が最も少なく、統括防火管理者の選任要件がたまに出題されている程度だ！　そちらもゴロあわせで覚えよう！

Step2 解説 ▶ 爆裂に読み込め！

➔ 防火管理者を定める建物は、コレだ!!

「令別表第1（テーマ13を参照）に掲げる防火対象物の管理」について権原を有する者は、政令で定める資格を有する者の中から防火管理者を定め、消防計画の作成等の業務を行わせなければならないんだ。なお、防火管理者になるための資格は、防火管理に関する講習の課程を修了した者のことだ。

> 講習を受ければ、防火管理者になれるんですね！

細かい選任要件の出題はないから、最低限、次の内容だけ覚えておこう。

【防火管理者の選任が必要な防火対象物】
①避難困難者のいる施設（養護老人ホームや障碍者施設）で収容人員10人以上のもの
②特定防火対象物（①除く）で収容人員30人以上のもの
③非特定防火対象物で収容人員50人以上のもの
④複合用途防火対象物でかつ、用途が令別表第1の（1）～（15）のもの

> 試験では④の点を、反対の視点から問われることもあるんだ（「防火管理者不要の防火対象物は？」など）。次の4つについては、防火管理者は不要になるぞ！

【防火管理者の選任が不要な防火対象物】
・準地下街　　・延長50m以上のアーケード
・市町村長の指定する山林　　・総務省令で定める舟車

第4章　資格者をはじめとした制度を学ぼう！

➡ 防火管理者の業務は、火災予防に必要なことだけ!

　防火管理者の業務は次の通りだ。防火管理者を定めて業務を行わせる義務があるのは、当該防火対象物の管理について権原を有する者だから要注意!

①消防計画の作成と消防機関への届出
②消防計画に基づく消火、通報および避難訓練の実施
③火気の使用または取扱に関する監督
④消防用設備等または特殊消防用設備等の点検・整備
⑤避難または防火上必要な構造および設備の維持管理、収容人員の整理
⑥その他防火管理上必要な業務

➡ 統括防火管理者の選任建物は、コレだ!!

　1つの敷地内に所有権者の異なる複数の建物が建っている場合、火災予防についてバラバラに管理するのではなく、ひとまとめに統括して見る必要がある。そのような場合に選任されるのが、統括防火管理者で、次の施設で必要だ(地下街のみ、消防長または消防署長の指定が必要な点は要注意だ!)。

統括防火管理者の選任が必要な防火対象物

①高さ31m超の高層建築物
②準地下街
③地下街(※消防長または消防署長が指定したものに限る)
④(②③を除く)特定防火対象物で地階を除く地上3階以上で収容人員30人以上のもの
⑤特定用途部を含まない複合用途防火対象物で、地階を除く地上5階以上で収容人員50人以上のもの

唱えろ! ゴロあわせ

■統括防火管理者の選任が必要な施設 〜動物使いのジュンさん？〜

地　　底にいる
地下街→指定

サイ　と　ゴリラ
31m超　　　5と50

統括するのは　ジュン　さん
統括防火管理者　　　　　準地下街　　3と30

ジュンさん

第4章

資格者をはじめとした制度を学ぼう！

Step3 暗記 何度も読み返せ！

- ☐ 避難困難者のいる収容人員［10］人以上の施設のほか、収容人員が特定防火対象物で［30］人以上、非特定防火対象物で［50］人以上の場合、防火管理者の選任が必要となる。
- ☐ ［消防長または消防署長］の指定した地下街は、統括防火管理者が必要である。

重要度： 🔥🔥🔥

消防同意と検定制度

消防法の基本法令もこのテーマで最後だ！ このテーマでは、世の中で建築される建物と流通している消防用設備等がどのような手続きを経て世に出されているかを見ていくぞ！

Step1 図解 目に焼き付けろ！

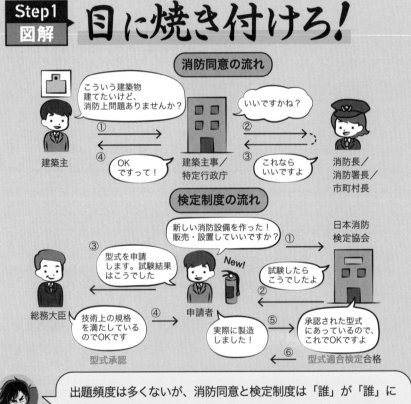

出題頻度は多くないが、消防同意と検定制度は「誰」が「誰」に申請して、どのような「手続き」を踏まえるかを、イラストで順を追ってチェックだ！

Step2 解説 爆裂に読み込め！

→ 消防同意なく、建物は建てられない！

　建築のプロである建築士は、建築基準法に則った建物を設計するが、消防法に明るい（詳しい）とは限らないよな。そこで、建築物の安全確保のため、建築確認を必要とする建物については、消防機関が建築計画の消防法上の問題点を事前に確認しなければならない。つまり、消防設備や建築物の防火に関する諸法令に問題がないかを確認しないと、建物を建築できないようにしているんだ。それが、消防同意だ。

　消防同意がないと建築確認は下りない、つまり、建物は建てられないってことですね！

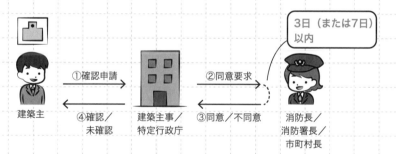

図23-1：消防同意の流れ

　消防同意の流れは図の通りだ。次の赤字箇所に注意して見ていこう。

①建築主は、建築主事に建築確認の申請を行う。
②①を受けて、建築主事は消防長（消防本部を置かない場合は市町村長）または消防署長に同意するかを求める。
③②を受けて、一般建築物は3日以内、その他は7日以内に同意または不同意を建築主事に通知する。
④③を受けて、確認するか否かを通知する。

今の環境に感謝し、この環境を最大限に生かそう！

消防同意をするのは、消防長または消防署長ってところが重要ですね！

→ 検定合格した機械器具しか、販売・設置できない！

　消防用設備というのは、イザというときに初期消火をしたり、避難に使うものだから、安全に使えることが重要だな。その安全を担保するために、消防用設備の機械器具等については、一定の形状・構造・材質・成分および性能（略して「形状等」という）を有している必要があるんだ。

基準が各社各様だと不安だから、国として統一規格を用意してるんですね！

　そうだ。あらかじめ検定を行って、火災予防もしくは警戒、消火または人命の救助をしたいときに、機械器具等に重大な支障が生じないようにするために、検定制度が設けられているぞ。まずは、検定の対象となる機械器具等を見ていこう。

　次に記載した消防用設備等が、検定の必要な機械器具だ。数は多いが、どれも火災が発生したときに人命救助に必要なものばかりだから、「イメージ」で理解することを意識してほしいぞ！

【検定が必要な機械器具（検定対象機械器具等）の一覧】
①消火器
②消火器用消火薬剤（二酸化炭素を除く）
③泡消火薬剤（水溶性液体用のものを除く）
④火災報知設備の感知器または発信機
⑤火災報知設備またはガス漏れ火災警報設備に使用する受信機と中継器
⑥住宅用防災警報器
⑦閉鎖型スプリンクラーヘッド
⑧スプリンクラー設備、水噴霧消火設備または泡消火設備に使用する流水検知装置
⑨スプリンクラー設備等に使用する一斉開放弁
⑩金属製避難はしご
⑪緩降機

◆検定制度の流れは、「承認→適合検定」だ！

　検定制度の対象となる消防用設備等を見てきたが、いよいよ検定制度そのものを見ていくぞ。検定は、「型式承認→型式適合検定」の順で行われるんだ。

表23-1：2段階の検定

型式承認	検定対象機械器具等の型式にかかる形状等が総務省令で定める検定対象機械器具等にかかる技術上の規格（規格省令）に適合している旨の承認のこと（承認するのは、総務大臣）
型式適合検定	検定対象機械器具等の形状等が型式承認を受けた検定対象機械器具等の型式にかかる形状に適合しているかどうかについて、日本消防検定協会等が総務省令で定める方法により行う →合格すると検定合格証が付与され、これがないと市場に流通しない！

図23-2：検定の流れ

検定の流れは図の通りだ。詳しく説明しよう。

【検定の流れ】
①申請者（消防用設備等を製造するメーカー）は、日本消防検定協会または登録を受けた検定機関（以下「登録検定機関」という）に対し、規格適合について事前試験の申請を行う。
②①の結果は、申請者を介して総務大臣に送付される。
③型式承認の申請と先の結果を受けて審査を行う。
④規格適合している場合は当該型式について型式承認を行う。
⑤型式適合検定を日本消防検定協会または登録検定機関に申請する。
⑥⑤を受けて、型式適合検定に合格したら、検定合格証を付すことで、販売および販売目的で陳列することができるようになる。

第**4**章　資格者をはじめとした制度を学ぼう！

◆検定制度の例外

検定制度には例外もある。検定対象機械器具等のすべてが検定対象とは言い切れない。検定は国内で流通する消防用設備等を対象としたものだから、外国に輸出するものは対象外なんだ。しかし、外国から<u>輸入されるものは、国内で流通するものだから検定対象だ</u>！

◆検定合格証マーク

検定に合格すると、検定合格証のマークがつけられる。検定合格証のマークは、「表示に対して、どれが対応する検定対象機械器具等のマークか」という問われ方で出題されている。

表23-2：検定対象機械器具等と検定合格表示

消防機器の種別	表示の様式	消防機器の種別	表示の様式
・消火器 ・感知器 ・発信機または中継器、受信機 ・金属製避難はしご	国家検定合格之証 ←10mm→	・消火器用消火薬剤 ・泡消火薬剤	国家検定合格之印 ←15mm→
		・閉鎖型スプリンクラーヘッド	検 ←3mm→
緩降機	国家検定合格之印 ←12mm→	・流水検知装置 ・一斉開放弁 ・住宅用防災警報器	検 ←8mm→

検定合格表示の出典：消防法施行規則 別表第三

「合格之<u>印</u>」「合格之<u>証</u>」の違いに気をつけろ！　消火薬剤を使うものが「印」の方だ。

126

唱えろ！ **ゴロあわせ**

■合格之印　〜インドの薬屋さん！？〜

インド　の　薬剤

合格之「印」＝　　　　　　消火薬剤

Step3 暗記 → 何度も読み返せ！

□ 消防同意を要求するのは［建築主事］、与えるのは［消防長または消防署長］である。

□ 検定合格証は消火器は合格之［証］、消火薬剤は合格之［印］である。

燃えろ！演習問題

本章で学んだことを復習だ！　分からない問題は、テキストに戻って確認するんだ！
分からないままで終わらせるなよ！！

問題 Lv.1

次の文章の正誤、または問いの答えを述べよ。

🔥**01** 工事整備対象設備等の工事または整備に関する講習は、消防長または消防署長が実施する。

🔥**02** 工事整備対象設備等の工事または整備に関する講習は、都道府県知事が実施する。

🔥**03** 消防設備士でなくても扱うことができると定められている消防用設備等を、以下からすべて選べ。

> 粉末消火設備、消火器、泡消火設備、すべり台、屋内消火栓設備、漏電火災警報器、放送設備、動力消防ポンプ設備、不活性ガス消火設備

🔥**04** 甲種第4類消防設備士は、自動火災報知設備の整備のみ行うことができる。

🔥**05** 乙種第5類消防設備士は、金属製避難はしごの設置工事を行うことができる。

🔥**06** 乙種第6類消防設備士は、消火器の整備を行うことができる。

🔥**07** 甲種第1類消防設備士は、ハロゲン化物消火設備の整備を行うことができる。

🔥**08** 消防設備士免状の記載事項として、該当しないものを次から選べ。

> 氏名および生年月日、免状の交付年月日、住所地、本籍地、写真

🔥**09** 消防設備士免状を汚損・破損した者は、免状交付した都道府県知事に免状の再交付を申請しなければならない。

🔥**10** 消防設備士免状の返納を命じられた日から1年経過しない者については、新たに試験に合格しても免状交付がされないことがある。

🔥**11** 免状の写真撮影から10年を経過したときは、書換えをしなければならない。

🔥 **12** 消防設備士が受講しなければならない講習について、以下文中の（　）に入る語句の組み合わせとして、正しいものはどれか。

『消防設備士は、（ア）日以降における最初の（イ）から（ウ）以内に講習を受講し、以後は講習受講後最初の（イ）から（エ）以内ごとに講習を受講しなければならない。』

	ア	イ	ウ	エ
①	消防設備士の業務に従事することになった	4月1日	5年	2年
②	消防設備士の業務に従事することになった	10月1日	2年	5年
③	免状の交付を受けた	4月1日	2年	3年
④	免状の交付を受けた	4月1日	2年	5年

解説 Lv.1

🔥 **01** ✕ →テーマNo.21

　　　講習の実施者は、都道府県知事だ！間違えないように！

🔥 **02** ⭕ →テーマNo.21

🔥 **03** すべり台、放送設備、動力消防ポンプ設備 →テーマNo.19

　　　消防設備士でなければ工事または整備を行うことができない消防用設備等は、資格区分ごとに定められている。そこに記載のないものを選べば良いぞ。気をつけたいのは、資格区分に記載のない消防の用に供する設備（すべり台、放送設備、動力消防ポンプ設備）だ。

　　　これらは、それぞれ、避難設備、警報設備、消火設備に該当するぞ。

🔥 **04** ✕ →テーマNo.19

　　　甲種第4類消防設備士は、自動火災報知設備の工事または整備を行うことができるぞ。整備のみ行うことができるのは、乙種第4類だ。

🔥 **05** ✕ →テーマNo.19

　　　乙種第5類消防設備士は、金属製避難はしごの整備のみ行うことができるぞ。設置工事を行うことができるのは、甲種第5類だ。

🔥 **06** ⭕ →テーマNo.19

🔥 **07** ✕ →テーマNo.19

　　　甲種第1類消防設備士は、水系消火設備（屋内・屋外消火栓設備、水噴

霧消火設備、スプリンクラー設備）の工事または整備を行うことができる
ぞ。なお、ハロゲン化物消火設備は、第3類だ。

🔥 **08** 住所地 →テーマNo.22

個人情報保護の観点もあるが、多くの受験生が本籍地と混同しているよう
だ。間違えないようにな！

🔥 **09** ✕ →テーマNo.22

免状の再交付は任意（～することができる）だ。免状がないと、仕事がで
きないわけだから、汚損・破損のほか、滅失・亡失した資格者は、慌てて
申請するというわけだな。

🔥 **10** ◯ →テーマNo.22

🔥 **11** ◯ →テーマNo.22

🔥 **12** ④ →テーマNo.23

問題 Lv.2

次の文章の正誤、または問いの答えを述べよ。

🔥 **13** 避難困難者のいる施設で収容人員が10人以上、特定防火対象物で収容人員
が30人以上の施設には、防火管理者を選任する。

🔥 **14** 準地下街で消防長または消防署長が指定したものには統括防火管理者が必
要だが、地下街は指定不要で統括防火管理者が必要である。

🔥 **15** 検定対象機械器具等は、型式承認を受けたもので、かつ、性能評価を受け
たものでなければ、販売目的で陳列することができない。

解説 Lv.2

🔥 **13** ◯ →テーマNo.22

🔥 **14** ✕ →テーマNo.22

統括防火管理者については、地下街は消防長または消防署長の指定した
ものに限るが、準地下街は指定不要だ。間違えないようにしよう！

🔥 **15** ✕ →テーマNo.23

「型式承認→型式適合検定」の後、型式適合検定に合格したものである旨
の表示（検定合格証）が必要だ。

第 5 章

乙種6類に固有の法令を学ぼう！

本章では、乙種6類に固有の法令を学習するぞ。消火器の設置が必要な防火対象物と設置本数の計算法（能力単位）や消火器具設置位置の標識の掲示等から出題されているぞ。「共通の法令＋α」を意識して学習に取り組もう！

アクセスキー　**1**　(小文字のエル)

重要度：🔥🔥🔥

消火器具を設置する建物はゴロあわせで覚えろ！

このテーマでは、消火器具の設置義務のある防火対象物について学ぶぞ。ほぼ毎回出題されていて、分類別に要件を整理しながら見ていこう！

Step1 図解 ▶ 目に焼き付けろ！

消火器具の設置が必要な防火対象物

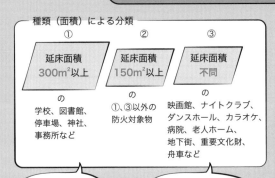

種類（面積）による分類

① 延床面積 300m²以上 の
学校、図書館、停車場、神社、事務所など

② 延床面積 150m²以上 の
①、③以外の防火対象物

③ 延床面積 不問 の
映画館、ナイトクラブ、ダンスホール、カラオケ、病院、老人ホーム、地下街、重要文化財、舟車など

ゴロ：門を閉じてから学校を去れ！

ゴロ：府営B団地内のカラオケ大会は、老人には重要なイベントだ！

階数による分類

地階・無窓階・3階以上の階で、延床面積50m²以上

3階以上
無窓階
地階

すでに学習した防火対象物の種類（令別表第1）の中で、面積による要件が頻出だ！　延床面積300m²以上の場合と面積不問で設置の場合をゴロあわせで覚えて、それ以外は150m²以上で設置と覚えるんだ！

Step2 解説 爆裂に読み込め!

→ 消火器具を設置すべき防火対象物は面積と階数で判断しろ!

　火災が危険だからといってすべての建物に消火器具を設置するとなると、費用や管理が大変だ。そのため、「防火対象物の中でも、こういう建物に設置する」という条件が決められているぞ。設置義務の有無は、<u>防火対象物の種類（面積）による分類</u>と<u>階数による分類</u>の2パターンから判断するんだ。順に見ていくぞ!

> 数字は、テーマ13で学習した何度も出てきている「施行令別表第1」と同じですね。

◆防火対象物の種類（面積）による分類

　まずは「防火対象物の種類（面積）」だ。これは延床面積が①300m²以上の場合、②150m²以上の場合、③面積不問の場合に分けて解説する。表に挙げる防火対象物のうち、それぞれの延床面積の条件を満たすものに、消火器具の設置が必要なんだ。

①延床面積300m²以上で消火器具を設置するのは、コレだ!

表24-1：延床面積300m²以上で消火器具設置が必要な防火対象物

項別	防火対象物の用途等
(7)	学校（大学、専修・専門学校含む）
(8)	図書館、博物館、美術館
(10)	車両の停車場、船舶・航空機の発着場
(11)	神社、寺院、教会
(15)	(1) ～ (14) に該当しない事業場（事務所等）

第5章 乙種6類に固有の法令を学ぼう!

苦を忘れたければ、夢中で勉強しよう!

■延床面積300m²以上で消火器具設置が必要な防火対象物

～開けたら閉める！～

門を　　閉　　　じ　　て　　　から
　　　　図書館　　　神社・事務所　　停車場

学校　を　　　去れ！
学校　　　　　　300

②延床面積150m²以上で消火器具を設置するのは、コレだ！

表24-2：延床面積150m²以上で消火器具設置が必要な防火対象物

(1)	ロ	公会堂、集会場
(3)	イ	料理店、待合等
	ロ	飲食店　※注
(4)		百貨店、マーケット、店舗、展示場
(5)	イ	旅館、ホテル、宿泊所等
	ロ	寄宿舎、下宿、共同住宅
(6)	ハ	老人デイサービスセンター、保育所等
	ニ	幼稚園、特別支援学校
(9)	イ	公衆浴場のうち、蒸気浴場、熱気浴場等
	ロ	イ以外の公衆浴場
(12)	イ	工場、作業場
	ロ	映画及びテレビスタジオ
(13)	イ	自動車車庫、駐車場
	ロ	飛行機又はヘリコプターの格納庫
(14)		倉庫

※注：料理店、待合、飲食店で「火を使用する設備または器具等を設けたもの」に該当しない場合は、150m²以上で設置となるぞ。待合とは、貸席を生業とした茶屋のことで、芸妓との遊興や飲食を目的とする施設のこと。

③面積不問！必ず消火器具を設置するのは、コレだ！

表24-3：消火器具設置が必須な防火対象物

(1)	イ	劇場、映画館、演芸場又は観覧場
(2)	イ	キャバレー、ナイトクラブ
	ロ	競技場又はダンスホール
	ハ	風俗店
	ニ	カラオケボックス、インターネットカフェ、漫画喫茶など
(3)	イ	待合、料理店その他これらに類するもの
	ロ	飲食店
(6)	イ	病院、診察所、助産所 入院・入所施設を有しない診療所・助産所（クリニック等）
	ロ	養護老人ホーム、有料老人ホーム、救護施設等
(16の2)		地下街
(16の3)		準地下街
(17)		重要文化財等
(20)		総務省令で定める舟車

■消火器具設置が必須な防火対象物 ～イベントは全員参加だと！？～

府	営	B	団	地
舟車	映画館	病院	ダンス	地下街

内	の	カラオケ大会は、	老人	には
ナイトクラブ		カラオケボックス		老人入所施設

重要	なイベントだ！
重要文化財	

カラオケ大会

ウオォー！

台風がきても
カラオケ大会
だけは決行
やで

重要そうな表が3つも…。覚えるコツはないですか…。

　面積による分類は3つに分けられるが（300m²以上、150m²以上、面積不問）、3つを覚えようとしないで、300m²以上の場合と面積不問の場合をゴロあわせで覚えて、残りは150m²以上と覚えればOKだ。なお、延床面積不問と150m²以上の場合の、飲食店の要件の違い（火気使用の有無）は要注意だぞ！

ゴロあわせ以外に、次の2つのポイントに注意しておこう。「違い」が分かるようにしておくんだ！

◆ポイント1：老人入所施設は、宿泊施設の有無で判断せよ！

　延床面積不問（表24-3）の（6）イとロには、「病院、診療所、助産所」「養護老人ホーム、有料老人ホーム等」とあって、150m²以上（表24-2）には（6）ハに「老人デイサービスセンター」とあるよな。デイサービスは日帰り、つまり常時人がいるわけではないんだ。常時人のいる養護老人ホームは、夜でも火災に気を遣う必要があるから、面積不問で消火器具を設置するというわけだ。違いは、「宿泊施設の『有無』」だ！！

◆ポイント2：飲食店は「火気使用の『有無』」で判断せよ！

　先ほど解説したが、火を使う飲食店か否かで分かれるところは気をつけたいところだ。火気を使用する飲食店はすべて、消火器具を設置しなければならない。しかし、飲食店であっても、火気を使用しておらず、延床面積150m²未満であれば消火器具を設置しなくてもよいというわけだ。

　これは、2020年10月1日〜の法改正箇所でもあるぞ。

◆階数による分類

　最後に「階数」を解説するが、こちらは簡単だ。

　これまで見てきた<u>面積による分類の防火対象物以外</u>で令別表第1に掲げる建築物の<u>地階・無窓階・3階以上の階</u>で、延床面積が50m²以上の場合には、消火器具を設置する必要があるぞ。

Step3 暗記 → 何度も読み返せ！

- □ 図書館や事務所、神社等は延床面積［300m²］以上で消火器具を設置する。
- □ ［火気］を使用する飲食店やカラオケボックス、［宿泊施設］のある病院や養護老人ホームは、面積不問で消火器具を設置する。
- □ 施行令別表第1に掲げる建築物の地階、［無窓階］、［3階］以上の階で延床面積が［50m²］以上の場合、消火器具を設置する。

設置本数は「能力単位」で計算せよ！

重要度： 🔥🔥🔥

このテーマでは、設置すべき消火器の消火能力（能力単位）の計算を学習する
ぞ。前のテーマで見た、設置する面積要件の括りと同じだが、その数値が変わっ
ている所を混同する受験生が多いみたいだな、違いに気をつけろ！！

Step1 図解　目に焼き付けろ！

消火器具の設置本数

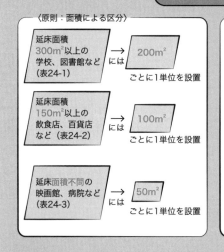

〈原則：面積による区分〉

延床面積300m²以上の学校、図書館など（表24-1）	→ には	200m² ごとに1単位を設置
延床面積150m²以上の飲食店、百貨店など（表24-2）	→ には	100m² ごとに1単位を設置
延床面積不問の映画館、病院など（表24-3）	→ には	50m² ごとに1単位を設置

〈例外：付加設置要件〉

少量危険物 → には　危険物の数量／指定数量 以上の単位を設置

指定可燃物 → には　指定可燃物の数量／危政令別表第4で定める数量 以上の単位を設置

電気設備 → には　100m²以下ごとに1つ（C火災対応の消火器具）

多量の火気を使用する場合 → には　25m²ごとに1単位を設置

前テーマの要件（不問、150m²以上、300m²以上）は、設置義
務の有無についての面積要件だが、このテーマの要件（50m²、
100m²、200m²）は、消火器の設置本数を決める基本となる能
力単位の面積要件だ。別物だから、混同するなよ！

Step2 解説 爆裂に読み込め!

➡ 能力単位の算定基準面積は、「違い」に気をつけろ!!

　多くの受験生が、最も「？」になるのがこのテーマかもしれない。前テーマでは、消火器具等の設置義務がある防火対象物の要件（面積）について学習したが、このテーマではその防火対象物にどの程度の能力を有する消火器具を設置するべきかの基準を学ぶというわけだ。この基準は、防火対象物の面積によって決まるぞ。

　「建築物その他の工作物」の消火に適応するものとされる消火器具の数は、次の表に定める区分の面積で、当該防火対象物またはその部分の延床面積を割って得られる数値（能力単位という）以上となるように設置する必要があるんだ。

第5章 乙種6類に固有の法令を学ぼう！

表25-1：能力単位の算定基準面積

防火対象物の区分 （ゴロあわせ）	設置義務（前テーマ）の 面積要件	能力単位（本テーマ）の 算定基準面積
閉じてから　学校　去れ	300m²以上 ⤸2倍	200m² ⤸2倍
（上下以外）	150m²以上	100m²
府営B団地内のカラオケ大会は、老人には重要なイベントだ！	面積不問	50m² ⤸2倍

> 表の真ん中は前テーマで見た設置義務の面積要件、表右がこれから学習する能力単位の面積要件だ。この表では、基準が緩くなるときの数値が、前の数値の2倍になるところを押さえておこう！

◆この表の算定基準面積が2倍になる条件だと！？

　「火災に強い建物なら、要件を緩和してあげようじゃないか！」というのが、制度の趣旨だ。表25-1の算定基準面積が能力単位計算の基本だが、この数値

失敗とは、一生懸命やらなかった中途半端をいうんだ！

は、次の2つの内容に適合する場合、2倍にすることができるぞ。

　①主要構造部を耐火構造とする

　②壁および天井の室内に面する部分の仕上げを難燃材料（※）とする。

※不燃材料と準不燃材料をまとめて、難燃材料というんだ。試験では、不燃材料または準不燃材料という単語で出題されているが、これは、難燃材料に含まれるものだから、算定基準面積が「2倍」になると覚えておこう！

◆能力単位は、こうやって記載されるんだ！

　消火器の能力単位は、火災の種類に応じてA・B・C火災と個別に設定されているぞ。A火災は普通火災、B火災は油、C火災は電気に起因するものだ。

　なお、消火器には図25のように、能力単位が表記されているぞ。

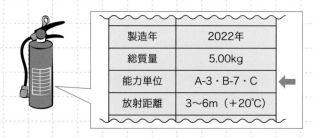

製造年	2022年
総質量	5.00kg
能力単位	A-3・B-7・C
放射距離	3〜6m（+20℃）

図25：能力単位の表記

　図の消火器には、「能力単位」のところに「A-3・B-7・C」と表示されているな。これは、「A火災には3、B火災には7の能力単位を有している」という意味の表記なんだ。なお、C火災については能力単位の数値が存在しないので、適応する場合には記号「C」のみが記載されるぞ。

　実際に防火対象物の延床面積から必要な能力単位を計算する場合、基準にするのは、「建築物その他の工作物」の消火に適応するものとして、A（普通）火災用が能力単位の基準になるぞ！

◆簡易消火用具の能力単位は、個別に覚えるしかないんだ！！

　消火器具の能力単位は消火器具ごとに設定されるから、問題に出てきたものを読み解くしかなく、出たとこ勝負というわけだ。しかし、簡易消火用具の能

力単位は、次の表のように値が決まっているんだ。水バケツの単位は絶対に覚えておこう！

表25-2：簡易消火用具の能力単位

水バケツ	容量8L以上のもの3個で1単位
水槽	容量80L以上の水槽と消火専用バケツ3個以上で1.5単位
	容量190L以上の水槽と消火専用バケツ6個以上で2.5単位
乾燥砂	容量50L以上の1塊とスコップで0.5単位
膨張ひる石または膨張真珠岩	容量160L以上の1塊とスコップで1単位

※消火専用バケツは、容量8L以上のものとする

🔜 実際に能力単位を計算してみるんだ!!

　机上の説明だけじゃピンとこないよな。ここでは実際に例題として能力単位と必要な消火器の本数の計算を見ていくぞ。

【例題】延床面積4,000m²の学校で、
(1) 木造、(2) 耐火構造＋難燃材料
の場合の、それぞれの能力単位と、
「A-3・B-7・C」の消火器具を設置する場合の必要最低本数を求めよ。

> (例題)
> 4,000m²の学校

【例題の解説（能力単位について）】
(1) 木造の場合
　算定基準面積は、表25-1より200m²だ。この値で、延床面積4,000m²を割ればよい。

　4,000÷200＝20

　したがって、能力単位20以上の消火器具を設置する必要があるぞ。

（2）耐火構造＋難燃材料の場合

　防火対象物は（1）と同じだが、①主要構造部を耐火構造とし、②壁および天井の室内に面する部分の仕上げを難燃材料とした場合は、算定基準面積を2倍にすることができるので、本問の算定基準面積は（1）の2倍の400m²となるんだ。この値で、延床面積を割ればよい。

　4,000÷400＝10

　したがって、能力単位が10以上の消火器具を設置すればOKということだ。

【例題の解説（必要最低本数について）】

　次に、消火器の必要最低本数だが、求められた能力単位の値を消火器のA火災の数値で割って得られた値（端数切り上げ）が必要な本数になるぞ。

　（1）の場合は、20÷3＝6.6…　よって、7本以上。

　（2）の場合は、10÷3＝3.3…　よって、4本以上となるんだ。

➡ 4つの危険な場所には、「追加で」消火器具を設置！

　ここで学習する内容は、実技試験（鑑別）で問われる内容なので、ここでは概要の理解を意識してほしいぞ。

　防火対象物またはその部分（建物内の一部）に設ける物質等によっては、注意すべき場所となってしまう場合がある。そういった場合は、追加で消火器具を設置（付加設置）することになっているんだ。この付加設置の要件は、次の4つがあるぞ。

表25-3：消防器具の付加設置要件と必要な能力単位

区分	必要な消火器具の能力単位
少量危険物（指定数量の5分の1以上）を取扱う場合	$\dfrac{\text{危険物の数量}}{\text{指定数量}}$
指定可燃物を取扱う場合	$\dfrac{\text{指定可燃物の数量}}{\text{危政令別表第4で定める数量}\times 50}$
電気設備（変圧器や配電盤など）がある防火対象物	床面積100m²以下ごとに、C（電気）火災に対応した消火器を1個設ける
多量の火気を使用する場所（ボイラー室、乾燥室など）がある防火対象物	$\dfrac{\text{床面積}}{25\text{m}^2}$

電気設備のある防火対象物だけ、床面積100m²以下ごとに消火器を1個追加だが、他はすべて一定の値を割り算して得られる数値以上の能力単位の消火器具を付加設置するんだ。

消火設備の区分は、「第○種は、～～」を覚えよ!

このテーマでは簡易消火用具や消火器といった消火設備について触れたので、ついでに消火設備の区別がどうなっているか、ここで整理しておこう!　「第○種の消火設備には、何が該当するか?」という形で出題されているから、単純な区分だが覚えておくんだ!

表25-4：消火設備の区分

種別	消火設備の種類	消火設備の内容
第1種	屋内・屋外消火栓設備	―
第2種	スプリンクラー設備	―
第3種	固定式消火設備（「～消火設備」）	水蒸気、水噴霧、ハロゲン化物、泡、粉末、不活性ガス
第4種	大型消火器	水、強化液、泡、二酸化炭素、ハロゲン化物、消火粉末
第5種	小型消火器、乾燥砂、水バケツ、水槽など	

Step3 暗記 何度も読み返せ!

- ☐ 主要構造部を［耐火］構造とし、内部を［難燃材料］で仕上げた防火対象物の消火器具設置の算定基準面積は、［2倍］にすることができる。
- ☐ 電気設備室のある部屋は［100m²］ごとに1個の消火器具を追加設置する。

火災に適応した消火器を使え!!

このテーマでは消火器具の火災への適応性について学習するぞ。文言だけ見ると難解な分野だから、身近なものをイメージして、それに関連づけて覚えると理解しやすいぞ！！

Step1 図解 目に焼き付けろ!

火災と消火器の適応性

火災の種類	NGな消火器	OKな消火器
B（油）火災	水（霧・棒） 強化液（棒）←→	強化液（霧）
C（電気）火災	泡　　　（棒） 水（棒） 強化液（棒）	（霧） 水（霧） 強化液（霧）

放射のされ方

棒状　　　　　霧状

図を見ると、例えばB火災における霧状の強化液消火器はOKなのに、棒状の強化液消火器はNGとなっている。この「違い」は何なのか？　その違いが分かる人が、合格できるヒトなんだ！！

Step2 解説 爆裂に読み込め！

→ 火災の消火は、相性が大事なんだ!!

「火に油を注ぐ」という言葉があるが、火災の消火という点では、絶対にやってはいけないことがたくさんあるんだ。例えば、コンロの天ぷら油から火が出たときに、慌てて水を掛けたりすると、水と油はケンカして油が飛び散ってしまい、火災を広げてしまうことになるんだ。

> 水と油はNGですよね。こういう感じで、組み合わせNGのもの同士を一緒にすると、火災をかえって広げてしまうんですね。

そこで、消火器具の設置維持に関する技術上の基準は、防火対象物の用途や構造・規模、消火器具の種類・性能に応じて、令別表第2（次ページ）に細かく規定されているんだ。

> この恐ろしい「○」の有り無し表を全部覚えるんですか？

全部覚えられれば間違いなしだが、それは難しいよな。そこで、漢・国松が独自に分析した「最も出題確率が高い」分野に絞って解説しよう。それ以外は、問題を解く中で、このページに戻って確認するようにすればOKだ！

◆窒息しちゃうぜ！ 地下と無窓階等で使えない消火器はコレだ！

地階や無窓階、地下街・準地下街、一定の居室の場合、火災発生時の脱出ルートが限定的なうえ、窒息効果によって消火する消火器を使うと、脱出の前に避難する人が窒息してしまうから、NGなんだ。

一定の居室とは、床面積20m²以下で、かつ、換気についての有効開口部が床面積の30分の1以下のものが該当するぞ。

第5章 乙種6類に固有の法令を学ぼう！

君の思う限界は、まだまだ、限界じゃないぞ！

表26-1：令別表第2（消火器の区分と適応火災）

消火器具の区分	水を放射する消火器 棒状	水を放射する消火器 霧状	強化液を放射する消火器 棒状	強化液を放射する消火器 霧状	泡を放射する消火器	二酸化炭素を放射する消火器	ハロゲン化物を放射する消火器	消火粉末を放射する消火器 りん酸塩類等を使用するもの	消火粉末を放射する消火器 炭酸水素塩類等を使用するもの	消火粉末を放射する消火器 その他のもの	水バケツ又は水槽	乾燥砂	膨張ひる石又は膨張真珠岩
建築物その他の工作物	○	○	○	○	○			○			○		
電気設備		○		○		○	○	○	○	○			
対象物の区分 危険物 第一類 アルカリ金属の過酸化物									○	○		○	○
対象物の区分 危険物 第一類 その他	○	○	○	○	○			○			○	○	○
対象物の区分 危険物 第二類 鉄粉、金属粉、マグネシウム									○	○		○	○
対象物の区分 危険物 第二類 引火性固体	○	○	○	○	○			○	○	○	○	○	○
対象物の区分 危険物 第二類 その他	○	○	○	○	○			○			○	○	○
対象物の区分 危険物 第三類 禁水性物品									○	○		○	○
対象物の区分 危険物 第三類 その他	○	○	○	○	○			○			○	○	○
対象物の区分 危険物 第四類				○	○	○	○	○	○	○			
対象物の区分 危険物 第五類	○	○	○	○	○			○			○	○	○
対象物の区分 危険物 第六類	○	○	○	○	○			○			○	○	○
対象物の区分 指定可燃物 可燃性固体又は合成樹脂類	○	○	○	○	○			○			○	○	○
対象物の区分 指定可燃物 可燃性液体類				○	○	○	○	○	○	○		○	○
対象物の区分 指定可燃物 その他の指定可燃物	○	○	○	○	○			○			○		

1. ○印は、対象物の区分欄に掲げるものに、当該各項に掲げる消火器具がそれぞれ適応するものであることを示します。
2. りん酸塩類とは、りん酸塩類、硫酸塩類その他防炎性を有する薬剤をいいます。
3. 炭酸水素塩類とは、炭酸水素塩類及び炭酸水素塩類と尿素との反応生成物をいいます。
4. 禁水性物品とは、危険物の規制に関する政令第10条第1項第10号に定める禁水性物品をいいます。

表26-2：状況に対して不適切な消火器

区分	設置不可（不適）の消火器
B（油）火災	霧状・棒状の水消火器 棒状の強化液消火器
C（電気）火災	泡消火器 棒状の水消火器 棒状の強化液消火器
無窓階と地階	二酸化炭素消火器 ハロゲン化物消火器 （ハロン1301を除く）

　なお、多くのハロゲン化物消火器はNGだけれども、例外として毒性の弱いハロン1301消火器については、特別に地階や無窓階、地下街・準地下街で設置することができるぞ！！

◆油は強化液の霧状、電気は水と強化液の霧状が例外でOK！

　水と強化液については、消火薬剤の放射法として、「棒状」と「霧状」の記載があるが、棒状だと水の勢いで油火災を広げてしまうからNGで、この場合は霧状の強化液消火器は有効なんだ。一方、電気火災の場合、感電の危険性があるから泡消火器と共に棒状放射の水系消火器はNGだ。しかし、霧状に放射することで電気抵抗を大きくして感電の危険性を下げることができるから、霧状の強化液と水は共にOKなんだ。

Step3 暗記 → 何度も読み返せ！

☐ 地階や無窓階、一定の居室では［二酸化炭素消火器］やハロゲン化物消火器を設置できない。ただし、［ハロン1301］を使用する消火器は毒性が低いため、地階や無窓階での設置が例外的にできる。

☐ C火災に対しては、［棒状］の水・強化液消火器は使えないが、［霧状］のものは使用することができる。

27 /50 消火器の設置本数を減らせる（例外）って？

このテーマでは、特定の消火設備を設置している場合の消火器具の能力単位の合計を減ずる特例を見ていくぞ！　ほぼ毎回出題されているが、試験では逆（減らせない器具・条件は？）でも問われているから、要注意だ！

Step1 図解 目に焼き付けろ！

減少できる能力単位

大型消火器 → $\frac{1}{2}$ まで

屋内消火栓設備、スプリンクラー設備、
水噴霧消火設備、泡消火設備、
粉末消火設備、不活性ガス消火設備、
ハロゲン化物消火設備

 → $\frac{1}{3}$ まで

例外もある！　この表に記載されていない屋外消火栓設備と水蒸気消火設備の2つは、能力単位を減少できないんだ。また、ここに挙げた消火器具であっても、11階以上に設置する場合は、能力単位を減少できないぞ。

Step2 解説 爆裂に読み込め！

→ 被っているから、減らせるんだ!!

　火災の恐ろしさは折に触れて何度も伝えてきたが、怖い怖いといって何でも
かんでも設備を設けるとなると、防火対象物の関係者の負担が過大になってし
まう。そこで、左の図解に掲げる消火設備を設置するときに、防火対象物に設
置すべき消火器具の適応性と被っている（同一の）場合は、当該消火器具の能
力単位の合計値を、$\frac{1}{2}$、$\frac{1}{3}$ に減ずることができるんだ！

◆例外1：同一でも、能力単位を減少できない消火器具

　防火対象物に設置すべき消火器具の適応性と同一でも、屋外消火栓設備と水
蒸気消火設備は、能力単位を減少できないぞ！

◆例外2：防火対象物の高所（11階以上）に設置する場合

　防火対象物の11階以上の部分に消火器具を設置する場合は、防火対象物に設
置すべき消火器具の適応性と同一でも、能力単位を減少できないぞ！

第**5**章　乙種6類に固有の法令を学ぼう！

Step3 暗記 何度も読み返せ！

- □ 防火対象物に次の消火設備を設置するとき、防火対象物に設置すべ
き消火器具の適応性と同一の場合は、その能力単位を次の通り減ず
ることができる。[大型消火器] の場合は2分の1、それ以外は [3分
の1] に。
- □ 上記の特例は、[屋外消火栓設備] と水蒸気消火設備、防火対象物の
[11階] 以上の部分に設置するものには適用がない。

言い訳する前に、今日もテキストを開いて勉強だ！

消火器の設置場所をアナウンスせよ！

このテーマでは、消火器具の設置位置と標識の掲示について学習するぞ！ 試験では毎回出題されている分野だが、ポイントは、すべて「消火○○」になるってことだ！！

Step1 図解 目に焼き付けろ！

消火器の設置位置

┈┈┈ 1.5m以下に設置

消火器

見やすい位置に
標識をつける

設置位置の注意

× 　　 ○

→ 保護のために
必要な措置を
とればOK

高温多湿、凍結、変質、噴出
の可能性のある場所に置かない

標識

赤地に白色文字

消火器　　　水バケツ　　　水槽

| 消　火　器 | 消火バケツ | 消火水槽 |

乾燥砂　　　膨張ひる石または膨張真珠岩

| 消　火　砂 | 消火ひる石 |

× 　　 ○

→ 粉末消火器や、
転倒で消火剤が
漏出しないものはOK

地震や振動で
転倒・転落しない
ように設置する

消火器の設置位置は、誰が見ても消火器がそこにあると分かるようにアピールするんだ！ そして、いざというときに使うのだから、使いやすい位置に置くことも重要だ！ なお、標識はすべて「消火○○」と記載されるぞ。

Step2 解説　爆裂に読み込め！

➡ 設置位置の原則と一部例外を押さえよ！

　火災が発生したときの初期消火に役立つ消火器が、どこにあるか分からないのでは、宝の持ち腐れになってしまう。そこで、消火器の設置場所は分かりやすくする必要があって、次の原則と例外が重要だ！

> 1. 消火器具は、床面からの高さ1.5m以下の箇所に設置し、赤地に白色文字で「消火器」の標識を見やすい位置に設ける。
> 2. 高温多湿を避け、消火薬剤が凍結・変質又は噴出する恐れの少ない箇所に設置する。ただし、保護のために必要な措置（箱に入れる等）を講じたときはこの限りではない。
> 3. 地震や振動で消火器が転倒・転落しないように設置すること。ただし、粉末消火器その他転倒により消火剤が漏出する恐れのない消火器はこの限りではない。

> とにかく、安全な場所で適切な措置を講じて設置しろってことですね！

　原則はそうだな！　だが、2と3は「ただし」以降の例外文言の記載があって、この部分のひっかけ問題が多いので気をつけろ！

Step3 暗記　何度も読み返せ！

- ☐ 消火器具は、高さ [1.5m] 以下の位置に設け、[赤] 地に [白色] 文字の標識を設ける。
- ☐ 設置する標識の文言は、乾燥砂が [消火砂]、水槽は [消火水槽]、水バケツは [消火バケツ] である。

第**5**章

乙種６類に固有の法令を学ぼう！

大型消火器以外の消火器を学べ！

このテーマでは、大型消火器以外（要は小型消火器）について学習するぞ。このあと学習する大型消火器にも共通するが、重要なのは消火器の配置間隔だ！その他、自動車用消火器の基準を集中して覚えるんだ！！

Step1 図解 目に焼き付けろ！

小型消火器の設置距離

歩行距離20m以下

①防火対象物の各部分
②ボイラー室、乾燥室の各部分
③電気設備のある場所の各部分
④少量危険物、指定可燃物を貯蔵・取扱う各部分

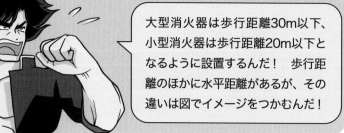

大型消火器は歩行距離30m以下、小型消火器は歩行距離20m以下となるように設置するんだ！　歩行距離のほかに水平距離があるが、その違いは図でイメージをつかむんだ！

Step2 解説 爆裂に読み込め！

→ 歩行距離20m以下となるように設置せよ！

「違い」の分かる人になってほしいから、まずはややっこしい話をするぞ。消火器の設置距離で用いられる「歩行距離」とは、障害物などを考慮した実際の距離（徒歩距離ともいう）のことだ。

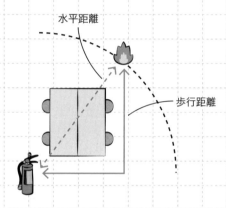

図29：歩行距離と水平距離

「駅徒歩○分」というやつも、確か徒歩距離でしたよね？

その通りだ、いいぞ。一方、「水平距離」は、障害物などを一切考慮しない理論上の最短距離（円でいえば半径に相当）のことだ。

ということは、消火器を持って人が消火活動するわけですから、実際に火元に向かう歩行距離が採用されるべきですね！

その通りだ、確かに暗記で歩行距離なのを覚えればいいのかもしれないが、

「なぜか？→○○だから」という理由を踏まえた知識は、暗記以上に記憶に定着するから、そこを意識してほしいぞ！！

さあ、本題に戻るぞ。消火器具（大型消火器および住宅用消火器を除く）は、防火対象物の各階ごとに、次に掲げる各部分からそれぞれ一の消火器具に至る歩行距離が20m以下となるように配置する必要があるぞ。

① 防火対象物の区分及び延床面積に応じて消火器を設置する場合は、防火対象物の各部分から
② 防火対象物又はその部分に鍛造場、ボイラー室、乾燥室その他多量の火気を使用する場所がある場合は、その防火対象物の各部分から
③ 防火対象物又はその部分に変圧器、配電盤その他これらに類する電気設備がある場合は、電気設備のある場所の各部分から
④ 防火対象物又はその部分のうち、少量危険物又は指定可燃物を貯蔵し、又は取扱う場合は、危険物又は指定可燃物を貯蔵し、又は取扱う場所の各部分から

ここで記載の内容はテーマ27で学習した「消火器具の付加設置」に出てくるものと区分は同じだと気づくはずだ！　それだけ要注意ってことだな！

➡ 自動車に備えるべき消火器の薬剤量の基準を押さえよ！

　ガソリンなどを運搬する移動タンク貯蔵所（タンクローリー車）には、規定薬剤量以上の小型消火器を2本以上設けることになっているんだ。

【自動車用消火器として置くべき第5種消火設備（小型消火器）各2本以上】

・強化液消火器（霧状）：充てん量8.0L以上
・二酸化炭素消火器：充てん量3.2kg以上
・粉末消火器：充てん量3.5kg以上

唱えろ！ゴロあわせ

■自動車用消火器として置くべき第5種消火設備

今日	晴れ	で	帰路の	兄さん
強化液	8L		kg	二酸化炭素

3人	粉末	サンゴ
3.2	粉末	3.5

妹の土産は
粉サンゴ
にするか…

Step3 暗記 ➡ 何度も読み返せ！

- ☐ 大型消火器以外の消火器は、防火対象物の階ごとに［歩行距離20］m以下となるよう設置する。
- ☐ 自動車用に設ける消火器は［第5種消火設備（小型消火器)］を2本以上設けること。その薬剤量は、強化液消火器にあっては［8L］以上である。

大型消火器について学べ!

このテーマでは、大型消火器の設置基準を学習するぞ。設置距離のほか、能力単位の減少と設置を省略できる消火設備の要件が頻出だ。そして、乙種6類特有の法令も本テーマで最後だ、ラストスパートを掛けろ!

目に焼き付けろ!

大型消火器の設置距離

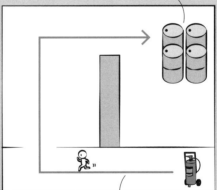

500倍以上の指定可燃物を貯蔵・取り扱う場合

歩行距離30m以下

設置距離のほか、能力単位の減少と消火器そのものを省略できる消火設備（逆でこの省略の対象外となる消火設備は?）に要注意だ!!

Step2 解説 爆裂に読み込め！

→ 歩行距離30m以下となるように設置せよ！

「大型」と「小型」の違いは、第6章でみっちり解説するから、ここでは消火器は大型と小型に分けられることだけ意識しておくんだ！

> は、はい！そうします！！

よし、先に進めよう。防火対象物またはその部分で指定可燃物を危険物の規制に関する政令（危政令）別表第4で定める数量の500倍以上貯蔵または取扱う場所では、指定可燃物の種類ごとに、消火に適応するものとされる大型消火器を、防火対象物の階ごとに、指定可燃物を貯蔵し、または取扱う場所の各部分から一の大型消火器に至る歩行距離が30m以下となるように配置する必要があるぞ。

> 下線部の危政令別表第4って、どこかで聞いた気がします。

鋭いな、いいぞ！　テーマ25の付加設置のところで一度触れているが、試験ではこの数量は出題されていないので、付加設置は公式の理解だけでOKと伝えたはずだ。一応、どんなものかイメージがしやすいように次の表に一欄を紹介するので、サラッと見ておこう！

第**5**章 乙種6類に固有の法令を学ぼう！

表30：危政令別表第4（指定可燃物）

品名		数量	対象品名（一例）
綿花類		200kg	製糸工程前の原毛、羽毛
木毛及びかんなくず		400kg	椰子の実繊維、製材中に出るかんなくず
ぼろ及び紙くず		1,000kg	未使用の衣類、古新聞、古雑誌
糸類			綿糸、麻糸、化学繊維糸、毛糸
わら類			乾燥わら、乾燥い草
再生資源燃料			廃棄物固形化燃料
可燃性固体類		3,000kg	石油アスファルト、クレゾール
石炭・木炭類		10,000kg	練炭、豆炭、コークス
可燃性液体類		2m³（2,000L）	潤滑油、自動車用グリス
木材加工品及び木くず		10m³	家具類、建築廃材
合成樹脂類	発泡させたもの	20m³	発泡ウレタン、発泡スチロール、断熱材
	その他のもの	3,000kg	ゴムタイヤ、ゴム（天然・合成）

➡ 「能力単位を減らせる場合」と「設置を省略できる場合」は同じ⁉

　テーマ27では、防火対象物に設置すべき消火器具の適応性と同一の場合は、当該消火器具の能力単位の合計を減ずることができると学習したな！

大型消火器の場合は、能力単位の合計を $\frac{1}{2}$ に減じましたね！

　そうだ。さらに進んだ話をするぞ。消防法施行令第10条3項の規定によって消火設備を設置し、消火器具の対象物に対する適応性が設置すべき大型消火器の適応性と同一の場合、消火設備の有効範囲内については、大型消火器の設置そのものを省略できるんだ！　対象となるのは、次の7種類だ！

・屋内消火栓設備　　・水噴霧消火設備　　・泡消火設備　　・粉末消火設備
・スプリンクラー設備　　・不活性ガス消火設備　　・ハロゲン化物消火設備

よく見ると気づくはずだ、テーマ27で触れた能力単位の減少と全く同じだと！つまり、屋外消火栓設備と水蒸気消火設備は、能力単位の減少も大型消火器の設置省略も対象とならないぞ！この共通項は、絶対に覚えてくれ！！

Step3 暗記 何度も読み返せ！

□ 指定可燃物を危政令別表第4で定める数量の[500]倍以上貯蔵する場合、指定可燃物を貯蔵し又は取扱う場所の各部分から[歩行距離30m以下]となるように大型消火器を配置しなければならない。

□ 規定に従い消火設備を設置し、消火設備の適応性が設置すべき大型消火器の適応性と同一の場合、[大型消火器]の設置を省略することができる。

燃えろ！ 演習問題

本章で学んだことを復習だ！ 分からない問題は、テキストに戻って確認するんだ！
分からないままで終わらせるなよ！！

(問題 Lv.1)

次の文章の正誤、または問いの答えを述べよ。

🔥01 法令上消火器具の設置が義務付けられている防火対象物はどれか。
　　①延床面積200m²の美術館　②延床面積200m²の車両の停車場
　　③延床面積200m²の神社　④延床面積200m²の集会場

🔥02 法令上、消火器具の設置が延床面積又は階の床面積に関係なく義務付けられ
　　ている防火対象物は、次のうちどれか。
　　①倉庫　②重要文化財に指定された建造物　③蒸気浴場の地階部分
　　④火を使用する設備又は器具等を設けたものに該当しない飲食店

🔥03 電気設備が設置してある防火対象物においては、その床面積150m²以下ご
　　とに、電気設備の火災に適応する消火器を1個設ける必要がある。

🔥04 ボイラー室等の多量の火気を使用する場所では、その床面積を25m²で除し
　　た値以上の能力単位の消火器具を設ける必要がある。

🔥05 指定数量の5分の1以上の少量危険物を貯蔵している場合、危険物の数量を
　　その危険物の指定数量で除して得た値以上の能力単位の消火器具を設ける必
　　要がある。

🔥06 指定可燃物を取扱っている場合、指定可燃物の数量を危政令別表第四で指定
　　する数量の500倍の数量で除して得た値以上の能力単位の消火器具を設ける
　　必要がある。

🔥07 消防法令上、消火器具の能力単位算定において、1単位とするものは次のう
　　ちどれか。
　　①容量5Lの水バケツ5個　②容量8Lの水バケツ3個
　　③容量10Lの水バケツ2個　④容量15Lの水バケツ2個

🔥08 法令上、ガソリン火災の消火に適応しない消火器具をすべて選べ。

　　乾燥砂、棒状放射の強化液消火器、泡を放射する消火器、霧状放射の強化
　　液消火器、霧状放射の水消火器、二酸化炭素を放射する消火器

🔥09 延床面積6,000m²の図書館に能力単位3の消火器を設置する場合、何本設置

すればよいか。なお、この図書館は、主要構造部を耐火構造とし、壁や天井などの内装部分を不燃材料で仕上げている。

①3本　②5本　③7本　④10本

解説 Lv.1

🔥 **01**　④ →テーマNo.24

延床面積300m²以上で設置義務のある防火対象物のゴロあわせ、「門を閉（図書館）じ（神社・事務所）て（停車場）から学校を去れ（300）！」より、消去法で④が正解と導き出そう。

🔥 **02**　② →テーマNo.24

延床面積に関係なく設置義務のある防火対象物のゴロあわせから導き出そう。なお、④については、火を扱う場合は面積不問だが、扱わないので150m²以上の場合に設置義務が発生するぞ。

🔥 **03**　✕ →テーマNo.25

電気設備室の場合、床面積100m²以下ごとに消火器を1本追加設置だ。

🔥 **04**　◯ →テーマNo.25

🔥 **05**　◯ →テーマNo.25

🔥 **06**　✕ →テーマNo.25

500倍ではなく、50倍が正解だ。

🔥 **07**　② →テーマNo.25

能力単位の計算は、防火対象物の区分に応じて延床面積を算定基準面積で除して求める方法のほか、このように規定の1能力単位のものもあるぞ。容量8Lの水バケツ3個で1能力単位は覚えておこう！

🔥 **08**　棒状放射の強化液消火器、霧状放射の水消火器 →テーマNo.26

天ぷら油の火災における消火をイメージできればいいだろう。水消火器は放射法に関係なくNGだが、強化液消火器は霧状放射はOKで、棒状放射はNGだ。

🔥 **09**　② →テーマNo.25

この手の計算問題は、筆記試験よりも実技試験で出題されているが、こちらの筆記試験での出題可能性もあるので見ていくぞ。図書館における消火器設置の算定基準面積は200m²だ。ただし、本問は、主要構造部が耐火構造で壁や天井などの内装部分は不燃材料で仕上げているので、数値が2倍

となり、算定基準面積は400m²となるぞ。

以上から、6,000m²を400m²で割れば図書館に必要な消火器具の能力単位が求められる。

6,000÷400＝15（単位）

消火器の能力単位は3なので、

15÷3＝5

したがって、5本設置すれば良い、ということになるんだ。

(問題 Lv.2)

次の文章の正誤、または問いの答えを述べよ。

🔥10　消防法令上、防火対象物に必要とされる消火器具の能力単位の数値の合計を減じることができない消火設備を以下からすべて選べ。

> 水噴霧消火設備、スプリンクラー設備、屋内消火栓設備、ハロゲン化物消火設備、屋外消火栓設備、二酸化炭素消火設備、水蒸気消火設備

🔥11　消火器を設置した場所に設置すべき標識は、消火器である。

🔥12　乾燥砂を設置した場所に設置すべき標識は、消火砂である。

🔥13　水槽を設置した場所に設置すべき標識は、防火水槽である。

🔥14　スプリンクラー設備は、第3種消火設備である。

🔥15　大型消火器の設置義務についての文中（　）にあてはまる数値として、正しいものはどれか。

「防火対象物又はその部分で、指定可燃物を危政令別表第四で定める数量の（　）倍以上貯蔵し又は取り扱うものには、令別表第二において指定可燃物の種類ごとにその消火に適応するものとされる大型消火器を設置しなければならない。」

①50　　②100　　③300　　④500

🔥16　すべてのハロゲン化物消火器と二酸化炭素消火器は地下街及び準地下街に設置することができない。

🔥17　消火器を設置する場合の床面からの高さは1.2m以下である。

🔥18　大型消火器を設置する場合、貯蔵・取扱場所の各部から水平距離で30m以下となるように配置する。

🔥19　小型消火器を設置する場合、貯蔵・取扱場所の各部から歩行距離で10m以下となるように配置する。

20 消防法令上、防火対象物に必要とされる消火器具の能力単位の合計数を減少させることができないものは次のうちどれか。ただし、各消火設備の対象物に対する適応性と消火器具の適応性は同一とする。
①1階にある不活性ガス消火設備の有効範囲内の部分
②8階にある泡消火設備の有効範囲内の部分
③10階にあるスプリンクラー設備の有効範囲内の部分
④12階で屋内消火栓設備の有効範囲内の部分

21 次のうち、消火器用の検定合格証はどれか。

①	②	③	④
国家検定 合格之証 検	検	国家検定 合格之印 検	消

解説 Lv.2

10 屋外消火栓設備と水蒸気消火設備 →テーマNo.27
これは、例外の2つを確実に覚えておきたいところだ！屋内消火栓設備と混同しないように！「内」と「外」で大違いだ！

11 ○ →テーマNo.28

12 ○ →テーマNo.28

13 × →テーマNo.28
水槽を設置した場合に設置すべき標識は、『消火水槽』だ。標識はすべて、「消火○○」となることに注意しよう！

14 × →テーマNo.25
スプリンクラー設備は、第2種消火設備だ。

15 ④ →テーマNo.30
大型消火器を設置する場所の要件と歩行距離は確実に覚えておきたい！

16 × →テーマNo.26
基本的に、「『すべて』という選択肢は『すべて×』」だ。ハロゲン化物消火器の中でもハロン1301は毒性が弱いため、地下街等でも設置可能だ！

17 × →テーマNo.28
床面からの設置高さは、1.5m以下だ。

🔥 **18** ✕ →テーマNo.30

消火器設置の間隔は、『歩行距離』だ。

🔥 **19** ✕ →テーマNo.29

小型消火器の設置は、**歩行距離20m以下につき1本の設置**だ。

🔥 **20** ④ →テーマNo.27

消火器具自体はどれも能力単位減少の対象となるが、防火対象物の11階以上の部分に設置するものには、減少の特例はないぞ！高所の火災は要注意だから、例外は適用されないんだったな！

🔥 **21** ① →テーマNo.23（第4章）

「前章の内容がいまさら…」だと？　甘えるな！　消火器の内容は、共通法令でも乙6特有の法令でも、どちらでも出題される可能性があるんだ。②は閉鎖型スプリンクラーヘッド、もしくは、流水検知装置、一斉開放弁、住宅用防災警報器、③は消火薬剤（ゴロ：イン（印）ドの薬剤）だったな。消火器は、「合格之証」だ。「証」と「印」の区別ができることが重要だ！

第3科目

消火器の構造・機能 および 点検・整備

往進勇邁

消防設備士の勉強も後半戦だ。
はじめて聞いた言葉や見慣れない計算、似たようなものが出題されて、困惑しているかもしれない。
だが、そういった困難（壁）は越えるためにあるんだ。
困難に恐れることなく、合格という目標に向かって一気に進め！

第 6 章

消火器の構造と
種類を学ぼう！

本章以降、出題の過半を占める消火器
（乙6類）特有の事項を見ていくぞ。
先ずは構造等から消火器の分類と特徴
を見ていこう。類似のもの同士を比較
した問題や、特徴的な部品がある消火
器を中心に見ていくといいぞ！

アクセスキー **B** （大文字のビー）

消火器って、どんな種類があるの？

このテーマでは、今後の学習の土台となる消火器の分類について学習するぞ！全7種類ある消火器を色々な方法で分類するが、その前提として、「燃焼の3要素」「消火の3+1要素」を理解する化学的な目線も重要だ！

Step1 図解　目に焼き付けろ！

「燃焼の3要素」と「消火の3+1要素」

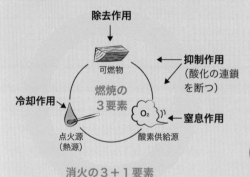

除去作用

可燃物

抑制作用
（酸化の連鎖を断つ）

冷却作用

燃焼の3要素

O_2　窒息作用

点火源（熱源）　　酸素供給源

消火の3+1要素

消火器の分類

水消火器　強化液消火器
化学泡消火器　機械泡消火器
二酸化炭素消火器
ハロゲン化物消火器　粉末消火器

どんな消火作用がある？

どんな仕組みで放射される？

どんな火災に適応する？

3つの視点で分類できるようにする！

このテーマで学習する消火器の分類は、「①消火作用による分類　②放射方法による分類　③適応火災による分類」だ。

Step2 解説 爆裂に読み込め！

→ ものが燃えるには、3つの要素がすべて揃わないとダメなんだ！

　皆を合格に導く熱血指導と情熱講義、そして繰り返しの重要性。この3つが揃ったのが、漢・国松というわけだ！

　冗談はさておき、本題だ。

　燃焼とは、著しい発熱と発光をともなって急激に進行する酸化反応のことだ。この燃焼が起こるには、<u>可燃物・酸素供給源・点火源（熱源）</u>の3つが同時に存在することが必要で、この燃焼に必要な3つの要素を燃焼の3要素というんだ。

 つまり、どれか1つでも欠けると燃焼は継続しないということですか？

　お、鋭いな。その調子だ！

　「3要素のすべてが同時にそろって燃焼する」ということは、逆説的に考えれば、「どれか1つでも欠けると、燃焼は止まる（継続しない）」ということだ。

　燃焼の3要素ごとに対応する消火法（可燃物⇒除去作用、点火源⇒冷却作用、酸素供給源→窒息作用）を消火の3要素というんだ。この他、燃焼を化学的に抑制する方法（抑制作用）も含めて、消火の3＋1要素（4要素）ということもあるぞ。

 （この人の暑っ苦しいハートの炎も少し鎮められないかな…。）

　俺の情熱ハートの火を消したいと思っただろう。よし、消火法を教えてやる。

◆俺のハートを奪ってみろ！『除去作用』

　可燃物を取り除くことによって消火するのが除去消火だ。たとえば、森林火災で周囲の樹木を伐採したり、ガスの元栓を閉める方法がそれだ。

何事も最初が難しく、徐々に簡単になっていくぞ！

◆俺のハートから熱を奪え！『冷却作用』

　熱源から熱を奪うことで、引火点または発火点未満の温度にして燃焼の継続を遮断するのが冷却消火だ。広く利用されているのは水で、噴霧して燃焼物にかけることによって、気化した水蒸気による窒息作用もあるんだ。

◆俺のハートを閉じ込めてシャットアウト！『窒息作用』

　酸素供給を断つことで消火する方法が、窒息消火だ。理屈としては、空気中に含まれる21％の酸素濃度が14％以下になると燃焼は継続しないので、これによって消火するんだ。

◆俺のハートにブレーキをかけろ！『抑制作用』

　燃焼という酸化反応を、化学的に遅らせたり止めたりするのが抑制消火だ。このとき、一定の化学反応を促進する物質で自らは変化しないものを触媒といい、その逆（進行を遅らせる）なので、負触媒作用ともいわれるぞ。

表31-1：消火器ごとの消火作用

消火器の種類	冷却作用	窒息作用	抑制作用
水消火器	○	-	-
強化液消火器	○	-	○
化学泡消火器	○	○	-
機械泡消火器	○	○	-
二酸化炭素消火器	○	○	-
ハロゲン化物消火器	-（物により○）	○	○
粉末消火器	-（物により○）	○	○

　しかーし！　俺のハートの炎は簡単には消させないぞ。さて、消火作用で消火器を分類したのが上の表だ。どの消火器にどのような消火作用があるか。試験では、これがよく出題されているぞ！　複数の消火作用があるものを中心に、要チェックだ！！

→ 消火薬剤の放射方法は2種類のみ!

今度は消火器の中に充てんされている薬剤の放射方法（放射圧力源）の違いで見ていくぞ。これについては2種類しかないが、試験ではよく出てくるんだ。

図31：消火器の放射方法の種類

加圧式は、①消火器内部に加圧用ガス容器を内蔵するガス加圧式と、②化学反応を利用した反応式の2種類に分けられるんだ。違いの分かる受験生が押さえておきたいのは、反応式は化学泡消火器のみという点だ。

一方の蓄圧式は、①消火器本体容器内に圧縮した窒素ガスを充てんしたものと、②消火薬剤自体を圧縮充てんしたものに分けることができるんだ。前者は充てん圧力値を確認する指示圧力計が装着されているが、後者はそれがないのが特徴で、二酸化炭素消火器とハロン1301消火器がそれだ。

表31-2：加圧式と蓄圧式の比較

	蓄圧式	加圧式
構造	常時0.98MPa以下でガス充圧	放出時に加圧用ガス容器で加圧
圧力源	窒素（N_2）	二酸化炭素（CO_2）または窒素
日常点検	指示圧力計の数値で確認	容器等の外観観察で確認
放出時圧力と状態	0.7〜0.98MPaで均一	瞬間的に1.2MPa程度まで圧力上昇し、加圧直後が最大放出圧力
使用感（難易）	レバーを軽く握る	加圧用ガス容器の破封に多少の力が必要
放射の一時中断	全機種可能	一部可能（できないものがある）

このあと個別の消火器の特徴を見ていくが、指示圧力計のない蓄圧式消火器は、このあとも色々な特徴的フレーズが出てくるぞ。つまり、試験には頻出ってことだな！　特に二酸化炭素消火器は要注意だぞ！！

　なお、性能による優劣は全くないぞ！　最大の違いは製造コストで、加圧式は低コストで製造できるが、蓄圧式は長期間の圧力保持にかかる技術や品質管理が必要なんだ。最近は、加圧式消火器の老朽化や整備不良にともなう破裂事故が一部で発生した影響もあり、蓄圧式が主流になりつつあるんだ。

街中にある消火器を探して、加圧式か蓄圧式か判断してみます！

それはいいぞ！ パッと見で、放射圧力源の違いや何の消火器かを判断する訓練を街中でやると、かなり知識が深まるはずだ！

➡ 適応火災による分類

　火災はA（普通）、B（油）、C（電気）に分けられるが、それぞれの消火器の適否は以下の通りだ。個別の消火器を学習した後で、再度見直すと、より一層理解が深まるぞ。

表31-3：消火器と適応火災

消火器の種類	A（普通）火災	B（油）火災	C（電気）火災
水消火器（棒状）	○	ー	ー
水消火器（霧状）	○	ー	○
強化液消火器（棒状）	○	ー	ー
強化液消火器（霧状）	○	○	○
化学泡消火器	○	○	ー
機械泡消火器	○	○	ー
二酸化炭素消火器	ー	○	○
ハロゲン化物消火器	ー（物により○）	○	○
粉末消火器 （りん酸塩類等）	○	○	○
粉末消火器 （炭酸水素塩類）	ー	○	○

※○：適、ー：不適

Step3 暗記 何度も読み返せ！

- □ 燃焼の3要素とは、[可燃物]、酸素供給源、[熱源]のことである。
- □ 燃焼を遮断するには、燃焼の3要素のうち[どれか1つ]を取り除けばよい。
- □ 蓄圧式の消火器には[指示圧力計]が装着されているが、ハロン1301消火器と[二酸化炭素消火器]には装着されていない。
- □ 加圧式の消火器は、ガス加圧式と反応式で分類され、[化学泡消火器]は、唯一の反応式である。

第6章 消火器の構造と種類を学ぼう！

No. 32 /50 放射圧力を管理する2つの部品を学べ!

このテーマでは、蓄圧式・加圧式の放射源となる構造・部品について見ていくぞ! 指示圧力計は、圧力検出部の仕組みと部材の材質記号、加圧用ガス容器は容量による差異で法適用がどう変わるのかを中心に見ていこう!

Step1 図解 目に焼き付けろ!

指示圧力計の仕組みと部材

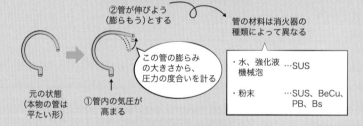

②管が伸びよう（膨らもう）とする

管の材料は消火器の種類によって異なる

元の状態（本物の管は平たい形）

①管内の気圧が高まる

この管の膨らみの大きさから、圧力の度合いを計る

・水、強化液 …SUS
機械泡

・粉末 …SUS、BeCu、PB、Bs

加圧用ガス容器の分類

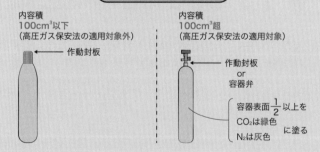

内容積100cm³以下（高圧ガス保安法の適用対象外）

← 作動封板

内容積100cm³超（高圧ガス保安法の適用対象）

作動封板orコ容器弁

容器表面$\frac{1}{2}$以上を CO_2は緑色 N_2は灰色 に塗る

指示圧力計の材質によって使用の適否が変わる点と記号表記は要注意だ! また、加圧用ガス容器の分類は概要を理解してくれ!

Step2 解説 爆裂に読み込め！

→ 充てん圧力値を表示するのが指示圧力計だ！

　蓄圧式消火器内に充てんされている窒素ガス等の充てん圧値を示した計器が、指示圧力計だ。時計の文字盤のような見た目をしているが、この指示圧力計は現在発案者の名前にちなんで、ブルドン管式が使われているぞ。

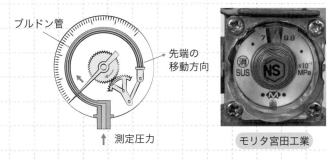

図32-1：ブルドン管

　構造については出題されていないが、原理を簡単に説明すると、断面が偏平な曲管に圧力が加わると、圧力に比例して外側に膨らむことを利用して計器の指針が振れるというものだ。覚えておきたいのは、次の2点だ。どちらも頻出ポイントだから、必ず覚えておくんだ（図右は指示圧力計の外観だ）。

①指示圧力計＝ブルドン管式という点
②ブルドン管に使われる材質と消火器ごとの適・不適（表32参照）

　ステンレス鋼のみ水系を含んだすべての消火器で使用可能の一方
　そのほかは水系消火器の指示圧力計としては不適なんだ！

第6章　消火器の構造と種類を学ぼう！

表32：ブルドン管の材質と消火器の適否

消火器の種類		材質	
		適応する材質記号	説明
水系	水消火器 強化液消火器 機械泡消火器	SUS	ステンレス鋼（Steel Special Use Stainless）。錆び難い特殊用途の鋼
粉末消火器		SUS	（同上）
		BeCu	ベリリウム銅。銅とベリリウムの合金で、各々の元素記号
		PB	りん青銅（Phosphor Bronze）。青銅にりんが混ざったもの
		Bs	黄銅（Brass）。真ちゅうのこと

➡ 加圧用ガス容器は内容積が100cm³「以下or超」で分けられる!

　加圧式消火器の中で唯一の反応式は、化学泡消火器だったな。それ以外の加圧式消火器は、消火薬剤放出源として消火器内部に加圧用ガス容器が装着されているんだ。この加圧用ガス容器に充てんされるガスは、主に以下の3種類だ。①液化炭酸ガス（CO_2）　②窒素ガス（N_2）　③①と②の混合ガス

　そして、ガス加圧容器は、「内容積100cm³超or以下」で、高圧ガス保安法が適用されるか否かが分かれるぞ。

◆内容積100cm³以下のもの

　この場合、高圧ガス保安法の適用対象外だ。加圧用ガス容器の先端部は、密閉するために薄い軽金属でつくられた作動封板が設けられているぞ。その他、内容積100cm³以下の加圧用ガス容器の容器外面にはメッキが施してあるんだ。

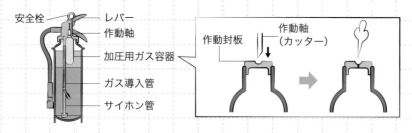

図32-2：加圧用ガス容器からガスが放射される仕組み

　消火薬剤が放出される流れを解説しよう。まず、消火器上部のレバーが握られると、作動軸（カッターともいう）が押し下げられ、加圧用ガス容器上部の作動封板が破られる。これにより、加圧用ガス容器内のガスが、ガス導入管を通って消火器本体容器内に一気に充満する。容器内でガス圧が高まった結果、消火薬剤がサイホン管内へと押し上げられ、ホースを通過してノズルより消火薬剤が放射されるんだ。

◆内容積100cm³超のもの

　この場合、高圧ガス保安法の適用対象として、次のルールがあるぞ。

①充てんガスが二酸化炭素の場合は緑色、窒素の場合は灰色に容器表面の2分の1以上を塗色する必要がある。
②充てん容器は、作動封板つきのものと容器弁つきのものがあり、後者は使用後に再度ガス充てんをして再利用することができるぞ。ただし、このガス充てんは専門業者に依頼しなければならず、自ら再充てんすることは禁止されているんだ。

作動封板付は一度っきりだけど、容器弁付は再利用できるのか！

Step3 暗記 → 何度も読み返せ！

☐ 蓄圧式消火器に取り付けられる指示圧力計は［ブルドン管式］が採用されている。

☐ 指示圧力計に「Bs」と記載があった。これは圧力検出部に［黄銅（真ちゅう）］が使われていることを表していて、蓄圧式消火器のうち［水系消火器］には使用することができない。

☐ 高圧ガス保安法の適用を受ける内容積［100cm³］超の容器にガスを充てんする場合、充てんガスが二酸化炭素のときは［緑］色、窒素の場合は［灰］色に容器表面の［2分の1］以上を塗色する。

重要度： 🔥🔥🔥

取扱注意!高圧ガスってなんだ?

このテーマでは、「高圧ガス保安法の適用対象となるもの」という視点から、消火器の分類と加圧用ガス容器の刻印、容器弁について学習するぞ。蓄圧式で指示圧力計のない消火器など、前テーマと異なる点を中心に見ていこう!

Step1 図解 目に焼き付けろ!

高圧ガス保安法の適用対象

・二酸化炭素消火器
・ハロゲン化物消火器
　（ハロン1301、1211）
・内容積100cm³超の
　加圧用ガス容器

塗色 ($\frac{1}{2}$以上)

緑色：二酸化炭素消火器、
　　　加圧用ガス容器（CO_2）
灰色：ハロゲン化物消火器、
　　　加圧用ガス容器（N_2）

容器弁の種類

ハンドル車式　　レバー式

ハマイ　　　　初田製作所

安全弁の種類

封板**式**：一定の圧力
溶栓**式**：一定の温度
封板溶栓式：一定の
　　　　　圧力&温度

以上になったら
自動でガス抜き
される

容器塗色については、これとは別に、消火器の場合は4分の1以上を赤色にするルールがあるぞ。このほか、加圧用ガス容器に記載される記号表記と容器弁の種類を中心に覚えろ!

Step2 解説 爆裂に読み込め！

➡ 扱いに気をつけよ！高圧ガス保安法

　石油やガソリン、電気など、生活に便利なものでも、その扱いを誤ると大災害につながることがあるぞ。そのため、それらを扱うには専門的技能を有する資格者（危険物取扱者、電気工事士）がいて、様々な法律で規制されているんだ。同じように、高圧ガスの扱いも、高圧ガスによる災害発生から公共の安全を確保するために、高圧ガス保安法という法律の規制があるんだ。試験に出題されるこの法律のポイントは次の①〜④だ！

①高圧ガス保安法の適用対象となる消火器は二酸化炭素消火器とハロゲン化物消火器の2種類

②高圧ガス保安法の適用対象となる加圧用ガス容器は内容積100cm³超のもの

二酸化炭素
消火器
初田製作所

ハロン1301消火器
日本ドライケミカル

ハロン1211消火器
日昭産業

内容積
100cm³超

図33-1：高圧ガス保安法の
適用対象となる消火器

図33-2：高圧ガス保安法の適
用対象となる加圧用ガス容器

③容器の塗色は、緑色か灰色

　高圧ガス保安法の適用を受ける消火器と加圧用ガス容器は、充てんガスの種類に応じて、容器表面の2分の1以上を指定の色に塗装する必要があるぞ。

■緑色に塗色するもの
　・二酸化炭素消火器、または液化炭酸ガスを充てんするガス容器
■灰色に塗色するもの
　・ハロゲン化物消火器（ハロン1301、1211）
　・窒素ガス（二酸化炭素の混合ガスを含む）を充てんするガス容器

④加圧用ガス容器に記載される記号の意味

　高圧ガス保安法の適用を受ける消火器および加圧用ガス容器には、各種記号
や数値が刻印されているぞ。その主な内容は次の通りだ。

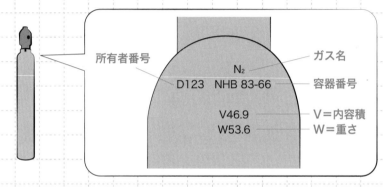

図33-3：加圧用ガス容器に記載される記号

・容器所有者の記号または容器番号
・充てんされている高圧ガスの名称・略称または分子式
・「W」は重さ（Weight）の略。単位はkg
・「V」は内容積（Volume）の略。単位はL
・「TP」は耐圧試験圧力値（Test Pressure）の略。単位はMPa
・「FP」は最高充てん圧力値（Full Pressure）の略。単位はMPa

➡ ガス漏れを防ぐ容器弁は、2種類あるぞ!

　高圧ガス保安法の適用を受ける蓄圧式消火器と加圧用ガス容器（作動封板を
設けたものを除く）には、充てんガスが漏れ出ないようにするための容器弁が
設けられているんだ。容器弁は以下の2種類があるぞ。

①ハンドル車式のもの
　付属のハンドルを回すと弁が開き、容器内のガスが放出される仕組みのものだ。車載式の二酸化炭素消火器や粉末消火器の加圧用ガス容器に使用されているぞ。
②①以外（レバー式など）
　レバーを握ると弁が開いてガスが放出される構造で、手さげ式の二酸化炭素消火器に使用されているぞ。

◆安全弁

　容器弁のついた消火器や加圧用ガス容器に何らかの要因（温度上昇等）が加わり容器内圧力が規定値を上回ると、危険な状態となるから、安全のために自動でバルブを開いて内部圧力を排出（ガス抜き）する部品が安全弁なんだ。この安全弁は、作動原理によって3種類に分類されるぞ。

①封板式：一定の圧力値以上になったときに作動する安全弁
②溶栓式：一定の温度以上になったときに作動する安全弁
③封板溶栓式：一定の圧力＆温度以上になったときに作動する安全弁

第6章　消火器の構造と種類を学ぼう！

唱えろ！ゴロあわせ

■3種類の安全弁　〜安心して下さい。安全ですよ〜

安全な	熱い	風の	温　泉
	圧力	封板式	温度　溶栓式

Step3 暗記　何度も読み返せ！

□ 高圧ガス保安法の適用を受ける消火器は、[二酸化炭素消火器] と [ハロン1301消火器] の2種類で、表面積の半分以上を前者は緑色、後者は [灰色] に塗色する。なお、共通して [4分の1以上] を赤色に塗色する。

水系消火器（2種類）を学べ！

このテーマ以降は個別の消火器について学習する。まずは水系消火器（水・強化液）2種類を見ていくぞ。出題されるのは強化液の方だが、このあとに学習する消火器に比べると出題頻度は低いぞ。要点をつかむことを意識しよう。

Step1 図解 目に焼き付けろ！

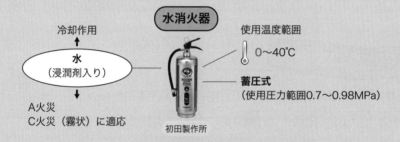

冷却作用
↑
水
（浸潤剤入り）
↓
A火災
C火災（霧状）に適応

水消火器

使用温度範囲
0〜40℃

蓄圧式
（使用圧力範囲0.7〜0.98MPa）

初田製作所

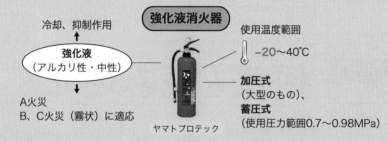

冷却、抑制作用
↑
強化液
（アルカリ性・中性）
↓
A火災
B、C火災（霧状）に適応

強化液消火器

使用温度範囲
−20〜40℃

加圧式
（大型のもの）、
蓄圧式
（使用圧力範囲0.7〜0.98MPa）

ヤマトプロテック

消火器については、鑑別問題などを意識して、外観から何の消火器かを判別できるようになろう。また、各消火器の放射方式（圧力のかけ方）を徹底的に頭に叩き込むんだ！！

Step2 解説 爆裂に読み込め！

→ 外観から各消火器の特徴を読み取れ！

　さあ、乙6特有の内容として消火器を個別に見ていくぞ。以降の学習の基本は問題を解きながら慣れる（覚える）しかないが、たとえば水消火器の表面を見ると、「pure water」と記載されているから、水消火器であると分かるはずだ。このほか外観を見て特徴的なパーツがあることからも判断できる場合があるぞ。気合いを入れなおしていくぞ！

→ 水消火器は、概要だけ覚えればOKだ！

　図解を見ながら読み進めていくぞ。水（H_2O）に浸潤剤としてりん酸アンモニウムや尿素などを添加したものが、水消火器だ。「浸潤」とは、「染み込んで濡れ

ること」の意味だ。水単体では燃焼物にかけても簡単に流れてしまうから、浸潤剤を添加することで染み込みやすくして、冷却効果を高めている。同時に、これは再着火の防止にもなっているんだ。

> 現在はより消火効果の高い消火器が使われているので、水消火器はあまり使われていないぞ！　つまり、試験には出にくいんだ！

◆水消火器の特徴は、ほぼ水と同じ！？

　その名の通り、水に浸潤剤を添加（＋α）しただけだから、基本の性能は水と同じだ。よって、A（普通）火災に適応し、霧状に放射すればC（電気）火災にも適応するぞ（棒状放射は感電の危険があるのでNGだ）。B（油）火災は、燃焼面に放射すると、水が油の下に入りこんで燃焼面を広げてしまうため、適応しないぞ。

　なお、水消火器の放射方式は蓄圧式のみで、圧縮空気または窒素ガスとともに充てんされている。消火器の使用温度は、凍ってしまわない温度ということ

第6章 消火器の構造と種類を学ぼう！

で、0〜40℃になっているぞ。

◆**使い方は、簡単！レバーを握る、以上！**

　レバー式の消火器の使い方だが、黄色の安全栓を抜いてレバーを握ると、内部のバルブが開いて消火薬剤が放射されるぞ。レバーがスイッチの役割で、手を放すとバルブが閉じて放射が止まるといった感じだ。なお、加圧式の消火器（粉末消火器）の一部には、放射を始めたらすべてを出し切る（一時停止不可）開放式のものもあるぞ。

➜ 強化液消火器は、水消火器との違いに気をつけろ!!

　再び図解を見ながら話を進めるぞ。水に炭酸カリウム（K_2CO_3）を約40％溶解させた強アルカリ性水溶液でpH（水素イオン濃度）が約12の液体が強化液だ。本来無色透明の溶液だが、水と区別するため淡黄色に着色されているぞ。

　強化液はすべての火災に適応するんでしたっけ？

　ホース先端についているノズルは、霧状放射できるので、A、B、C火災のすべてに対応しているぞ。強化液が燃焼面に放射されると、液体としての冷却作用のほか、薬剤に含まれるアルカリ金属による抑制作用も火災消火に効果を発揮するんだ。

　なお、強化液は一部中性（pH8程度）も存在している。強アルカリ性のものと比べて、こちらの方が消火能力が高められており、「中性」または「アルカリ性」と明記されているぞ。

　強化液が水消火器と違う点はどこですか？

　両者の違いは、次の2点を押さえておこう。

①大型消火器の液量と放射方式

　強化液消火器は、一般に蓄圧式が採用されている。しかし、液量60L以上の大型消火器の場合、本体容器の外部に別で加圧用ガス容器を装着した加圧式の強化液消火器も一定数あるんだ。

②使用温度範囲の下限値がマイナスだと？

　炭酸カリウムの薬剤添加によって凝固点降下（固まり始める温度が低くなる）が起こり、−20℃でも凍結しないから寒冷地でも使えるんだ。これは水消火器の0℃（使用温度範囲の下限値）とは違う点だな。

> 使用温度範囲の下限値については、本当によく出題されているんだ。このあと学習する化学泡消火器に至っては、下限値が5℃なんだ。「細かい違いを理解できているか」試験ではそこが問われているから、要注意だぞ！！

Step3 暗記 何度も読み返せ！

- □ 水消火器の使用温度範囲は［0］℃以上［40］℃以下で、適応火災は［普通］火災である。ただし、薬剤を［霧状放射］すれば［電気］火災に適応する。
- □ 蓄圧式消火器の使用圧力範囲は、［0.7］〜［0.98］MPaである。
- □ 強化液消火器の使用温度範囲は［−20］℃以上［40］℃以下で、先端に霧状放射［ノズル］が装着されているので、すべての火災に適応する。
- □ 強化液消火器の多くは蓄圧式だが、容量［60L］以上の大型消火器の場合は、加圧式の強化液消火器も一定数存在する。

泡系消火器（2種類）を学べ！

このテーマでは泡系消火器（化学泡・機械泡）について学習するぞ。どちらも外観に特徴的な部品を有していて、鑑別等に絡めた部品の用途や整備法と様々な形で出題されているぞ。理由を意識して学習に取り組め！！

Step1 図解 目に焼き付けろ！

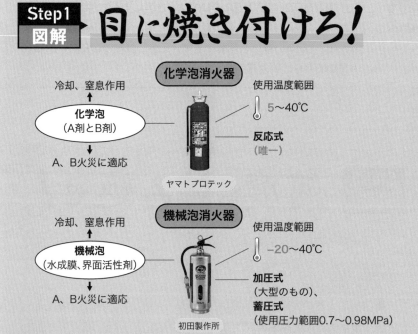

化学泡消火器

冷却、窒息作用
↑
化学泡
（A剤とB剤）

A、B火災に適応

使用温度範囲
🌡 5〜40℃

反応式
（唯一）

ヤマトプロテック

機械泡消火器

冷却、窒息作用
↑
機械泡
（水成膜、界面活性剤）

A、B火災に適応

使用温度範囲
🌡 −20〜40℃

加圧式
（大型のもの）、
蓄圧式
（使用圧力範囲0.7〜0.98MPa）

初田製作所

泡系消火器は単体での出題よりも鑑別に絡めた問題や、他の消火器との比較問題など、形を変えて様々なアプローチで出題されているのが特徴だ。いずれにせよ、特徴的な部品や構造を有しているので、そこを中心に見ていこう！

Step2 解説 爆裂に読み込め！

➡ 泡系消火器は、他の消火器との「違い」を中心に見ていけ！

　図解にある通り、泡消火器は化学泡と機械泡の2種類がある。これらは外観にどんな違いや特徴があるだろう？　まず、化学泡消火器の方は頭の形がこれまでの消火器と違うな。また、このメーカーの機械泡消火器には、「FOAM（泡）」と分かりやすく記載されているぞ。

　こういう、構造や作動原理に特徴のあるものは、出題されやすいぞ。「唯一〜」「一番〜」などの他にない特徴は、問題の題材にしやすいからだ。たとえば、「日本で一番大きい○○は？」というクイズはよくあるが、「日本で11番目に大きい○○は？」とはあまり聞かないだろう？

➡ 化学泡消火器に特有の構造と部品は、コレだ!!

　多くの消火器が単一の消火薬剤が充てんされているのに対し、化学泡消火器は本体を転倒させて、中に入っている薬剤（外筒A剤と内筒B剤）の化学反応によって発生する二酸化炭素を放射圧力源とする、唯一の反応式消火器なんだ。

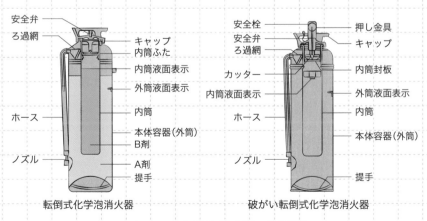

転倒式化学泡消火器　　　　　　　　破がい転倒式化学泡消火器

図35-1：化学泡消火器の断面図

第6章 消火器の構造と種類を学ぼう！

断面図を基に説明しよう。外筒のA剤は、炭酸水素ナトリウム（$NaHCO_3$）を主成分とし、気泡安定剤や防腐剤を添加した淡褐色の粉末だ。別容器で水に溶解（液体は弱アルカリ性）させてから、消火器の外筒に充てんするんだ。

一方、内筒のB剤は硫酸アルミニウム（Al_2SO_4）だ。この白色粉末を別容器で水に溶解（液体は弱酸性）させてから、消火器の内筒に充てんし蓋をする。

 ここで2つのNGがあるぞ。(1) A、B剤の逆充てんNG！　(2) 内筒、外筒内での攪拌NG！

(1) 逆はNG！外がアルカリ、中が酸性！

もし酸性の硫酸アルミニウムを外筒に入れると、金属製の消火器容器の内部から腐食が起こってしまうから、必ず外筒A剤はアルカリ性と覚えてほしいぞ。

唱えろ！ **ゴロあわせ**

■外筒に充てんするもの　〜充てん部のエースは外にいる?!〜

外　を　歩く　エースの存在
外筒　　　　　アルカリ性　　　A剤

(2) 筒内での攪拌NG！中を傷つけたら大変だ！

薬剤を水に溶解するときも、充てん容器内で攪拌すると容器内部を傷つける恐れがあるので、必ず別容器で水と薬剤を攪拌してから、これをそれぞれの容器（外筒・内筒）に入れるんだ。この手順は、鑑別に絡めて出題されるぞ！

◆特徴の多い化学泡消火器は、使用温度と使用可能期間を押さえよ！

A剤とB剤が反応して発生する水酸化アルミニウムを含んだ泡は、粘着性に富み、燃焼物に付着して耐火性の強い層を形成する。この窒息・冷却作用によって消火するんだ。なお、周囲温度が低温だと反応が鈍くなって泡が十分に発泡しないから、使用最低温度は5℃と設定され、寒冷地での使用には不適なんだ。

強化液消火器は引く−20℃でしたから、それとは大違いですね！

　また、A剤に含まれる気泡安定剤は、水溶液にすると経年劣化が進むため、化学泡消火器は、中の薬剤を設置から1年ごとに新品に交換する必要があるぞ。

　適応火災は、窒息と冷却作用からA（普通）火災とB（油）火災だ。C（電気）火災に対しては、電気絶縁性で劣るため不適となるぞ。

◆使い方は簡単！倒すか、破るか、だ！！

　化学泡消火器はその構造によって、①転倒式、②破がい転倒式、③開がい転倒式の3種類に分類されるぞ。転倒式（断面図左）は、転倒させるだけで2種類の薬剤が反応するから、転倒防止措置を消火器本体に講じる必要があるぞ（鎖で繋ぐなど）。「がい」は漢字だと「蓋」と書くぞ。

　破がい転倒式（断面図右）は、鉛製の内筒封板で中を密栓した構造のため、転倒式と異なり誤って転倒させても化学反応が起こらないんだ。使用法は、キャップ上部の安全栓を外して押し金具を押してカッターで内筒封板を破った後に転倒させると中で化学反応が発生して、薬剤を放射できるという感じだ。

　最後に、開がい転倒式（次図）を見よう。

　使用時は、上部のハンドルを回して内筒ふたを開けて、その後本体の持ち手を持って逆さに傾けて、中の外筒A剤と内筒B剤を混ぜ合わせて使用するんだ。

　なお、開がい転倒式は車載式の大型消火器に採用されていて、他は手さげ式の消火器だ。

初田製作所

図35-2：開がい転倒式化学泡消火器

第**6**章　消火器の構造と種類を学ぼう！

➔ 機械泡消火器に特有の構造と部品はこれだ!

外観が似ている強化液消火器の断面図との比較を見ていこう。

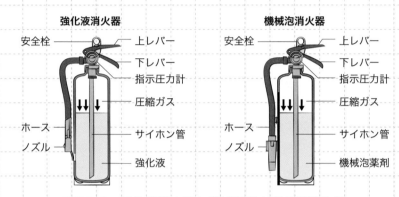

図35-3：強化液消火器と機械泡消火器の構造比較

　基本構造は強化液消火器と同じで、放射（発泡）ノズルが特徴的な形状をしているのが、機械泡消火器の最大の特徴だ。この発泡ノズルから消火剤を放射するときに生じる負圧によって、空気吸入口から入る空気と消火剤をノズル内部で撹拌して泡をつくり、先端から泡消火剤として放出するんだ。

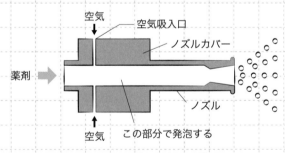

図35-4：発泡ノズルの構造

◆消火原理と大型消火器に区分される薬剤量を押さえよ!

　機械泡消火器は、①フッ素系界面活性剤を主成分とした水成膜タイプ、②界面活性剤の水溶液に浸透性・不凍性を持たせた薬剤を添加した界面活性剤タイ

プの2種類があり、現在は前者が主流だ。その他、以下3点を覚えておこう！

①大型消火器の液量と放射方式

　機械泡消火器は、一般に蓄圧式が採用されているが、液量20L以上の大型消火器の場合、本体容器の外部に別で加圧用ガス容器を装着した加圧式の機械泡消火器も一定数あるんだ。

②使用温度範囲の下限値がマイナスだと？

　これは強化液消火器と全く同じだ！

　薬剤添加によって凝固点降下が起こり、－20℃でも凍結しないから寒冷地でも使えるんだ。

③消火原理は化学泡消火器と同じだ！

　機械泡が燃焼面に放射されると、燃焼物に付着して水成膜フィルム（再燃防止効果と透視性に優れている）を形成し、窒息・冷却作用により消火するぞ。よって、適応火災は化学泡消火器と同じで、A、B火災に適応し、C火災に対しては、電気絶縁性で劣るため適応しないんだ。

Step3 暗記 → 何度も読み返せ！

- [ ] 化学泡消火器は、[外筒] にA剤の [炭酸水素ナトリウム] 水溶液、内筒にB剤の [硫酸アルミニウム] 水溶液を入れ、両者の化学反応により生じる [二酸化炭素] を放射圧力源として薬剤放射する唯一の [反応式] 消火器である。
- [ ] 機械泡消火器の先端は [発泡ノズル] となっていて、空気吸込み時の [負圧] により、ノズル内で薬剤と吸入空気が撹拌され、[泡状] となって薬剤が放射される。使用温度範囲は–20〜40℃と [強化液] 消火器と同じである。

特殊な消火器（2種類）を学べ！

重要度：🔥🔥🔥

このテーマでは、蓄圧式なのに指示圧力計が装着されていない2種類の消火器を見ていくぞ！ ともに高圧ガス保安法の適用対象として数多くの特徴や独特の部品・形状があり、試験でも毎回出題されているところだ！

Step1 図解 目に焼き付けろ！

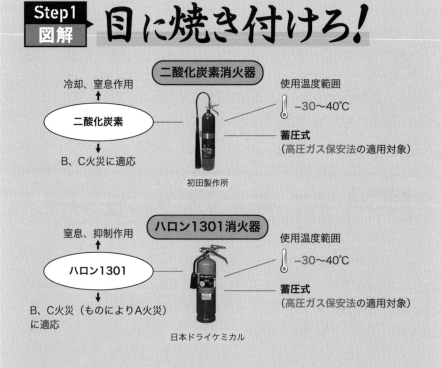

二酸化炭素消火器

冷却、窒息作用 ↑ **二酸化炭素** ↓ B、C火災に適応

初田製作所

使用温度範囲 −30〜40℃

蓄圧式
（高圧ガス保安法の適用対象）

ハロン1301消火器

窒息、抑制作用 ↑ **ハロン1301** ↓ B、C火災（ものによりA火災）に適応

日本ドライケミカル

使用温度範囲 −30〜40℃

蓄圧式
（高圧ガス保安法の適用対象）

ともに高圧ガス保安法の適用対象で指示圧力計のない蓄圧式消火器だ。外観（容器塗色とノズル）で見分けられるようにしよう！

Step2 解説 爆裂に読み込め！

→ これまでの消火器との「違い」を意識して学習するべし!!

　テーマ33「高圧ガス保安法」のところでも出てきたが、ここで学習するのは蓄圧式なのに指示圧力計が装着されていない消火器2種類についてだ。

→ 「持ち手」が大きい?!　二酸化炭素消火器

　二酸化炭素（CO_2）は本来常温・常圧下では無色無臭の気体だ。これを高圧で圧縮して液化したものが、消火器の中に充てんされているというわけだ（液化炭酸ガス）。さらに圧縮して固体にしたものがドライアイスだ（スーパーでもらえたりするアレだ！）。ずっと手に持っていると低温やけど（凍傷）になるため、その取り扱いには注意が必要なんだ。

　二酸化炭素消火器を放射するときに、液化二酸化炭素の気化冷却が起こる。これによる凍傷を防止するため、ホーン握りが装着されているぞ。ここを持てば、凍傷にはならずに済むんだ！　また、放出部先端にあるホーンは、火災の発生場所めがけて、気化ガスを収束して放射させるためにあるんだ。

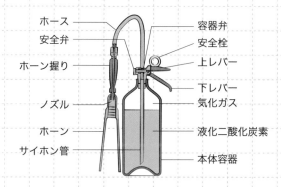

図36-1：二酸化炭素消火器の構造

凍傷防止のためにホーン握りがあるなら、安心ですね！

第6章　消火器の構造と種類を学ぼう！

二酸化炭素消火器は、二酸化炭素の窒息作用によってB（油）火災に適応するんだ。また、電気の不導体だからC（電気）火災にも適応するぞ。一方、窒息作用があるために、地下街・準地下街、地下室や無窓階での設置が禁止されていて、A（普通）火災には不適となっているぞ！

◆高圧ガス保安法の適用を受けるからこその、特徴はコレだ！

この内容はテーマ33で学習済みだが、2つの特徴を復習だ。

①容器は、2分の1以上を緑色、4分の1以上を赤色に塗色する。

②小型消火器の場合はレバー式、車載式消火器はハンドル車式の容器弁を取り付ける。

⊜ 製造禁止?! ハロゲン化物消火器

ハロゲンを分子内に含む物質を消火薬剤として利用するものが、ハロゲン化物消火器だ。ハロゲン化物消火器に使用される薬剤は、ハロン1301、ハロン2402などがあるが、どちらもオゾン層を破壊する物質で、現在は世界的に製造が禁止されていて、日本も1994年の1月から新規の製造が禁止されているんだ。ただ、既存消火器の使用は禁止されていないので、まだ相当数のハロゲン化物消火器が設置されているため、試験でも出題が見受けられるんだ。

なお、試験によく出るのはハロン1301なので、そこに絞って見ていくぞ。

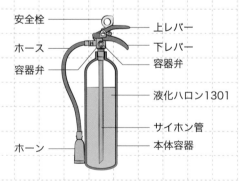

図35-2：ハロン1301消火器の構造

◆特徴的なノズルと二酸化炭素消火器との違い

ハロン1301（正式名称：ブロモトリフルオロメタン：CF_3Br）は、常温常圧下で無色無臭の気体だ。高圧で圧縮・液化した状態で消火器本体容器内に充てんされているんだ。二酸化炭素消火器と同じで高圧ガス保安法の適用を受けるため、容器弁を装着する必要があるほか、薬剤放射を一定範囲内に収めるためのホーンが装着されているぞ。ただし、次の3点が二酸化炭素消火器と異なるから、要注意だ！！

- ・凍傷の危険がないので、ホーン握りはないぞ！
- ・ホーン形状が、二酸化炭素消火器と比べ少し短い（ずんぐりむっくり）
- ・毒性が低いため、地下街や無窓階等にも設置可（二酸化炭素消火器はNG！）

ハロン1301消火器は、二酸化炭素と同じで窒息作用によってB火災に適応するんだ。また、電気の不導体だからC火災にも適応するぞ。一方、A火災については適応するものとしないものがあり、この点はっきりしない事象として、試験ではあまり出題されていないぞ。

ハロン1301消火器の最大の特徴は、毒性が少ないことだ。そのため、二酸化炭素消火器では設置がNGだった地下街・準地下街、地下室や無窓階での設置が例外的に認められているんだ。さらにいうと、ハロン2402は設置が禁止されているんだ。

Step3 暗記　何度も読み返せ！

- □ 二酸化炭素消火器にホーン握りが設けられている理由は、[薬剤放射時の凍傷防止]のためであり、他の消火器にない部品といえる。
- □ 二酸化炭素消火器の適応火災はB、C火災で、A火災には適応しない。また、地下街や地下室、[無窓階]への設置は禁止である。
- □ [ハロン1301]は、毒性が弱いため二酸化炭素消火器では設置ができない場所への設置が例外的に認められている。

第6章 消火器の構造と種類を学ぼう！

粉末消火器（2種類）を学べ！

個別の消火器についての学習も、このテーマで最後だ！　最後は毎回出題されている粉末消火器について見ていくぞ。蓄圧、加圧の両方が出題されていて、基本事項を中心に、両者の構造上の違いや使用薬剤の特徴を見ていこう。

Step1 図解 ➤ 目に焼き付けろ！

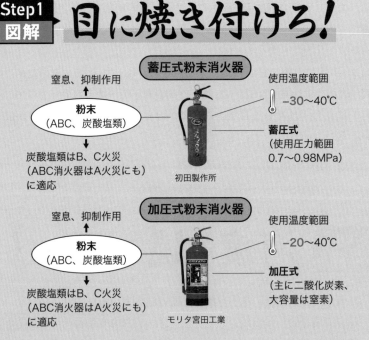

蓄圧式粉末消火器

窒息、抑制作用
↑
粉末
（ABC、炭酸塩類）

炭酸塩類はB、C火災
（ABC消火器はA火災にも）
に適応

使用温度範囲
🌡 −30〜40℃

蓄圧式
（使用圧力範囲
0.7〜0.98MPa）

初田製作所

加圧式粉末消火器

窒息、抑制作用
↑
粉末
（ABC、炭酸塩類）

炭酸塩類はB、C火災
（ABC消火器はA火災にも）
に適応

使用温度範囲
🌡 −20〜40℃

加圧式
（主に二酸化炭素、
大容量は窒素）

モリタ宮田工業

使用温度範囲の下限値が、蓄圧式は−30℃だが、加圧式は−20℃なんだ。細かいが気をつけておこう！

Step2 解説 ▶ 爆裂に読み込め！

→ 消火薬剤の違いが重要なんだ!!

粉末消火器は、蓄圧式と加圧式があるが、まずは消火薬剤の違いを知ろう。

表37-1：粉末消火器の消火薬剤

名称	消火薬剤の主成分	着色	適応火災
粉末（ABC）	りん酸アンモニウム	淡紅色	普通・油・電気
粉末（Na）	炭酸水素ナトリウム	白色	油・電気
粉末（K）	炭酸水素カリウム	紫色	
粉末（KU）	炭酸水素カリウムと尿素の反応物	灰色	

　表の通り、粉末消火器は①りん酸アンモニウムを主成分とするもの、②炭酸水素塩類を主成分とするものに分けられるんだ。このうち、最も多く製造されているりん酸アンモニウムを主成分とする消火器は、すべての火災に適応することからABC消火器ともいわれるぞ。

> この表からどのようなものが出題されそうですか？

次の3つの内容が問題として出題されやすいから、要チェックだ！

①すべての火災に適応するのはABC消火器の消火薬剤であるりん酸アンモニウムを主成分とする消火器のみ！淡紅色という他にない色も頻出だ！
②炭酸水素塩類を主成分とする消火器はBC火災に適応（A火災は不適）
③炭酸水素塩類の着色は、各々を構成するアルカリ金属の炎色反応の色に近い（Kは紫色、Naは黄色だが炭酸水素塩類で白色に、尿素の混合物は混ざることで灰色に、と覚えておこう！）

第6章 消火器の構造と種類を学ぼう！

◆消火作用は蓄圧式も加圧式も同じだ！

　粉末消火器を燃焼面に放射すると、消火粉末が熱と反応して分解（消火粉末に含まれる物質から各種イオンが生成）、これによって生じる分解生成物が燃焼の連鎖反応を強力に抑制することで消火するとともに、消火粉末が燃焼物を覆うことによる窒息作用も消火に寄与しているんだ。

→ パッと見の違いも大事、もっと大事なのは断面図からの構造の違いだ！

　外観の違いも重要だが、粉末消火器は構造上の違いについても出題実績があるので、見ていくぞ。なお、粉末消火器は開放式と開閉バルブ式（詳細は後ほど）があるが、内部構造は共通なので開放式で見ていくぞ！

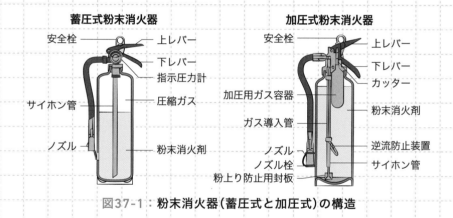

図37-1：粉末消火器（蓄圧式と加圧式）の構造

　「一方にあって他方にない部品は何か？」これが超重要だ！　以下の表にまとめるぞ。

表37-2：蓄圧式と加圧式の違い

蓄圧式に特有	・指示圧力計
加圧式に特有	・加圧用ガス容器とカッター ・粉上り防止用封板 ・ガス導入管と逆流防止装置 ・ノズル栓

　蓄圧式の操作は簡単で、レバーの開閉（握る・離す）によって行うんだ。レバーを握ると放射、離すと停止といった具合だ。

　一方、加圧式の操作手順は以下の通りだ。文章を読みながら、図でその流れを見ていくと理解が深まるぞ！

①レバーを握るとカッターが押し下げられ、加圧用ガス容器の作動封板が破れる。
②加圧ガスがガス導入管を通って本体容器内に導入され、一気に充満する。
③ガス圧により消火薬剤が容器内で撹拌・加圧されて粉上り防止用封板を破り、サイホン管及びホースを通過してノズルより放射される。

→ 加圧式に特有の事項をさらに深掘りしろ！

　出題者目線でいうと、粉末消火器は蓄圧式よりも加圧式の方が特徴的な部品が多いから、『問題の題材にしやすい』んだ。その出題されやすい特徴として、2種類の放射機構と、2つの特有の部品について見ていこう。

◆放射の機構は2種類だ！

　加圧式粉末消火器の放射機構は、開放式（断面図のもの）と開閉バルブ式のものがあるぞ。開放式は、一旦放射をすると途中で止められない方式で、主として消火薬剤量3kg以下の小型のものに使用されているんだ。もう一方の開閉バルブ式は、カッター上部にバルブが装着されていて、レバーを離すとバルブが閉じる構造となっていて、放射を一時停止することができるんだ。

開放式と比べると、使い勝手がよさそうですね。でも、途中停止できる消火器って、新品と間違えたりしそうで怖いかも。

その気づきはいいぞ！　確かに、新品なのか使用途中なのかが判別しづらいよな。それに、中途使用のもので加圧ガスが容器内部に残っている状態の場合は、点検整備に際してキャップが吹き飛んでしまう恐れがあり、大変危険なんだ。そこで、容器内部の残圧を適切に排出するために、排圧栓または減圧孔がキャップ上部に設けられているんだ。

ヤマトプロテック

図37-2：キャップ上部の排圧栓

◆加圧式に特有の2つの部品

学習するときは、「なぜか？→○○だから！」これを徹底してほしいぞ！　なぜ部品が装着されているかといえば、理由（役割）があって装着されているんだ。その理由（役割）を意識して見ていこう。

まずは逆流防止装置だ。これは、ガス導入管の先端に取り付けられていて、管の末端部に4箇所程度のガス噴出孔が設けられその周りをゴム管で覆った構造になっているぞ。

逆流防止装置を設ける目的は、粉末消火薬剤がガス導入管に逆流することを防止するためだ。加圧用ガス容器の作動封板が破られて加圧ガスが、ガス導入管からガス噴出孔を通って本体容器内に噴出するわけだが、このときに容器内の消火薬剤がガス導入管内に侵入しない構造というわけだな。

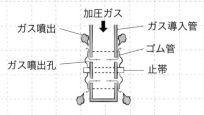

図37-3：逆流防止装置

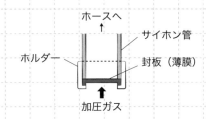

図37-4：粉上り防止用封板

次に、粉上り防止用封板を見ていこう。これは、サイホン管の先端部分にゴム製の薄膜を取り付けた構造になっていて、使用時以外に、消火粉末がサイホ

200

ン管内部に入り込むことを防止するために装着するんだ。また、ホース先端に
設けられたノズルから本体容器内に湿気が浸入することを防ぐ目的もあるんだ。
この点は、ノズル栓も同様の目的で設置されているから、併せて確認しよう！

> 加圧式消火器については、操作手順を断面図を基に流れで確認し
> ておこう！　そのときに出てくる特有部品については、「この部品
> を装着する目的は○○だ！」と一緒に覚えると効率がいいぞ！

第 **6** 章　消火器の構造と種類を学ぼう！

Step3
暗記

何度も読み返せ！

☐ 粉末消火器の消火薬剤は、[淡紅]色のりん酸アンモニウムを主成分
とする[ABC]消火器と炭酸水素塩類を主成分とするものがある。
前者はすべての火災に適応するが、後者は[普通火災]には適応し
ない。

☐ 蓄圧式に比べて、加圧式には特有の部品が多い。たとえば、消火薬
剤がガス導入管に逆流することを防ぐ[逆流防止装置]、消火粉末が
サイホン管内に侵入することを防ぐ[粉上り防止用封板]、外部から
の湿気侵入を防ぐ[ノズル栓]等がそれである。

燃えろ！演習問題

本章で学んだことを復習だ！　分からない問題は、テキストに戻って確認するんだ！
分からないままで終わらせるなよ！！

問題 Lv.1

次の文章の正誤、または問いの答えを述べよ。

🔥 **01** 化学泡消火器は、主に窒息と抑制の両方の作用で消火する。

🔥 **02** 二酸化炭素消火器は、主に窒息と冷却の両方の作用で消火する。

🔥 **03** 強化液消火器は、主に窒息と冷却の両方の作用で消火する。

🔥 **04** 次のうち、指示圧力計を装着する必要がない消火器をすべて選べ。

> ハロゲン化物消火器、強化液消火器（大型以外）、
> 二酸化炭素消火器、化学泡消火器、水消火器

🔥 **05** 強化液消火器はA火災に適応するが、低温では機能が落ちるため、寒冷地での使用には適さない。

🔥 **06** 粉末消火器には、A火災、B火災、C火災のいずれにも適応するものがある。

🔥 **07** ガソリンが原因の火災の初期消火として、一般的には乾燥砂による窒息消火と水による冷却消火が効果的である。

🔥 **08** 化学泡消火器は、低温では発泡性能が落ちるため、寒冷地での使用には適さない。

🔥 **09** 以下のうち、高圧ガス保安法の適用を受けないものを選べ。

> 二酸化炭素消火器、内容積100cm³超の加圧用ガス容器、化学泡消火器、
> ハロン1301消火器、機械泡消火器

🔥 **10** 指示圧力計の圧力検出部には、ブルドン管が採用されている。

🔥 **11** 指示圧力計に『PB』の記載があった。これは、黄銅である。

♨12 加圧用ガス容器に刻印された記号の意味として、正しい組み合わせのものはどれか。

	TP	V	FP
①	耐圧試験圧力	内容積	重さ
②	耐圧試験圧力	内容積	最高充てん圧力
③	最高充てん圧力	内容積	耐圧試験圧力
④	最高充てん圧力	密度	容器の所有者記号

♨13 高圧ガス保安法の適用を受ける消火器に設ける容器弁には、安全弁が取り付けられている。

解説 Lv.1

♨01 ✕ →テーマNo.31
化学泡消火器の消火作用は、窒息と冷却だ！

♨02 ◯ →テーマNo.31

♨03 ✕ →テーマNo.31
強化液消火器の消火作用は、冷却と抑制だ！

♨04 ハロゲン化物消火器、二酸化炭素消火器、化学泡消火器 →テーマNo.33,35
指示圧力計が装着不要な消火器は、①加圧式消火器②高圧ガス保安法の適用を受ける消火器となる。本問の場合、化学泡消火器が①、二酸化炭素消火器とハロゲン化物消火器が②となるぞ。

♨05 ✕ →テーマNo.34
寒冷地での使用に適さないのは、化学泡消火器だ。このあとの問08で出題されているが、機械泡消火器は寒冷地で使用できるから、間違えないように。

♨06 ◯ →テーマNo.37

♨07 ✕ →テーマNo.31&34
ガソリン火災は油によるものなので、B火災に適応する消火器を選べばいいぞ。乾燥砂は窒息効果によるので有効だが、水消火器はNGだ。

♨08 ◯ →テーマNo.35

♨09 化学泡消火器、機械泡消火器 →テーマNo.33
高圧ガス保安法の適用を受けるのは、①内容積100cm³超の加圧用ガス容

器と②二酸化炭素消火器およびハロン1301消火器になるぞ。よって、そ
れを外した泡系消火器2つが正解となるぞ。

🔥 10　○→テーマNo.32

🔥 11　✕→テーマNo.32

黄銅は『Bs』だ。PBは「りん青銅」だ。

🔥 12　②→テーマNo.33

英語の意味が分かれば、そんなに難しくないぞ。次の通り確認だ。

TP：Test Pressure（耐圧試験圧力値）

V：Volume（内容積）

FP：Full Pressure（最高充てん圧力値）

🔥 13　○→テーマNo.33

（問題 Lv.2）

次の文章の正誤、または問いの答えを述べよ。

🔥 14　二酸化炭素消火器の主な消火作用は、液化炭酸ガスが大気中に放射されて
気化する際の冷却作用である。

🔥 15　二酸化炭素消火器は、持ちやすくするためにホーン握りが設けられている。

🔥 16　二酸化炭素消火器の消火薬剤量の測定には、指示圧力計が用いられる。

🔥 17　二酸化炭素消火器は、本体容器表面積の$\frac{1}{4}$以上を赤色、$\frac{1}{2}$以上を緑色に塗
ること。

🔥 18　蓄圧式消火器の使用圧力範囲は0.7〜0.98MPaである。

🔥 19　蓄圧式強化液消火器の使用温度範囲は、−20〜40℃である。

🔥 20　蓄圧式強化液消火器の容器内面には、充てんされた消火薬剤量を示す液面
表示が設けられている。

🔥 21　化学泡消火器には、転倒式、破がい転倒式、開がい転倒式の3種類がある。

🔥 22　化学泡消火器の使用温度範囲は、0〜40℃である。

🔥 **23** 消火器とその適応火災についての組み合わせで、誤っているものはどれか。

	消火器	適応火災
①	二酸化炭素消火器	B、C火災
②	ABC消火器	A、B、C火災
③	機械泡消火器	A、B火災
④	強化液消火器（棒状）	A、C火災

🔥 **24** 機械泡消火器は、B火災にのみ適応する。

🔥 **25** 機械泡消火器に充てんする消火薬剤は、化学泡消火器と同じものである。

🔥 **26** 機械泡消火器を霧状ノズルで使用する場合C火災にも適応する。

🔥 **27** 機械泡消火器のノズルには、外部の空気を取り入れる吸入口が設けられている。

解説 Lv.2

🔥 **14** ✕ →テーマNo.36

主な消火作用は、液化炭酸ガスが大気中に放射されて気化する際の窒息作用だ。

🔥 **15** ✕ →テーマNo.36

凍傷防止のためにホーン握りが設けられているぞ。

🔥 **16** ✕ →テーマNo.36

そもそも、二酸化炭素消火器には指示圧力計がないぞ。なお、薬剤量の測定には秤を用いて質量を測定するんだ。

🔥 **17** ◯ →テーマNo.36

🔥 **18** ◯ →テーマNo.34,35,37

🔥 **19** ◯ →テーマNo.34

🔥 **20** ✕ →テーマNo.34＆35

液面表示を設けるのは、化学泡消火器のみだ！　覚えておこう！！

🔥 **21** ◯ →テーマNo.35

🔥 **22** ✕ →テーマNo.35

化学泡消火器の使用温度範囲は、5〜40℃だ。

🔥 **23** ④ →テーマNo.31,34〜37

強化液消火器（霧状）の場合は全火災に適応するが、棒状放射の場合はA

第**6**章 消火器の構造と種類を学ぼう！

火災のみ適応するぞ。

🔥 **24** ✕ →テーマNo.35

機械泡消火器は、B火災だけでなく、A火災にも適応する。

🔥 **25** ✕ →テーマNo.35

機械泡消火器に充てんする消火薬剤は、<u>化学泡消火器とは異なる</u>ものである。

🔥 **26** ✕ →テーマNo.35

強化液消火器の場合は記載の通りだが、泡系消火器はC火災に不適だ。

🔥 **27** ○ →テーマNo.35

ノズルには、外部の空気を取り入れる吸入口が設けられている。

問題 Lv.3

加圧式粉末消火器に関する次の文章の正誤を答えよ。

🔥 **28** 加圧用ガスに用いられるのは、小容量のものは窒素ガスで、大容量のものは二酸化炭素である。

🔥 **29** 消火粉末がサイホン管内に侵入することを防ぐために設置するのは、逆流防止装置である。

🔥 **30** ガス導入管内に消火粉末が侵入することを防ぐために設置するのは、粉上り防止用封板である。

🔥 **31** ノズル栓は、薬剤が漏れ出ないようにするために設置する。

解説 Lv.3

🔥 **28** ✕ →テーマNo.37

加圧用ガスに用いられるのは、小容量のものは二酸化炭素で、大容量のものは窒素ガスだ。

🔥 **29** ✕ →テーマNo.37

消火粉末がサイホン管内に浸入することを防ぐために設置するのは、<u>粉上り防止用封板</u>だ。

🔥 **30** ✕ →テーマNo.37

ガス導入管内に消火粉末が浸入することを防ぐために設置するのは、<u>逆流防止装置</u>だ。

🔥 **31** ✕ →テーマNo.37

ノズル栓を設置するのは、<u>外部からの湿気浸入を防ぐため</u>だ！

第 **7** 章

消火器ごとの
点検（整備）法を学ぼう!

本章では、各消火器の点検法について学ぶぞ。正しい手順で分解・点検後元に戻すわけだが、ココでの学習は鑑別での出題もあるから、しっかりと取り組もう！ 前章の学習と被る部分もあるから、復習＋αの分野だ！ 気合い入れろよ！

消火器の機器点検を学べ!

このテーマでは、消火器点検を行う上での基本要領を見ていくぞ。「当たり前のこと」＋「これまでの学習の復習的な分野」だ！ 実際の点検項目をあらかじめ読んでおくようなものだから、安心してくれ。

Step1 図解 目に焼き付けろ!

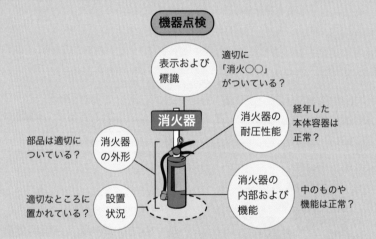

機器点検

表示および標識 ── 適切に「消火○○」がついている？

消火器

消火器の耐圧性能 ── 経年した本体容器は正常？

部品は適切についている？ ── 消火器の外形

消火器の内部および機能 ── 中のものや機能は正常？

適切なところに置かれている？ ── 設置状況

消防設備士の仕事は、世の中に必要とされる崇高な仕事だが、その内容は華やかさとは程遠いかもしれない。当たり前のことを当たり前に整備しておかねばならないからだ。それだから、本テーマの内容は、新たな知識を学ぶというより、「こうしないといけないよなー」というイメージで読むといいぞ。仕上げに赤字箇所を覚えれば完璧だ。

Step2 解説 爆裂に読み込め！

→ 最低限の注意?!一般的留意事項

消火器の機器点検に着手する前に、次の6つの留意事項が規定されているぞ。心構えと、大事故を起こさないための最低限の注意だと思ってくれ。

> 【一般的留意事項】
> ・消火性能に支障がなくても、ごみ等の汚れは、はたきや雑巾で掃除する。
> ・合成樹脂製の容器または部品の清掃に、シンナーやベンジン等の有機溶剤を使用しない。
> ・キャップまたはプラグ等を開けるときは容器内の残圧に注意し、残圧を排出する等の手段を講じた後に開ける。
> ・キャップの開閉には、所定のキャップスパナを用いる。ハンマーで叩いたり、タガネを当てたりしない。
> ・ハロゲン化物および粉末消火薬剤は水分禁物なので、消火器本体の容器内面および部品の清掃時には十分注意する。
> ・高圧ガス保安法の適用となる二酸化炭素消火器、ハロゲン化物消火器および加圧用ガス容器への充てんは、専門業者に依頼する。

→ 5つの「機器点検」

消火器の点検は、機器点検と総合点検に分けられる。総合点検は、実際に設備を使ってみて（稼働）、問題ないかをチェックするもの。もう1つの機器点検は、さらに①「設置状況」、②「表示および標識」、③「消火器の外形」、④「消火器の内部および機能」、⑤「消火器の耐圧性能」の5つに分けられるんだ。

このうち、「設置状況」「表示および標識」「消火器の外形」は、設置したすべての消火器を対象として、6か月に1回以上行う必要があるぞ。

> 3つとも、目視による点検だ！　さあ、詳しく解説していくぞ！

第7章　消火器ごとの点検（整備）法を学ぼう！

◆① 「設置状況」は適切か？

消火器が置かれている場所や環境が適切か、次の項目で確認するぞ！

【設置場所】
・通行または避難の際に、支障がないこと。
・使用に際して、容易に持ち出しが可能であること。
・床面からの高さが<u>1.5m以下</u>の箇所に設けられていること。
・消火器に表示された使用温度範囲内である箇所に設置されていること。なお、使用温度範囲外の箇所に設置されているものは、保温等の適当な措置が講じられていること。
・本体容器またはその他の部品の腐食が著しく促進されるような場所（メッキ工場、化学工場、温泉地など）、著しく湿気の多い箇所（厨房等）、たえず潮風または風雪にさらされている箇所等に設置するものには、適当な防護措置を講じること。

【設置間隔】
・防火対象物または設置を要する場所の各部分から、1つの消火器に至るまでの歩行距離が20m以下、大型消火器は30m以下となるように配置されていること。

【適応性】
・防火対象物の区分に適応した消火器具が設置されていること。

【耐震措置】
・消火器の転倒防止のために、適当な措置が講じられていること（転倒により消火薬剤が<u>漏出</u>したり<u>反応</u>する恐れのある消火器に限る）。

◆② 「表示および標識」は適切か？

適切な表示や標識となっているかを、次の項目で確認するぞ。

【表示および標識】
・表示については、所定の銘板（シール）が貼付されていること。
・標識については、消火器具設置場所の見やすい位置に消火器具の種類に従い、「消火器」「消火バケツ」「消火砂」「消火水槽」「消火ひる石」と表示した標識を設けること。
・型式失効に伴う特例期間を過ぎたものでないこと。銘板のないものまたは型式失効の特例期間を過ぎたものは廃棄する。

◆③ 「消火器の外形」は正常か？

各部品が所定の位置にあるかを、次の項目で確認するぞ。

【本体容器】
・消火薬剤の漏れ・変形・損傷または著しい腐食等がないこと。
・腐食のあるものは後述する耐圧性能に関する点検を行うこと。
・溶接部が損傷しているものまたは著しい変形のあるもので機能上支障の恐れがあるもの、著しく腐食しているものおよび錆がはく離するようなものは廃棄すること。

【安全栓と使用済みの表示装置】
・安全栓の封（右図）に損傷または脱落がないこと。また、確実に取り付けがなされていること。封が脱落したものは、安全栓が取り外されている可能性がある。
・安全栓が外れていないこと。
・消火器操作に支障のある変形、損傷等がないこと。
・確実に装着されていること。
・使用済みの表示装置（右図）に、変形や損傷、脱落等がなく、作動していないこと。レバーを握る（使用する）と表示装置が脱落し、使用したことが分かるようになっている。

安全栓の封と使用済みの表示装置の一例

モリタ宮田工業

【押し金具とレバー、キャップ】
・押し金具およびレバー等の操作装置に、変形や損傷等がなく、確実にセットされていること。
・キャップについて、強度上の支障がある変形や損傷等がなく、容器に緊結されていること。また、キャップが緩んでいる場合には締め直すこと。
・粉末消火器のキャップに変形や損傷または緩み等がある場合には、湿気の浸入も考えられるので、消火薬剤の性状点検を行うこと。

【ホース】
・変形や損傷、劣化等がなく、内部につまりがないこと。
・消火器本体に緊結されていること。取り付けねじの緩みは締め直すこと。
・消火剤の漏れや固化によるつまりのあるものは、消火薬剤量を点検すること。
・開放式の加圧式粉末消火器でつまり、著しい損傷または取り付けねじの緩み等がある場合、加圧用ガス容器の封板およびガス量、消火薬剤量および性状を点検すること。

【ノズル、ホーンおよびノズル栓】
・変形や損傷、劣化等がなく、内部につまりがないこと。異物によるつまりは清掃すること。消火剤の漏れや固化によるつまりのあるものは、消火薬剤量を点検すること。
・ノズルはホースに緊結されていること。ねじの緩みは締め直すこと。
・ノズル栓が外れていないこと。外れているものは取り付け直すこと。
・ホーン握り（二酸化炭素消火器限定）が脱落していないこと。
・開放式の加圧式粉末消火器でつまり、著しい損傷または取り付けねじの緩み等がある場合、加圧用ガス容器の封板およびガス量、消火薬剤量および性状を点検すること。

【指示圧力計と圧力調整器】
・指示圧力計、圧力調整器について、変形や損傷等がないこと。
・指示圧力値が、緑色範囲内（0.7〜0.98MPa）にあること。

第**7**章 消火器ごとの点検（整備）法を学ぼう！

指針が緑色範囲の下限より下がっている場合は、消火薬剤量を点検すること（使用済みの可能性があるため）。指示圧力値が緑色範囲外のものは、指示圧力計の作動点検を行うこと。

・指示圧力計のない二酸化炭素消火器およびハロゲン化物消火器は、質量を測定して確認すること。総質量は銘板に記載されている。

指示圧力計

モリタ宮田工業

【安全弁】

・変形や損傷等がないこと。噴出し口の封が損傷や脱落しているものは、消火薬剤量を点検すること。
・容器弁に緊結されていること。ねじの緩みは締め直すこと。

【その他】

・消火器背部の保持装置に変形や損傷、著しい腐食等がなく、容易に取り外しができること。
・（車載式消火器に限る）車輪に変形や損傷等がなく、円滑に回転すること。点検のつど、注油等を行い円滑に動くようにしておくこと。また、ガス導入管に変形や損傷等がないこと。結合部が緊結されていること。緩んでいる場合には、締め直すこと。

保持装置の一例

モリタ宮田工業

◆④「消火器の内部および機能」は正常か？

高圧ガス保安法の適用対象となる消火器を除くすべての消火器は、製造年から一定期間が経過した場合は、ここに記載する「消火器の内部および機能」の点検を実施する必要があるぞ。

> つまり、二酸化炭素消火器とハロゲン化物消火器は除外ですね！

【本体容器および内筒等】

・本体容器の内面に、腐食や防錆材料等の脱落がないこと。著しい腐食や防錆材料の脱落等がある場合には、廃棄すること。
・内筒および内筒封板に変形や損傷、腐食や漏れ等がないこと。
・液面表示が明確に目視できること。

【消火薬剤】

・強化液消火器と泡消火器の薬剤は、個々にポリバケツ等に移して、粉末消火薬剤は、ポリ袋等に移して確認する。確認事項は、変色、腐敗、沈殿物や汚れの有無、固化していないことである。
・消火薬剤量は、量を質量（重さ）で表示しているものは、秤量により確認する。

液面表示で表示しているものは、消火薬剤を移す前に液面表示の位置を確認する。

【加圧用ガス容器】
・液化炭酸ガスまたは窒素ガス、混合ガス封板式のものにあっては、<u>秤</u>で<u>総質量</u>を確認する。容器弁付の窒素ガス容器については、<u>内圧</u>を測定して確認する。この他、変形や損傷、著しい腐食もしくは封板に損傷がないか確認する。

【カッターおよび押し金具】
・加圧用ガス容器が取り外されていることを確認した後、レバーやハンドル等の操作により作動状況（円滑かつ確実に作動するか）、変形や損傷等がないかを確認する。

【ホースとノズル（開閉式および切替式）】
・ホースおよびホース接続部につまりがないこと。つまりのあるものは、清掃すること。
・ノズルの開閉または切替操作が円滑かつ確実に作動すること。

【指示圧力計】
・容器内圧を排出する際の指針の作動を目視により円滑に作動するか確認する。

【使用済みの表示装置】
・作動軸を手で操作して、円滑に作動するか確認する。

【圧力調整器】
・以下の操作手順で確認する。
①消火器本体容器との連結バルブを閉める。
②加圧用ガス容器のバルブを開き、圧力計の値と指針の作動を確認する。
③加圧用ガス容器のバルブを閉め、高圧側の数値を確認する。
④圧力調整器の逃し弁またはガス導入管の結合部を緩めてガスを放出し、元の状態に復旧する。指針の作動が円滑で調整圧力値が緑色範囲内か確認する。

【安全弁および減圧孔（排圧栓）】
・変形や損傷、つまり等がないことを確認する。つまりがある場合は、清掃する。
・排圧栓が確実に作動することを確認する。

【粉上り防止用封板とパッキン】
・粉上り防止用封板について、変形や損傷等がないこと。また、サイホン管に確実に取り付けられているか確認する。
・パッキンは、変形や損傷、劣化等がないかを確認する。

【サイホン管およびガス導入管】
・変形や損傷、つまり等がないことを確認し、つまりがある場合は清掃する。
・取り付け部の緩みを確認する。取り付け部がねじで緩みのあるものは、締め直す。

【ろ過網（化学泡消火器に特有）】
・損傷や腐食、つまり等がないこと。つまりがある場合は清掃をすること。

◆⑤「消火器の耐圧性能」は正常か？

機器点検は、これで最後！　ここで覚えておきたいことは、「耐圧性能試験は、<u>蓄圧式の消火器</u>を対象とした点検」ということだ！

【耐圧性能】
・製造年から10年経過したもの、または消火器外形の点検において本体容器に腐食等が認められたものについては、耐圧性能試験の実施を要する。ただし、本点検を実施してから3年を経過していないものは除かれるので、この耐圧性能試験は、
(1) 製造年から10年経過した時点で実施
(2) (1) 以後は、3年以内ごとに実施となる
・本体容器およびキャップについて、一定の水圧をかけた場合において変形や損傷または漏水等が発生していないか確認する。

Step3 暗記 **何度も読み返せ！**

☐ 機器点検のうち、設置状況と［表示および標識］、消火器の外形は［6か月に1回］実施しなければならない。

☐ 消火器の設置高さは、床面から［1.5m以下］であること。

☐ 消火器の設置間隔は、歩行距離で大型消火器以外は［20m以下］、大型消火器は［30m以下］とすること。

☐ 蓄圧式消火器に特有の機器点検として、［耐圧性能試験］がある。これは、［製造年から10年経過した消火器］を対象に、本体容器および［キャップ］について、一定の水圧をかけて異常が生じないかを確認するものである。

重要度：🔥🔥🔥

No.
39
/50

消火器の内部および機能の点検を学べ!

このテーマでは、前のテーマで概要を見た「消火器の内部および機能」の点検について見ていくぞ。試験の頻出分野で、消火器ごとの実施期間とその数（全数or抜取り数）の違いなどが重要だ。ある程度共通しているので、関連付けて覚えよう!

Step1 図解 目に焼き付けろ!

【内部点検】

	化学泡	加圧式 （粉末除く）	蓄圧式 （＋粉末）
点検対象	設置から1年	製造年から3年	製造年から5年
放射能力	全数の10%以上		抜取り数の50%以上
放射能力 を除く項目	全　数		抜取り数

放射能力を除くものが『全数』の場合はその10%について放射能力を、同様に『抜取り数』の場合はその50%について放射能力を点検するんだ。なお、粉末消火器の例外的な扱いは要注意だぞ。

Step2 解説 爆裂に読み込め！

➡ 対象となる消火器とその数、期間が重要！

「消火器の内部および機能」点検の対象は、高圧ガス保安法が適用されない消火器（二酸化炭素消火器とハロゲン化物消火器以外）だったな。ここで重要なのは、①「対象となる消火器」、②「点検項目と数」の2点だ。順に見ていくぞ。

◆①対象となる消火器

対象か否かは、「設置もしくは製造年からの年数」が判断基準だ。

表39：点検対象となる消火器

化学泡消火器	設置から1年経過したもの
加圧式消火器	製造年から3年経過したもの
蓄圧式消火器	製造年から5年経過したもの
外形確認で欠陥・異常があるもの	すべて

外筒のA剤に含まれる気泡安定剤が水溶液になると、劣化しやすくなるので、設置後1年経過したら、薬剤を新品に交換することになっているぞ。また、加圧式は、過去に経年した加圧用ガス容器の破裂による事故が発生したことから、蓄圧式よりも短い期間が設定されている、と理解しておこう！

◆②点検項目とその数

点検すべき項目は何か、またどのくらいの数を点検するかについて解説しよう。まず、点検すべき項目は「放射能力を除く項目」と「放射能力」に分けられる。それぞれについて点検すべき数は、放射能力を除く項目が全数のものは、それに対して10%の消火器の放射能力を点検するんだ。一方、放射能力を除く項目が抜取り数のものは、それに対して50%の消火器の放射能力を点検するんだ。

なお、ここが試験で引っかかりやすいから注意してほしいところだ。対象と

人生は、一生挑戦の繰り返しだ！

なる消火器だが、「全数」が対象となるのは反応式（化学泡消火器）と粉末消火器を除いた加圧式だ！　つまり、粉末消火器は放射圧力源に関係なく「抜取り数」となるんだ。このほか蓄圧式も「抜取り数」になるぞ。

➡ 抜取り方式

　抜取り方式（蓄圧式消火器と粉末消火器）では、点検する消火器の①確認試料の作り方と②抜取り方法は、法律で次の通り定められているんだ。

①同じものは同じものでグループ分けせよ！
　確認試料は、消火器を器種、種別（大型or小型）、加圧方式（加圧or蓄圧）ごとに分類して同一のものを1組（ロット）とするぞ。ただし、製造年から8年を超える加圧式粉末消火器と、製造年から10年を超える蓄圧式消火器については、安全面の入念な確認を要するので別ロットとするんだ。

> 【例】　粉末消火器・小型・加圧式　：20本
> 　　　　強化液消火器・小型・蓄圧式：23本

②5年で全部を点検できるように、均一に抜き取れ！
　抜取り方式といっても、自分の好みで適当に選ぶわけじゃないぞ！　消火器は、5年でロットの全数が点検できるように製造年の古いものから順に抜き取っていくんだ。抜取りについては、次のパターンで分けるぞ。

> ・製造年から3年を超え8年以下の加圧式の粉末消火器
> ・製造年から5年を超え10年以下の蓄圧式消火器

◆実際に抜取り試料数を計算してみよう！
　①の例で示した確認試料（粉末消火器は4年経過、強化液消火器は6年経過とする）を元に考えてみるぞ。

【粉末消火器（20本）の場合】
　6か月点検のときに2本ずつ抜き取って点検を実施すると5年（年4本×5年）でロット内の全消火器の点検（確認）ができる。

【強化液消火器（23本）の場合】

　6か月点検のときに2本ずつ抜き取って点検すると、5年後に3本の消火器が点検未実施になってしまい、NGだ。この場合、例えば、1・3・5年目の点検のときに抜取り本数3本とする回を3回設ければ、5年の期間内に均等に点検（確認）ができる。

> 5年で一巡するように消火器を按分し、点検するんですね！

なお、この方法で試料を作成・点検した結果は、下記の方法で判定を行うぞ。

○欠陥がなかった場合は、該当ロットは「良」とする。
○欠陥があった場合は、次の通り対応する。
　・消火薬剤の固化または容器内面塗膜のはく離等の欠陥の場合、欠陥試料と同一メーカー・同一質量・同一製造年のもの全数について、欠陥項目の確認（点検）を実施する。
　・上記以外の欠陥の場合、当該試料について整備（改善）するよう指示

➡ 共通する消火器整備の要点はこれを押さえろ！

　ここでは、蓄圧式、加圧式問わず、消火器の整備をする上で共通する事項を見ていこう。基本といえば基本だが、赤文字箇所に気をつけよう！

【蓄圧式、加圧式に共通の整備事項】
・消火器本体に軽微な錆が発生している場合、錆を落として塗装しておく（放置すると錆が進行し、容器内部の消火薬剤に影響するため）。
・整備する消火器は、内部の圧力をあらかじめ排出しておく。蓄圧式は指示圧力計の数値で判断できるが、使用済みの加圧式消火器は残圧の有無が分からないため、排圧栓を緩めて排出する。
・消火器キャップを取り外したら内部のパッキンを点検し、変形や損傷、劣化等ある場合には新品に交換する。
・レバーの操作が円滑に行えるか確認する。確認は、①安全栓を引き抜き、レバーを作動（握る）、②安全栓をセットし、レバーを固定する、という動作で行う。このとき、蓄圧式は内圧を完全に排出した状態、加圧式は加圧用ガス容器を取り外した状態で行う。
・消火薬剤を放射するノズルは、ホースと一体になって供給されているものがほとんどである。この場合、ホースとセットで交換する（ノズルのみの取替えはNG）

・充てんされている消火薬剤の量（kgまたはL）と名称は、消火器銘板の記載を確認する。
・消火薬剤の点検は、「性状」と「消火薬剤量」の2点に注目して点検する。「性状」では、「変色、腐敗、沈殿物、汚れ等」があるもの、または「固化」しているものは、全量の詰め替えを行う。「消火薬剤量」は多くても少なくてもダメなので、規定量になるよう補充または削減、全量の詰め替え等をする。

 軽微な錆は落として塗装だが、あばた状（ニキビ痕のような）の錆の場合は廃棄処理になるぞ！　過去の試験で出題された文言なので要チェックだ！

→ 耐圧性能試験は蓄圧式のみ!

　ここでは、蓄圧式消火器に特有の内容として、耐圧性能試験について見ていくぞ。図中の部品と用途を完璧に覚えるんだ！

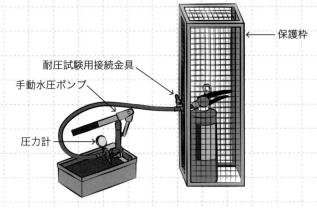

保護枠

耐圧試験用接続金具

手動水圧ポンプ

圧力計

図39：耐圧性能試験の様子

　製造年から10年経過した蓄圧式消火器は、次の手順に従い耐圧性能試験を実施しなければならないぞ。普段、容器内部は消火薬剤を放射する圧力がかかり続けている。そのため、容器に一定の圧力を加えてみることで、劣化がないか（破損や漏水が起きないか）を確認するんだ。

【耐圧性能試験実施の手順】
①消火器本体容器を満水にし、レバーを握った状態でキャップを締める（使用している状態と一緒にする）。
②ホース接続部に耐圧試験用接続金具を接続する。
③保護枠等を被せ、耐圧試験器（手動水圧ポンプ）を接続・作動させる。
④消火器所定の水圧値（消火器に記載されている耐圧試験圧力値）まで徐々に昇圧し、接続部および金具の締め付け部分からの漏水がないことを確認する。

　耐圧試験については鑑別等での出題が多く、部品名称のほかに何をしているかを問う記述問題も出題されているんだ。なお、耐圧試験器で加圧する圧力値は、消火器本体の耐圧試験圧力値（TP）の欄に記載された数値以上にはしないことだ！

Step3 暗記 → 何度も読み返せ！

□ 消火器における内部と機能の点検対象は、化学泡消火器は［設置から1年］経過したもの、蓄圧式消火器は、［製造年から5年］経過したもの、加圧式消火器は［製造年から3年］経過したものである。

□ 消火器の内部および機能の点検は、［粉末消火器］を除いた加圧式と化学泡消火器は、放射能力を除く項目について［全数］行い、放射能力は［全数］の［10%］が対象となる。一方、蓄圧式消火器とすべての［粉末消火器］は、放射能力を除く項目は［抜取り数］行い、放射能力はその［50%］が対象となる。

第 **7** 章　消火器ごとの点検（整備）法を学ぼう！

蓄圧式消火器に特有の整備法を学べ！

このテーマでは、前テーマで学習した耐圧性能試験以外に行わなければならない蓄圧式消火器に特有の整備について学習するぞ。基本は、①分解→②薬剤充てん→③ガス充てん→④気密試験だ。順に見ていくぞ！

Step1 図解　目に焼き付けろ！

蓄圧式消火器の整備

OK！

スタート

漏れがないか
水槽と
温度変化で
確認

気密
試験

分解

減圧して
中のものを出し、
清掃

適切な
圧力まで
ガスを入れる

ガス
充てん

薬剤
充てん

薬剤を入れて
キャップを閉める

ここで学習する内容は、鑑別でも出題の可能性があるぞ。工程イラストや図を元に、作業手順や内容、使用する道具の名称などを問う問題だ。自分で点検していることをイメージしながら見ていくといいぞ！

Step2 解説 爆裂に読み込め！

→ 蓄圧式消火器の整備は4段階で行うんだ！

　ここでは、蓄圧式消火器に特有の整備事項を見ていくぞ。順を追って説明するが、主に①分解、②薬剤充てん、③ガス充てん、④気密試験が基本となる整備だ。ここで行う整備は、点検整備後も消火器が確実に使えるようにするために行うものだ。イラストとともに手順を見ていこう！

◆**蓄圧式消火器の分解手順**

　分解手順は次の通り。安全に配慮して分解し、薬剤を出し、清掃するぞ。

【消火器の分解】
①消火器の総質量を計量して、消火薬剤量を確認する。
②指示圧力計（図右）の指針が、緑色範囲内（0.7～0.98MPa）にあることを確認する。
③図左のように、本体容器を逆さまにしてレバーをゆっくりと握り、容器内圧を排出する。排圧栓のある消火器は、これを緩めて残圧を排出する。（排出後は、排圧栓を忘れずに閉じること）。
④消火器本体容器をクランプ台に固定し、キャップスパナでキャップを緩める。
⑤バルブを、本体容器から抜き取る。
⑥クランプ台から本体容器を外し、中の消火薬剤を回収する。液体系消火薬剤はポリバケツ、粉末消火薬剤はポリ袋等に移す。
⑦消火器本体を清掃する。ここで、粉末消火器の場合、水分（湿気）厳禁のため、除湿した圧縮空気（エアー等）により本体容器内とサイホン管、キャップ（バルブ本体）、ホース、ノズルと通気清掃を行う。

モリタ宮田工業

第7章 消火器ごとの点検（整備）法を学ぼう！

　③にあるように、本体容器を逆さにすると、サイホン管の先端が消火薬剤よりも上に出るため、薬剤を放出せずに、充てんガス（内圧）だけを排出することができるんだ！　この逆さにして内圧を排出する理由が重要だ！

④に関連して、消火器の固定方向は、横に寝かせるタイプのほかにも、縦に直立させるタイプもあるぞ。

　⑥については、粉末の場合、少しの振動や風で薬剤が舞ってしまうので、必ずポリ袋に入れて封をすることを忘れずにな！

◆消火器への薬剤充てん

　薬剤は漏れぬように本体容器に入れ、きちんと締める。手順は次の通りだ。

【消火薬剤の充てん】
①充てんする消火薬剤は、メーカー指定のものを使用する。
②本体容器に漏斗を挿入する。
③消火薬剤の量または質量を確認しながら、ゆっくりと注入する。
④注入の際に消火薬剤がパッキン等に付着・漏えいしたときは、水系消火薬剤の場合は水で洗い流し、粉末消火薬剤の場合は刷毛等で清掃する。
⑤バルブ本体を本体容器に収納するときは、指示圧力計が正面、ホースが左側真横にくるようキープしながらキャップを手締めする。
⑥消火器本体容器をクランプ台に固定して、キャップスパナで固く締め直す。

漏斗

クランプ台

キャップスパナ

強化液消火薬剤の注入

◆蓄圧ガスの充てん

　ここまで、消火器の分解と薬剤の充てんまで見てきたが、このあと蓄圧式消火器は、放射圧力源となる蓄圧ガスの充てんをするぞ。気を付けたいのは、「消火薬剤の充てん後に、蓄圧ガスの充てんを行う」ということだ。一般的には、充てんする蓄圧ガスとして窒素ガス（N_2）が用いられているが、一部の消火器では圧縮空気を利用したものもあるぞ。ただし、粉末系消火薬剤は湿気NGのため、窒素ガスの使用が必須となっているんだ。

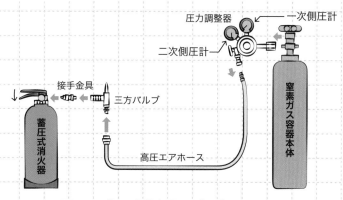

図40：蓄圧式消火器のガス充てん

【蓄圧ガスの充てん】
①窒素ガスが充てんされている窒素ガス容器本体のバルブ（容器弁）に圧力調整器を取り付ける。
②消火器と圧力調整器の出口側の間を高圧ホースで接続する。このとき、消火器と高圧ホースは接手金具（継手金具とも表記される）および三方バルブを介して接続する。
③圧力調整器の出口側バルブは閉めておき、圧力調整ハンドルは緩めておく。併せて、消火器の三方バルブも閉めておく。
④窒素ガス容器本体のバルブをゆっくりと開く。そうすると、圧力調整器の一次側圧力計（写真右の計器）が窒素ガス容器内の充てん圧力値を示します。③で出口側バルブは閉めているので、圧力調整器の二次側圧力計の値は0のままだ。
⑤圧力調整器の調整ハンドルをゆっくりと右に回すと、二次側圧力計の指針が上昇するので、消火器の充てん圧力値になるように調整ハンドルで操作する。
⑥蓄圧式消火器の充てん圧力値は、指示圧力計の緑色範囲内（0.7〜0.98MPa）だが、ガス充てんする消火器の種類に応じて若干の調整を行う。
⑦圧力調整器の出口側バルブを開く。そうすると、高圧ホースを経由して三方バルブまで、二次側圧力計の示した数値の窒素ガス圧が通じるようになるぞ。
⑧三方バルブを開いて消火器のレバーを握ると、二次側圧力計の数値の窒素ガスが、消火器内に充てんされる（このとき、ガスの充てん音が「シュー」と聞こえるぞ）。
⑨窒素ガスの充てんが完了すると、二次側圧力計の数値と消火器の指示圧力計の数値が同じ値を示したまま、充てん音が聞こえなくなる（これで完了！）。

---

③について、窒素ガスを消火器に充てんするときは、窒素ガス容器から圧力調整器の一次側から二次側で減圧した後に、エアホースで消火器に充てんする流れだ。よって、バルブ等を緩めた状態は大変危険なんだ。必ず閉まっている

第7章 消火器ごとの点検（整備）法を学ぼう！

ことを確認してから作業に当たるんだ！

【蓄圧ガス充てん後の機器取り外し】
①ガス充てん後、消火器のレバーを離してからバルブを閉じる。その後、三方バルブを閉じる。
②消火器に安全栓を取り付けてから、消火器の接手金具から三方バルブを取り外す。このとき、接手金具は消火器本体からは取り外さない。
③充てん作業完了後の消火器は、しばらく放置する。このとき、消火器付属の指示圧力計の指針が低下しないかを確認する（指針が振れる場合は、充てんガスの漏れの可能性があるぞ）。

→ 充てん後の2つの漏れチェック

　蓄圧式消火器にガスを充てんしたら終わり、ではないんだ！　充てんガスが漏れ出ていないかを確認するために気密試験を2種類行う必要があるんだ。

◆気密試験①水槽を用いる方法

　蓄圧式消火器にガスを充てん後、水を張った水槽の中に浸漬して行うのが、水槽を用いた気密試験だ。このとき、消火器本体からガス漏れを起こしていれば、漏えい箇所から小さな気泡の発生を目視で確認できるぞ。

　ガス漏れがあった場合は、パッキン等を交換した後に再度、窒素ガスを充てんし直して、再度気密試験を行うことになる。ガス漏れがなければ、雑巾等で消火器本体の水分をふき取り、次の温度変化による気密試験に進むんだ。

なお、接手金具を取り付けたままの状態で水槽による気密試験を行うぞ。これは、漏れが判明した後に再度、蓄圧ガスを充てんするためだ。外してしまってから漏れが判明すると、再度取り付ける手間が生じてしまうぞ。

226

◆気密試験②温度変化による方法

次に、温度変化によってガス漏れしないか確認だ。蓄圧式消火器に充てんしているガスは、周囲温度が上昇（消火器自体の温度も上昇）すると、充てんガスの体積も上昇する（ボイル・シャルルの法則）ので、温度変化を与えたときの気密性についても確認する必要があるんだ。

図を元に見ていこう。蓄圧式消火器に消火薬剤を充てんした状態で、使用温度範囲の上限温度に24時間放置してから、使用温度範囲の下限温度に24時間放置することを3回繰り返した後、常温（20℃）の空気中に24時間放置して、圧縮ガスおよび消火薬剤の漏れが生じないかを確認するんだ。

いざというときに火災の被害から、人命と財産を守るという消火器の役割は重要だ。だから、気密試験もきっちりするんだ。

Step3 暗記 何度も読み返せ！

- ☐ 蓄圧式消火器を分解する際は、消火器を［逆さ］にするか、［排圧栓］のあるものは緩めて内圧を排出してから作業を行う。
- ☐ キャップを緩める場合は、［クランプ台］に本体容器を固定し、［キャップスパナ］でキャップを緩める。この際、ハンマーや［タガネ］を当てないこと。
- ☐ 蓄圧式消火器を分解、薬剤および蓄圧ガスを充てんしたら、［気密試験］を行う。この試験は、水槽に浸漬するものと、温度変化によるものがある。後者は、消火薬剤充てん状態で使用温度範囲の［上限温度］に24時間放置した後、使用温度範囲の［下限温度］に24時間放置することを［3］度繰り返し、最後は常温［20℃］に24時間放置して漏れがないかを確認するものである。

重要度：🔥🔥🔥

加圧式粉末消火器に特有の整備法を学べ！

加圧式粉末消火器に特有の整備法は、試験の頻出分野だ。加圧式消火器の構造・機能、操作法を把握しておこう！　蓄圧式のときと同様に、「分解・清掃」「薬剤充てん・組立」の順に見ていくぞ。

Step1 図解 → 目に焼き付けろ！

加圧式粉末消火器の整備

OK！

スタート

順序正しく、
キャップ締めは
素早く！

部品交換と
薬剤充てん

分解・
整備

残圧を排出して、
分解。
中のものを出し、
清掃

通気
点検

詰まりがないか
空気を通して点検

分解・整備は手順が大事だ。そして、蓄圧式消火器とは異なる、粉末消火器だからこそのポイント（湿気NG、通気清掃）に注意して見ていこう。

Step2 解説 爆裂に読み込め！

→ 加圧式の整備は、蓄圧式との違いに注目だ！

　蓄圧式消火器と加圧式粉末消火器の分解および整備・点検は、多くの部分で似ているが、「違い」を意識して確認していこう。

◆加圧式消火器の分解の手順

　まずは加圧式粉末消火器の分解の手順を見ていこう。ここでは、残圧の排出における方法や湿気対策をした圧縮空気による清掃が、「違い」だぞ！

【分解の手順】
①総質量を計量して、消火薬剤量を確認する。
②クランプ台（前テーマに図あり）に本体容器を固定する。
③開閉バルブ式のものは排圧栓をマイナスドライバーで開いて、容器内の残圧を排出する。排出後、排圧栓を閉じることを忘れないでほしいぞ（安全対策だ）。なお、排圧栓がないタイプ（減圧孔タイプ）は、キャップスパナでキャップを緩めると、減圧孔から残圧が噴出することがあるため、残圧の噴出が終わってからキャップを取り外す。
④バルブ本体を消火器本体から抜き取る。
⑤消火器本体容器をクランプ台から外して、粉末消火薬剤をポリ袋等に移す。粉末が飛散することを防止するため、ポリ袋収納後は輪ゴム等で封をすること。
⑥プライヤー等を用いて、バルブ本体から加圧用ガス容器を取り外す。
⑦サイホン管先端の粉上り防止用封板、安全栓およびノズルキャップを取り外す。
⑧本体容器内部、サイホン管、キャップ（バルブ本体）、ホース、ノズルを除湿した圧縮空気で清掃する。このとき使用するのが、エアーガンだ。

プライヤー

⑨作動封板付の加圧用ガス容器は、新品に交換する。このとき、交換する加圧用ガス容器の総質量を計量してガス漏れの有無を確認してから交換することが重要だ。なお、高圧ガス保安法の適用を受ける容器弁付のものについては、専門業者にガス充てんを依頼する（自ら充てんするのはNGだ）。

エアーガン
栗田製作所

◆圧縮空気で清掃＆つまりを防げ！

　消火器分解後、消火薬剤の通過するサイホン管内の通気点検（清掃）を以下

の手順で行うぞ。これは清掃と同時に、消火薬剤の通り道につまりがないかを確認する大切な工程だ。

【通気点検】
①通気点検を行うときは、消火器のレバーを握った状態（バルブ開放）で行う。
②サイホン管の先端にエアーガンを押しつけて、圧縮空気を送り込む。すると、ノズルから空気が勢いよく噴出される。このとき、サイホン管やホース内部につまり等があれば、噴出する空気に勢いがないのが分かる。この通気点検を実施することで、同時にサイホン管内部の清掃も行うことができる。なお、通気点検は、蓄圧式粉末消火器についても同様に行う。
③通気点検を行ったら、本体容器に消火薬剤を充てんする。

レバーを握った状態で実施

◆薬剤充てん後のキャップを締めるタイミングが重要だ！

　続いて、消火薬剤の充てんとキャップ締めを見ていこう。赤字の箇所を中心に、「なぜそうするのか？」という視点（理由）も意識してほしいぞ。

【薬剤充てんとキャップ締め】
①メーカー指定の消火薬剤を事前に用意する。
②サイホン管の先端部に取り付ける粉上り防止用封板は、必ず新品に交換する。
③加圧用ガス容器を装着する前に、安全栓を必ず起動レバーにセットする（先ってことだ！）。
④加圧用ガス容器の本体容器への取り付けは、プライヤー等を用いる。
⑤本体容器内に漏斗を挿入し、消火薬剤量を確認しながら少しずつ注入する。このとき、キャップやねじ山に消火薬剤が漏出・付着した場合は、刷毛で清掃する。

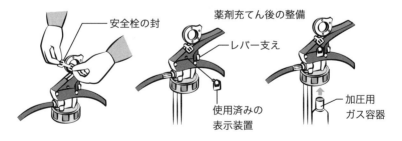

安全栓の封　　レバー支え　　薬剤充てん後の整備
使用済みの表示装置　　加圧用ガス容器

⑥消火薬剤充てん直後、容器内部で薬剤がふわふわと流動している間に素早くサイホン管を差し込み、キャップを手で締める。このとき、ホースの固定位置とバル

> ブ本体の向きを必ずそろえる（左側真横）。
> ⑦クランプ台に本体容器を固定し、キャップスパナでキャップを締める。
> ⑧安全栓に封印をして、使用済表示装置を装着する。

　③の「加圧用ガス容器と安全栓のセットの順序」の理由を問う問題は頻出だ。安全栓を先に付けることで、レバーを誤って握ってしまった場合の<u>作動封板の誤開封を防ぐ</u>ことができるぞ。

　⑥を素早く行う必要があるのは、時間が経過すると、消火薬剤が容器本体の底に沈んでキャップが締まってきて、調整ができなくなるからである。なお、向きの調整をしたい場合は、サイホン管を抜取り、口金部に封をして逆さまにして消火薬剤を再度流動させてから、向きの調整を行うこともできるぞ。

Step3 暗記 ▶ 何度も読み返せ！

☐ 加圧式粉末消火器を分解する際には、［排圧栓］を緩めて容器内部の残圧を排出する。なお、残圧排出後は、［排圧栓］を閉じること。

☐ キャップから加圧用ガス容器を取り外す際は、［プライヤー］等を用いる。

☐ サイホン管内のつまり除去と清掃のために行う［通気点検］は、消火器の［レバー］を握った状態で［エアーガン］で乾燥した圧縮空気を送り込む方法で行う。

☐ 整備後は、バルブに加圧用ガス容器を装着する前に［安全栓］を取り付ける。

☐ 薬剤充てん後は、サイホン管を［速やかに］本体容器内に差し込んで、ホースの固定位置やバルブ本体の向きを決める。

No. 42 /50 化学泡消火器に特有の整備法を学べ！

このテーマでは化学泡消火器の整備について見ていくぞ。鑑別での出題も多いテーマで、部品の名称と装着目的、2つの薬剤の性質と充てん前の攪拌（調整）などが頻出だ！

Step1 図解 目に焼き付けろ！

化学泡消火器の整備

OK！

スタート

薬剤の充てん

分解・整備

A剤（外筒）、B剤（内筒）を充てん

内筒、外筒の薬剤をとり出し、本体等を水洗い

ヤマトプロテック

すべてのものには、理由がある！　だからこそ、なぜそうするのかという「理由」を意識して学習に取り組もう！　特に化学泡消火器は、他の消火器にはない構造部品も多いので、そこを重点的に見ていくといいぞ！

Step2 解説 爆裂に読み込め！

➡ 分解後の洗浄は水で。手順が大事！

　化学泡消火器は設置後1年経過したら薬剤を新品に交換するなど、他にはない特徴的な消火器といえるんだ。整備も他にはない特徴が多く、そこから問題が出題されることも多いんだ。それでは、まずは分解の手順を見ていこう。

【分解手順】
①クランプ台に本体容器を固定する。
②消火器上部のキャップハンドル（合成樹脂製）に、木製のてこ棒を差し込んで、キャップを取り外す。
③容器内部の内筒を取り出し、内筒および外筒の消火薬剤量が液面表示と同一位置にあるかを確認する。
④内筒・外筒の消火薬剤をそれぞれ別の容器（ポリバケツなど）に移す。
⑤本体容器の内外、キャップ・ノズル・ホース、ろ過網、内筒等を水洗いする。

　粉末消火器は湿気NGだから、乾燥した圧縮空気で通気点検（清掃）を実施したが、化学泡消火器の場合は消火薬剤のつまりによって使用に影響が出る流通部（ノズル、ホース、ろ過網）を特に丁寧に水洗いする必要があるぞ。

➡ 薬剤充てんは、別容器で撹拌（調整）してから収納するんだ！

　次の手順で化学泡消火器の消火薬剤を充てんするぞ。「卵が先か、鶏が先か」じゃないが、ここでの手順は決められているんだ。

【消火薬剤の充てん　外筒A剤】
①外筒の液面表示の8割程度の水位まで、水を入れる。
②①を別容器（ポリバケツ等）に移し、これにA剤を少量ずつ加えて棒等で撹拌しながらよく溶かす。
③外筒に漏斗を挿入し、ポリバケツ内のA剤水溶液を静かに入れる。入れ終えたら、液面表示（残り2割）の水位まで水を追加する。

合格という夢は逃げない、逃げるのは自分だ。

外筒内で直接撹拌すると、撹拌する棒で容器内面を傷つけてしまうから、わざわざ別容器のポリバケツに移すんだ。

【消火薬剤の充てん　内筒B剤】
①内筒は、液面表示の半分程度の水位まで水を入れる。
②外筒と同じように、①をポリバケツに移し、そこにB剤を少量ずつ加えて棒等でかき混ぜながらよく溶かす。
③内筒に漏斗を挿入し、ポリバケツ内のB剤水溶液を静かに入れる。入れ終えたら、液面表示（残り半分）の水位まで水を追加する。
④内筒にフタをする。このとき、破がい転倒式のものについては内筒封板を取り付けて、逆さにしても漏れ出ないかを確認する。
⑤④の内筒を外筒内に挿入して、キャップパッキンの外形に異状がないか確認する。
⑥クランプ台に本体容器を固定して、木製てこ棒でキャップを締める。
⑦消火薬剤を充てんした日付を点検票に記録する。

 設置後1年経過したら新品に交換するから、記録は大事ですね！

　化学泡消火器の整備と充てんはそこまで難しくないが、鑑別等では次の内容が出題されているぞ。答えられるか、要チェックだ！

【化学泡消火器の鑑別での出題ポイント】
・消火薬剤の化学知識（炭酸水素ナトリウムと硫酸アルミニウムの反応）
・A剤とB剤を逆にしてはいけない理由は？
・ポリバケツ（別容器）ではなく、外筒および内筒内で直接撹拌してはいけない理由は？
・ろ過網（化学泡消火器のみ）の設置目的は？
　⇒ノズル等がごみなどで詰まらないようにするために設置する

Step3 暗記 → ## 何度も読み返せ！

☐ 化学泡消火器の分解は、本体容器をクランプ台に固定し、樹脂製キャップは［木製てこ棒］を［左回し］で外す。

☐ 消火薬剤を別容器に取り出し、流通部（［ろ過網］、ホース、ノズル）のほか、本体容器の内外、内筒等を［水洗い］する。

☐ 薬剤を充てんする際は、内筒および外筒ともに別容器に規定量の［水］を入れ、そこに［薬剤］を入れて撹拌する。調整後、それぞれの容器に入れた後、［液面表示］まで［水］を足し入れる。

No. 43 /50 最後が肝心!消火器の処分と点検表

消火器の点検・整備も本テーマが最後だ。ここでは、消火器の廃棄処理について学習するぞ。このテーマの内容が単体で出題されることは多くないが、これまでの学習範囲に絡めた出題が多いから、復習と思って取り組もう!

Step1 図解 目に焼き付けろ!

消火器等の廃棄処理

本体

高圧ガス保安法の適用を…

受ける
もの

受けない
もの

消火器メーカー、
高圧ガス容器の専門
業者へ処理を依頼

加圧用ガス容器を
外して、自ら排圧処理
するか、専門業者へ
処理を依頼

薬剤

強化液

希釈して下水へ

泡

A剤、B剤を別々に
希釈して下水へ

二酸化炭素
ハロゲン化物

屋外で少量ずつ
放出する

粉末

袋に入れ、
ブリキ缶におさめる

廃棄の判断では、本体は「高圧ガス保安法の適用を受けるか否か」、薬剤は「各種の化学的性質」が見るべきポイントだ!

Step2 解説 爆裂に読み込め！

⮕ 本体容器と消火薬剤は別々に廃棄処理するんだ！

　数多くの部品で構成され、放射圧力源として加圧用ガス容器や蓄圧ガスが充てんされている消火器本体は、適切に処理する必要があるぞ。

【消火器本体の廃棄処理】
・本体容器と部品類は、その材質（金属、プラスチック、ゴム類等）ごとに、分けて処理する。
・高圧ガス保安法の適用を受ける二酸化炭素消火器とハロン1301消火器の本体容器および内容積100cm³以上の加圧用ガス容器は、消火器メーカーもしくは高圧ガス容器の専門業者に処理を依頼する。
・高圧ガス保安法の適用を受けない内容積100cm³未満の加圧用ガス容器は、本体容器から分離して、処理を専門業者に依頼するか、排圧治具により自ら排圧処理する。
・蓄圧式消火器の場合、消火器本体を逆さにしてバルブを開くなどして、排圧処理を行う（整備と同じ要領で蓄圧ガスを排出する）。

　今度は消火薬剤の廃棄処理法を見ていくぞ。消火薬剤の化学的性質に配慮するとともに放流処理する場合は、自治体の下水道条例等による排水処理にかかる制限がある場合もあるから、事前に確認するものなんだ。主な留意事項は次の通りだが、廃棄物処理法やリサイクル法の適用も受けるので注意しよう。

【消火薬剤の廃棄処理】
・下水道に放流処理する場合は、多量の水で希釈してpH濃度が5〜9になるようにすること（強化液消火器の場合）。
・泡消火薬剤を放流処理する場合、発生した泡の処理が大変になるので、外筒液と内筒液は別々に処理すること（混合は厳禁。泡が大量発生して大変なことになるぞ！）。ともに酸性・塩基性を示すので、多量の水で希釈（pH濃度が5〜9）にして、水を流しながら放流処理すること。
・二酸化炭素消火器とハロゲン化物消火器の場合は、保健衛生上の危害を生ずる恐れがあるため、人のいない安全な場所（屋外の開放空間）で少量ずつ放出・揮発させること。
・粉末消火薬剤は、空気中で飛散しないように袋等に入れてからブリキ缶に入れて、フタをして処理すること。

ライバルは、永遠に自分。

化学的性質に留意して、中性付近のpH濃度になるよう放流処理するのがポイントですね！ 粉末消火薬剤は粉末消火器の整備と同じで、消火薬剤をポリ袋に入れて、さらにブリキ缶に入れてフタするのが違いってところでしょうか。

→ 消火器の点検票のチェック漏れはどこだ？

　これまで学習してきた点検・整備を行ったら、点検報告書に結果を記載するわけだが、この点検票からも出題されることがあるんだ。具体的には、「点検票で点検した項目は「○」を付けるのだが、ある消火器の点検票で「○」が抜けている。該当箇所はどこか？」といった具合だ。

　蓄圧式強化液消火器の場合を例にすると、表43の点検票には、「消火薬剤量」と「ホース」、「指示圧力計」に「○」が抜けている、という具合だ。

表43：点検票（一部）

消火器の内部等・機能	本体容器・内筒等	本体容器	○						
		内筒等							
		液面表示							
	消火薬剤	性状	○						
		消火薬剤量							
	加圧用ガス容器		○						
	カッター・押し金具								
	ホース								
	開閉式ノズル・切替式ノズル								
	指示圧力計								
	使用済みの表示装置		○						
	圧力調整器								

消火器の内部等・機能	安全弁・減圧孔（排圧栓を含む）	○				
	粉上り防止用封板					
	パッキン	○				
	サイホン管・ガス導入管	○				
	ろ過網					
	放射能力	○				
	消火器の耐圧性能					

点検票の問題は、鑑別での出題が多いが、この章で学習した消火器ごとの整備法が理解できていればちゃんと解けるぞ。恐れるなよ！

Step3 暗記 何度も読み返せ！

☐ 消火器本体を廃棄処理する場合、高圧ガス保安法の適用を受ける二酸化炭素消火器と [ハロゲン化物消火器]、内容積 [100cm³以上] の加圧用ガス容器については、消火器メーカーもしくは [高圧ガス容器] の専門業者に依頼する。

☐ 二酸化炭素消火器とハロゲン化物消火器の薬剤を処理する場合は、[安全な場所] で、少量ずつ放出・揮発させる。

☐ pHが酸性または塩基性の消火薬剤を廃棄処理する場合は、[多量の水] で希釈してpHを [5] ～ [9] にして水を流しながら放流処理する。

燃えろ！ 演習問題

本章で学んだことを復習だ！　分からない問題は、テキストに戻って確認するんだ！
分からないままで終わらせるなよ！！

問題 Lv.1

消火器の機器点検について、次の文章の正誤、または問いの答えを述べよ。

🔥**01** 機器点検は、1年に1回以上行うこと。

🔥**02** 設置状況についての点検も外観点検に含まれている。

🔥**03** 機器点検は設置されている消火器について、種別に応じて全数または抜取り数により行うこと。

🔥**04** 外観の形状や破損・腐食等について、目視により点検を行うこと。

🔥**05** 二酸化炭素消火器および加圧用ガス容器のガス充てんは、消防設備士の有資格者が行うこと。

🔥**06** キャップを開ける際は、残圧が残っている状態で開けてもかまわない。

🔥**07** 粉末消火器の本体と部品を清掃する際には、水分や湿気に気をつけること。

🔥**08** 合成樹脂製の容器や部品の清掃を行うときは、シンナー等の有機溶剤を使用すること。

🔥**09** 開閉バルブ式のガス加圧式粉末消火器の外観点検について、次のうち適切なものはどれか。

①キャップが緩んでいたので、スパナで締め直した。

②ホースにつまりがあったので、ホース一式を交換した。

③ホース取り付けねじが緩んでいたので、機能点検を行った。

④安全栓が外れていたが、使用済の表示装置は脱落していなかったので、安全栓を元の位置に戻して設置した。

🔥**10** 消火器の機器点検のうち、内部および機能の点検期間について正しいものはどれか。

①加圧式の機械泡消火器は、製造年から1年経過したもの。

②加圧式の強化液消火器は、設置後から3年経過したもの。

③加圧式の化学泡消火器は、設置後から1年経過したもの。

④加圧式の水消火器は、製造年から1年経過したもの。

解説 Lv.1

🔥 **01** ✕ →テーマNo.38

機器点検は、6か月に1回実施するんだ。

🔥 **02** 〇 →テーマNo.38

機器点検で行う5つの項目を再度確認しよう。

🔥 **03** ✕ →テーマNo.38

機器点検（目視等）はすべての消火器を対象に行うぞ。全数および抜取り数による場合は、消火器の内部および機能の点検における試料の作成法をいっているんだ。間違えないようにしよう！

🔥 **04** 〇 →テーマNo.38

🔥 **05** ✕ →テーマNo.41

これらの容器類へのガス充てんは、専門業者に充てんを依頼するぞ。

🔥 **06** ✕ →テーマNo.41

容器内の残圧は、排圧栓をマイナスドライバーで開いて排出する必要があるぞ。

🔥 **07** 〇 →テーマNo.41

🔥 **08** ✕ →テーマNo.38

シンナーやベンジン等の有機溶剤を使用してはならないぞ。

🔥 **09** ④ →テーマNo.38＆41

①キャップが緩んでいたので、スパナで締め直した。

⇒キャップが緩んでいると、湿気等水分の浸入が疑われるので、機能点検が必要だ（粉末消火器の場合）。

②ホースにつまりがあったので、ホース一式を交換した。

⇒ホースのつまりは、薬剤の漏出もしくは放出した可能性があるので、機能点検が必要だ。

③ホース取り付けねじが緩んでいたので、機能点検を行った。

⇒ねじが緩んだだけの場合は、締め直しでOKだ。ただし、開放式の場合には、外気侵入が疑われるので、機能点検が必要だぞ。

🔥 **10** ③ →テーマNo.39

化学泡消火器のみ、設置から1年経過したら実施するが、その他の消火器は製造年を基準にするんだ。さらに、蓄圧式は5年、それ以外（加圧式）は3年経過したら実施だ。

第**7**章 消火器ごとの点検（整備）法を学ぼう！

次の文章の正誤、または問いの答えを述べよ。

⌥11 蓄圧式粉末消火器の外観点検について、誤っているものはどれか。
　①指示圧力計値が緑色範囲内にあったので、未使用消火器と判断した。
　②指示圧力計値が緑色範囲の上限より高いが、時間とともに圧力値は低下するので機能点検は行わなかった。
　③指示圧力計値が緑色範囲の下限より低いので、機能点検を行った。
　④安全栓が装着されているが指示圧力計値がゼロのものは、消火薬剤の漏出もしくは圧力計の故障が考えられる。

⌥12 以下のうち、抜取り試料数により内部および機能の点検をする消火器をすべて選べ。

> 化学泡消火器、蓄圧式粉末消火器、機械泡消火器（蓄圧式）、強化液消火器（加圧式）、加圧式粉末消火器

⌥13 蓄圧式消火器に蓄圧ガスを充てんしてから気密試験を行うまでに使用する工具として、不適切なものはどれか。
　①手動水圧ポンプ　　②水槽　　③圧力調整器　　④高圧エアホース

⌥14 防火対象物に設置された消火器を点検する場合に、ロットを作成して抜取り試料を決定するが、この抜取り試料の説明として次の文中の（　）内にあてはまる数値は何か。
　『製造年から3年を超え（ア）年以下の加圧式粉末消火器および製造年から5年を超え（イ）年以下の蓄圧式消火器は（ウ）年でロット全数の確認が終了するよう概ね均等に製造年の古いものから抽出する。』

⌥15 消火薬剤の充てん上の注意事項として、適当なものはどれか。
　①化学泡消火器は、薬剤を収納する内筒内で水と薬剤を溶かすこと。
　②二酸化炭素消火器は、高圧ガス保安法に基づく許可を受けた専門業者に充てんを依頼すること。
　③蓄圧式の強化液消火器は、規定値の窒素ガスを入れてから、規定量の薬剤を充てんすること。
　④加圧式粉末消火器は、規定量の薬剤を入れ、粉上り防止用封板および加圧用ガス容器の取り付け後、安全栓を起動レバーにセットすること。

解説 Lv.2

🔥 **11** ② →テーマNo.38

この手の問題は、テキストの文字を追って暗記するよりも、問題を解く中で「普通に考えれば…」と勉強していくのが、最短経路だ！

②以外は、すべて診断通りと考えられるが、指示圧力計の値が緑色範囲内にない（上も下も）場合は、機能点検を行う必要があるぞ。

🔥 **12** 蓄圧式粉末消火器、機械泡消火器（蓄圧式）、加圧式粉末消火器　→テーマNo.39

抜取り数で点検を実施するのは、すべての粉末消火器と蓄圧式消火器（種別不問）なので、選択肢の中から選べばOKだ。

🔥 **13** ①　→テーマNo.39＆40

手動水圧ポンプは、消火器本体の耐圧性能試験で使用するぞ。

🔥 **14** ①　→テーマNo.39

空白の数値を埋めた正しい文章は、以下の通りだ。

「製造年から3年を超え（<u>8</u>）年以下の加圧式粉末消火器および製造年から5年を超え（<u>10</u>）年以下の蓄圧式消火器は（<u>5</u>）年でロット全数の確認が終了するよう概ね均等に製造年の古いものから抽出する。」

🔥 **15** ②　→テーマNo.40〜42

①化学泡消火器の薬剤充てんは、混ぜ棒で容器内面を傷つける恐れがあるので内筒内で水と薬剤を溶かさず、ポリバケツ等の別容器で撹拌するぞ。

③は記述が逆だ。規定量の薬剤を入れてから窒素ガスを規定値まで充てんすること。

④は記述が逆だ。安全栓を取り付けてから、加圧用ガス容器を取り付けるんだ。これによって、加圧用ガス容器の誤作動（誤ってレバーを握ってしまう等）による作動封板が破れることを防止することができるぞ。

問題 Lv.3

次の文章の正誤、または問いの答えを述べよ。

🔥 **16** 次の説明文は、全量放射しなかったある消火器の使用後の整備についての説明である。この説明から考えられる消火器として、正しいものはどれか。

『消火器を逆さまにして残圧を排出した後、乾燥した圧縮空気によりホースおよびノズル内の清掃を行った。』

①化学泡消火器　②粉末消火器　③強化液消火器　　④二酸化炭素消火器

第**7**章　消火器ごとの点検（整備）法を学ぼう！

🔥17 不要になった消火器は、市町村等の金属類のごみ収集の際に、20cm^{2}の紙に「危険物」と記載したものを貼付して、出す。

🔥18 化学泡消火器の廃棄法は、内筒液と外筒液が混合しないよう別々の容器に入れて、メーカーに処理を依頼する。

🔥19 廃棄する消火器を解体しないで製造業者に引き渡すときは、レバー等に作動不能の措置を講じること。

🔥20 高圧ガス保安法の適用を受けない加圧用ガス容器の処分は、本体容器から分離して排圧治具により処理するか、高圧ガス専門業者等に処理を依頼する。

🔥21 粉末消火薬剤を廃棄するときは、空中に飛散しないよう袋詰めしてから缶に収めて処理をする。

解説 Lv.3

🔥16 ② →テーマNo.40〜42

⇒本体を逆さまにするとあるので、蓄圧式消火器（二酸化炭素消火器とハロン1301を除く）であると分かり、乾燥した圧縮空気の記述から、粉末消火器であると判断できるぞ。

🔥17 ✕ →テーマNo.43

一般ごみとして廃棄することはできず、購入した業者が許可を受けた廃棄物処理業者に処理を依頼する。

🔥18 ○ →テーマNo.43

🔥19 ○ →テーマNo.43

🔥20 ○ →テーマNo.45

🔥21 ○ →テーマNo.45

第 **8** 章

消火器の
規格（ルール）を学ぼう！

本章では、消火器の規格を学ぶぞ。これまでの学習と被る部分も多いが、用語の定義や消火器の動作数、大型消火器の要件と各消火器の薬剤の性質といった内容を中心に見ていこう！　基本といえど、用語の定義がそのまま出ることもあるぞ！

重要度：🔥🔥🔥

何だかんだ大事！用語の定義を学べ！

このテーマでは、消火器の規格（ルール）について学習するぞ！ これまで学習してきた内容と相当重なるが、規格特有の定義や数値が頻出だ。いまさらだが、用語の定義も再度チェックしておこう！

Step1
図解

目に焼き付けろ！

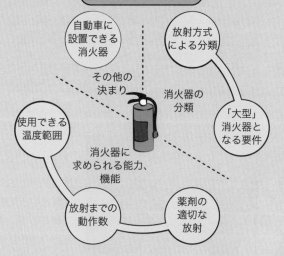

消火器まわりの規格

- 自動車に設置できる消火器
- 放射方式による分類
- その他の決まり
- 消火器の分類
- 「大型」消火器となる要件
- 使用できる温度範囲
- 消火器に求められる能力、機能
- 放射までの動作数
- 薬剤の適切な放射

ここまでに出てきた消火器に関する規格を体系的にまとめたような内容だ。図解に挙げた要点を見て、これに関する内容が説明できるようになったら本テーマの内容が理解できている証拠だ！

Step2 解説 爆裂に読み込め！

→ こういう消火器はこう分類する！

消火器にはいろいろな機能や特徴があるな。そのため、それぞれの分類方法があるが、ここでは放射方式と能力単位という切り口で体系化し直してみるぞ。

◆放射方式の種類で分ける！

そもそも消火器とは、水その他の消火剤を圧力によって放射して消火を行う器具で、人の操作するものをいうんだ。ただし、収納容器に固定した状態で使用するものと、エアゾール式簡易消火用具は除かれるんだ。

それでは改めて、放射圧力源について見ていこう。蓄圧式消火器の場合は、①消火器本体容器内に充てんされた圧縮ガス（空気または窒素など）の圧力によるものと、②消火器に充てんされた消火薬剤の圧力によるものに分類できる。

加圧式消火器の場合は、①加圧用ガス容器の作動によるものと、②化学反応によるものに分類されるんだ。

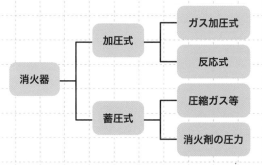

図44-1：放射方式による消火器の分類

何をできるかではなく、何をしたいかだ!!

◆大型消火器とは「能力単位と薬剤量」の要件を満たすもの！

　消火器の中でも、「大型消火器」（「小型以外の消火器」とも表記される）という分類が存在するが、これは、能力単位と薬剤量の基準で分類されるぞ。具体的には次の二つの基準を満たすものを大型消火器というんだ。

基準①能力単位がA火災に対して10以上、B火災に対して20以上のもの！

基準②充てん薬剤量が一定量以上のもの！

表44-1：大型消火器に分類される薬剤量の基準

消火器の種類	消火薬剤の量	
粉末消火器	20kg以上	
ハロゲン化物消火器	30kg以上	kgグループ
二酸化炭素消火器	50kg以上	
強化液消火器	60L以上	
機械泡消火器	20L以上	Lグループ
化学泡消火器	80L以上	
水消火器	80L以上	

　①の能力単位の数値以上で、かつ、②の薬剤量を満たすもの＝大型消火器ですね！

　各消火器が火災に対して、どのくらいの効力をもつかは、能力単位で表されて、基本的に能力単位の数値は、規格の規定により測定した数値が1以上でなければならないんだったな。
　②の要件（薬剤量）については、このゴロあわせを覚えておこう！　呪文のように唱えるんだ。なお、前半が「kg」の消火器、後半が「L」の消火器だ！

唱えろ！ ゴロあわせ

■大型消火器の要件となる消火薬剤量〜温泉がにごったのは大柄2人の仕業？！〜

ふんまつー と はっさん で にごった いろ。
粉末　　20　　　ハロゲン　30　　　二酸化炭素　50　　　　kg

きょうろく（強力）な機械 に 水が 泡化け
強化液　60　　　　　　　機械泡　20　　水　化学泡

やりんす
80 L

※「20+30=50」「60+20=80」という
関係にこじつけて覚えてしまおう！

→ 消火器というからにはこんな能力がないといけない！

　消火器が備えているべき能力も、いくつかの定めがある。ここでは、薬剤の放射について、放射までの動作数、使用温度範囲について解説するぞ。

◆充てん薬剤はしっかりと放射されてこそ意味がある！

　消火器は、正常な操作方法で放射した場合に、次の内容に適合する必要があるぞ。つまり、ちゃんと薬剤が適量放射されるかどうかが重要なんだ！

・放射の操作完了後、速やかに消火薬剤を有効に放射できること。
・放射時間は、常温（20℃）において、10秒以上であること。
・充てんされた消火薬剤の容量または質量の90%（化学泡消火器にあっては85%）以上の量を放射できること。
・消火に有効な放射距離を有していること。

　使おうとしてから薬剤放射までの操作が複雑怪奇では、火災の初期消火に有効といえないよな！　だから、「速やかに消火薬剤を…放射できること」が消火器には求められているんだ。これは次の話につながる部分だ。

◆手軽に使えてこその消火器！　動作数は1・2・3ダー！

　消火器は迅速に使えて当たり前だのクラッカー、ということは分かったな。その種類ごとに、次に掲げる動作数で容易かつ確実に放射動作を開始できる必

要があるぞ。なお、動作数算定にあたり、次の動作は動作数のカウントに含めないんだ。使うための前提となる動作は含めないってことだ。

> 【動作数に含まれない動作】
> ・消火器を保持装置から外す動作　・消火器を背負う動作
> ・安全栓を外す動作　　　　　　　・ホースを外す動作

表44-2：消火器ごとの動作数

消火器の種類	動作数
化学泡消火器を除いた手提げ式の消火器	1動作以内
背負式消火器、化学泡消火器、据置式消火器	2動作以内
車載式消火器	3動作以内

　一般的な手さげ式消火器を例に見ていこう。この場合、図のイラスト（①〜③）の手順イラストを見ると3動作となるが、動作数にカウントしないものが2つ含まれているから、「レバーを握る」だけの1動作以内というわけだ。

　だが、例外として化学泡消火器だけは薬剤混合のために「ひっくり返す」動作が必要だから、2動作まで認められているぞ。

　このほか、据置式という、床面上に据え置いた状態でノズルを持ってホースを延長して使用する消火器（下図参照）もあるぞ。この消火器は、重い消火器本体を移動させる必要がないほか、試験ではホース長（テーマ45）が鑑別に絡めた問題で出題されたことがあるぞ。

手提げ式消火器
の使用法

初田製作所

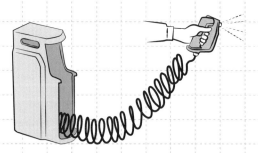

図44-2：据置式消火器の一例

このほか、背負式は、背負いひも等で背負って使用する消火器、車載式は、運搬のための車両を有する消火器のことだ。

唱えろ！ゴロあわせ

■2動作以内で放射できる消火器〜2動作で放射できるはずなのに？！〜

す　い　か　を　背負って
据置式　　化学泡　　　　　背負式

にぶる　動作
2　　　　動作

◆使う温度は、本音と建前の区別も重要だ！

消火器を安全かつ確実に使用できる温度として、規格省令上の使用温度範囲というものがある。この温度範囲において正常に操作でき、かつ、消火および放射機能を有効に発揮することができる必要があるんだ。

【規格省令上の使用温度範囲】
①化学泡消火器：5℃以上40℃以下
②それ以外の消火器：0℃以上40℃以下

> あれ、①は個別の消火器で学んだのと同じですが、②は消火器によって下限値が−20℃とかだったような…。

そのとおり！　①と②は規格省令上の温度（建前）というやつだ。この温度範囲だと、冬場は極寒の北海道では使えないことになってしまうから、実際には、各消火器メーカーは薬剤等を添加して、温度範囲を拡大している（実際⇒本音だ！）というわけだ。次の表がその市販品の使用温度範囲だ。

表44-3： 消火器の使用温度範囲（市販品の場合）

消火器の種類	使用温度範囲
化学泡消火器	5℃〜40℃
純水ベースの水消火器	0℃〜40℃
強化液消火器	−20℃〜40℃
機械泡消火器	−20℃〜40℃
二酸化炭素消火器	−30℃〜40℃
蓄圧式粉末消火器	−30℃〜40℃
加圧式粉末消火器	−20℃〜40℃

　実際の試験では、「規格省令に定められた温度範囲はいくつか？」と問われる場合は、上記①か②を答えるという按配だ。「規格省令」がポイントだ！

　化学泡消火器の場合、化学反応を円滑に進めるためにも温度範囲の下限値が規格省令上も実際も同じなんだ。

→ 消火器に関するその他の決まりや定義

　ここまで消火器に関する分類や規定を見てきたが、最後に自動車用の消火器について解説するぞ。

◆自動車に設置する消火器
　自動車（消防車や危険物を運搬する車両など）に設置する消火器については、次のものを設置するぞ。

【自動車に設置する消火器】
・ハロゲン化物消火器　・二酸化炭素消火器　・粉末消火器
・強化液消火器（霧状放射のものに限る）・化学泡消火器以外の泡消火器

自動車の燃料はガソリン（油）だから、窒息と抑制作用が有効だ。よって、強化液は霧状に放射すれば適応するんだ。

化学泡消火器が設置不可なのは、自動車の走行中の振動で薬剤が反応してしまう可能性があるからだ。納得の理由だな。

Step3 暗記 **何度も読み返せ！**

- □ 小型以外の消火器の要件は、能力単位でA火災は［10］以上［B］火災は20以上で、かつ、規定の薬剤量以上充てんされている必要がある。なお、機械泡消火器の場合は「20L」以上となる。
- □ 背負式、据置式、化学泡消火器の動作数は［2］以内である。
- □ 規格省令上の消火器の使用温度範囲は、［化学泡消火器］は5℃以上40℃以下、それ以外は［0］℃以上40℃以下である。

消火器部品の細かい規格を学べ！

このテーマでは、消火器に付属する部品類について学習するぞ！ すべての消火器に共通するもの然り、特定の消火器にしかない部品もあるから、その部分を整理して学習しよう！

Step1 図解 目に焼き付けろ！

部品まわりの規格

共通部品
安全栓

共通部品
キャップ
（減圧孔または
排圧栓つき）

共通部品
OK 封
使用済みの
表示装置

特定部品
ホース不要
となる2つ
の要件あり

特定部品
蓄圧式には原則、
指示圧力計がつく

特定部品
化学泡消火器
には、ろ過網
がつく

全消火器に共通する部品は当然として、特に化学泡消火器に特有の部品はこの後の鑑別分野でも頻出だ！「なぜそれを装着するのか？」繰り返しになるが、すべてのものには理由があるんだ！！

Step2 解説 爆裂に読み込め！

➡ 全消火器に共通の部品はコレだ！

　ごくごく当たり前の内容かもしれない、けれど基本は大切だ！　すべての消火器に共通する部品の規格を見ていこう。

◆キャップは、基本に忠実にしっかりと装着する！

　キャップとは、ノズルやホースといった消火器上部と、本体容器をつなげている部品だ（本体容器の蓋でもある）。キャップには次の規格があるぞ。

・キャップまたはプラグおよび口金には、容易に外れないようにパッキンをはめること。
・上記キャップは、本体容器の耐圧試験を行った場合において、漏れや著しい変形を生じないこと。
・キャップには、容器内圧力を完全に減圧できる有効な減圧孔または減圧溝（排圧栓）を設けること。この場合において、減圧が完了するまでの間、本体容器内の圧力に耐えられるものであること。

モリタ宮田工業
減圧孔　　排圧栓

ヤマトプロテック

図45-1：キャップに設けられた減圧孔と排圧栓

◆混同に注意！　安全栓と使用済みの表示装置

　不時の作動を防止するため、原則、消火器には真っ黄色の安全栓を設ける必要があるぞ。例外として、転倒式化学泡消火器については不要だぞ。

今、今、今、未来は今の連続なんだ！　　**255**

安全栓
初田製作所

使用済みの表示装置
モリタ宮田工業

図45-2：安全栓と使用済みの表示装置

　安全栓は、1動作で容易に引き抜くことができ、かつ、その引き抜きに支障のない封（シール等）が施されている必要があるぞ。次の枠内では、手さげ式消火器（破がい転倒式化学泡消火器除く）と据置式の安全栓の規格を見ておこう。サイズと色、引き抜き角度が重要だ！

【手提げ式消火器と据置式の安全栓の規格】
・安全栓はリング内径2cm以上のリング部、軸受、軸受部より構成され、リング部の塗色は黄色であること。
・装着時、リング部は軸部が貫通する上レバーの穴から引き抜く方向に引いた線上にあること。
・上方向（消火器水平面において垂直軸から30度以内）に引き抜くように装着されていること。
・錆や劣化しないように、耐食性・耐候性のある材質を使用すること。
・引き抜く動作以外の動作によっては容易に抜けないこと。また、衝撃を加えたり、レバーを強く握った場合においても、引き抜く動作に支障がないこと。

　共通する部品の最後は、使用済みの表示装置を見ておこう。これは、前述の安全栓と混同しやすいから、気をつけてくれ。

　目の前にある消火器が使用済みか否かを一目で判断するために設けるのが、使用済みの表示装置だ。

　レバーの根元部に刺さっている部品で、消火器を使用（レバーを握る）すると、この表示装置が脱落、これによって使用・未使用を判断するんだ。

　なお、次の消火器には、装着する必要がないんだ。理由をよく読もう。

表45-1：使用済みの表示装置が装着不要の消火器

指示圧力計のある蓄圧式消火器	使用後は充てん圧力値が低下し、これは、指示圧力計の指示値から判別できるため
バルブを有しない消火器	全量放射の消火器（開放式）で、使用後の重さが未使用品と明らかに違うため

→ 特定の消火器に必要な部品はこの3つが重要！

　前半では全消火器に共通する部品を見てきたが、後半は消火器ごとに特有の部品を見ていこう。ホース、ろ過網、指示圧力計が重要な登場人物だ！

◆ホースの規格とホース不要消火器

　原則として、消火器には消火薬剤を放射するため次の規格に適合するホースを取り付ける必要があるぞ。ホースの長さが重要だ。

> 【ホースの規格】
> ・消火器本体容器と同様の耐圧試験を行った場合において、漏れや著しい変形を生じないこと。
> ・ホースの長さは特に決められていないが、消火剤を有効に放射することができること。ただし、据置式消火器はホースの有効長10m以上（住宅用は5m以上）のものであること。
> ・使用温度範囲内で耐久性を有するもので、円滑に操作できること。
> ・ホースを延長して使用するものは、延長操作によって変形や亀裂その他の異常を生じないものであること。

　さて、原則あるところに例外ありだ！　次に掲げる消火器については、ホースの取り付けが不要だ。

ホースのない消火器の一例

初田製作所

唱えろ! **ゴロあわせ**

■ホース取り付け不要の消火器

馬のホースが　不　意に
　　　ホース　　　　粉末　1Kg

ハードル下を
　　　　以下

は　しったので　見失った
ハロゲン　4Kg　　　　　　　　未満

◆化学泡消火器に特有の部品と装着理由

　化学泡消火器には、ノズルまたはホースへと通ずる薬剤導出管の本体容器内における開口部にろ過網を設ける必要があるんだ。これを設置するのは、ゴミ等が詰まらないように、消火薬剤をろ過するためなんだ。このほか、ろ過網については、次に掲げる細かい規格があるぞ。

【ろ過網の規格】
①ろ過網の目の最大径は、ノズル最小径の4分の3以下
②ろ過網の目部分の合計面積は、ノズル開口部の最小断面積の30倍以上

　このほか、化学泡消火器の薬剤充てん容器（内筒・外筒）の内面には、充てん消火薬剤の液面を示す簡明な表示（液面表示）を設ける必要があるぞ。

◆蓄圧式消火器には原則「指示圧力計」が必要なんだ！

　高圧ガス保安法の適用を受ける二酸化炭素消火器とハロン1301消火器を除くすべての蓄圧式消火器は、規格に適合した指示圧力計を装着する必要がある。

【指示圧力計の規格】
・指標は見やすいものであること。
・指針および目盛り盤は、耐食性を有する金属であること。
・指示圧力計が示す圧力値の許容誤差は、使用圧力範囲の上下10%以内であること。
・圧力検出部（ブルドン管等）とその結合部は、耐久性を有すること。
・外部からの衝撃に対して保護されていること。
・指示圧力計本体に、圧力検出部の材質、使用圧力範囲および㊐の記号を表示すること。
・使用圧力範囲を示す部分は、緑色でその範囲を明示すること。
・指示圧力計の取付ねじは、JIS規格に適合したものを使用し、取付に際しては、取付部と確実にかみ合うこと。

図45-3：指示圧力計

Step3 暗記 → 何度も読み返せ！

□ ホース不要の消火器として、消火薬剤量が［1kg以下］の粉末消火器と、4kg［未満］の［ハロゲン化物消火器］がある。

□ ホースを設置する消火器については、その長さを［規定するものはない］。ただし、［据置式消火器］は有効長10m以上となっている。

□ 使用済みの表示装置を設ける必要がないのは、［指示圧力計］のある蓄圧式消火器と、［バルブを有しない消火器］である。

259

No. 46 /50

高圧ガスを管理!安全弁とガス容器を学べ!

本テーマでは、第6章テーマ33で学習した高圧ガスの内容を規格の面から再整理し、少し掘り下げて学習するぞ。加圧用ガス容器は、高圧ガス保安法の適用を受けるか否かで分かれる点を中心に、要点をざっくりとつかんでおこう。

Step1 図解 ▶ 目に焼き付けろ!

安全弁

ハマイ

みだりに分解・整備できない構造として、「安全弁」と表示する!

〈設置するもの〉
・化学泡消火器
・二酸化炭素消火器
・ハロン1301消火器
・内容積100cm³超の
　加圧用ガス容器

加圧用ガス容器

| 内容積 100cm³以下 | ⟷ | 内容積 100cm³超 |

規格が異なる!

二酸化炭素消火器の充てん比

充てん比は1.5以上

液化した
二酸化炭素

1kg

: 内容積
1,500cm³
(1.5L) 以上

安全弁は、封板式、溶栓式、封板溶栓式の3種類があったな。それぞれどんなときに作動するものかが思い出せないときは、テーマ33を復習せよ!

Step2 解説　爆裂に読み込め！

➡ 安全弁の規格と設置が必要なもの

　消火器本体容器には、放射のための圧力が負荷としてかかっている。その上、温度が上昇すれば、圧力値も上昇して容器破裂も起こり得るので、圧力値の管理はとても大切なんだ。そこで、本体容器内の圧力値が規定値に達したときに、安全のため自動的にバルブを開いて外部へ圧力を排出する役割を担うのが安全弁だ。安全弁は、次の規格に適合するものを設置するぞ。

【安全弁の規格】

・みだりに分解・整備できない構造で、本体容器内の圧力を有効に減圧できるものであること。
・「安全弁」と表示し、特に封板式のものにあっては、噴き出し口に封を施すこと。
・安全弁の取付ねじはJIS規格に適合し、かつ、パッキンをはめた場合において確実にかみ合うこと。

　安全弁を設けるのは、次の消火器と加圧用ガス容器だ。

【安全弁を設けるもの】

①化学泡消火器
（内部で化学反応が異常に進行した場合や、ノズルが閉塞して圧力値が異常上昇すると作動）
②高圧ガス保安法の適用を受けるシリーズ
・二酸化炭素消火器とハロン1301消火器
（内部圧力が異常上昇すると作動）
・内容積100cm³超の加圧用ガス容器
（作動封板を設けたものを除く）

→ 加圧用ガス容器の規格

　加圧用ガス容器は、高圧ガス保安法の適用を受けるか否か（100cm^3「以下」か「超」）で、適合すべき規格内容が異なるんだ。

　まず、内容積100cm^{3}以下の加圧用ガス容器は、次に掲げる規格に適合するものを設置するぞ。

【内容積100cm^{3}以下の加圧用ガス容器の規格】
①ガス充てん後40℃の湯に2時間浸す試験を行って、漏れ出ないこと。
②本体容器の内部に取り付ける加圧用ガス容器の外面は、充てんされた消火薬剤に侵されないもので、かつ、表示・塗料等が剥がれないこと。
③本体容器の外部に取り付ける加圧用ガス容器は、外部の衝撃から保護されていること。
④二酸化炭素を充てんする加圧用ガス容器の内容積は、充てんする液化炭酸ガス1gにつき1.5cm^{3}以上であること。
⑤二酸化炭素を充てんするものは、24.5MPaの圧力、窒素ガスを充てんするものは最高充てん圧力の3分の5以上の水圧力を加える試験を行って、漏れや異常膨張を生じないこと。
⑥作動封板を有するものは、上記⑤に規定する水圧力試験を行っても破壊されないこと。
⑦加圧用ガス容器を使用する（作動軸で封板を破る）ときに、周囲に危険が及ぶ恐れが少ないこと。

　次に、内容積100cm^{3}超の加圧用ガス容器は、内容積100cm^{3}以下の規格①〜④と、次の規格に適合する必要があるぞ。

【内容積100cm^{3}超の加圧用ガス容器の規格】
作動封板は、17.5MPa以上の設計容器破壊圧力の4分の3以下の圧力を加える水圧力試験において破壊されること。

　細かな圧力値、試験時間などは覚えなくていいぞ。大事なのは、高圧ガス保安法の適用を受けるか否かで、規格の基準が異なるという一点だ！

→ 二酸化炭素消火器に特有の基準「充てん比」って？

二酸化炭素消火器のように、消火薬剤を液体の状態で充てん・貯蔵する場合に用いられる指標が充てん比だ。これは、本体容器の内容積に対して、充てんする消火薬剤の質量の割合（比）を表したもので、二酸化炭素消火器は、この充てん比が1.5以上となる必要があるんだ。

たとえば、充てん質量1kgに対して、本体容器の内容積は1,500cm^3（もしくは1.5L）以上となる必要がある。

> 消火器規格上では [cm^3／kg] だが、他の法令では [L／kg] となっている。同じものとして覚えておけばOKだ。

実際の試験では計算問題が出題されることはなく、単に「二酸化炭素消火器の充てん比は1.5以上」という点だけを覚えておけば問題なしだ！

Step3 暗記 → 何度も読み返せ！

- [ ] 安全弁を取り付けるのは、[化学泡消火器] と [高圧ガス保安法] の適用を受ける消火器と、内容積100cm^{3}超の加圧用ガス容器（[作動封板] を設けたものを除く）の3種類である。
- [ ] 二酸化炭素を充てんする加圧用ガス容器の内容積は、充てんする液化炭酸ガス1gにつき [1.5cm^3] 以上であること。

第**8**章 消火器の規格（ルール）を学ぼう！

重要度：🔥🔥🔥

「重さ」で運び方が変わるだと？

このテーマでは、消火器の重さに応じた運搬方法を学習するぞ！ イメージは、軽量の場合は手さげ式、重量のあるものは車載式で、その間に据置式と背負式があるイメージだ。

目に焼き付けろ！

消火器の重さと運搬方法

28kg　　　35kg

手さげ式

据置式または背負式

車載式

手提げ式以外はすべて2区分に適用しているぞ。また、区切りの数値は7の倍数になっているな。つまり、28と35を基準に①下②中③超ということだ！

Step2 解説 爆裂に読み込め！

→ 運搬装置の基準は何のため？

火災が発生したときに、初期消火として消火器が容易かつ確実に使用できることが重要だ。だからこそ、マッチョマンしか扱えなくて、高齢者や子ども等の非力な人には扱いが困難となると、意味がないよな。

そこで、消火器は本体の質量（保持装置および背負ひもや車両質量を除いた部分）に応じて、運搬装置を次に掲げる方式にする必要があるんだ。

なお、消火器の携帯・運搬に用いる取手や背負ひも、車輪については、堅ろうで消火器の携帯・運搬および作動に適した寸法と形状であればOKだ。特に細かい規定はないんだ。重さによる運搬装置の違いをココでは覚えておこう！

表47：携帯または運搬装置の質量による適用区分

本体容器の質量	携帯または運搬装置
28kg以下	手さげ式、据置式または背負式
28kg超35kg以下	据置式、背負式または車載式
35kg超	車載式

Step3 暗記 何度も読み返せ！

- ☐ 本体容器質量が35kg超の時は［車載式］の消火器とすること。
- ☐ 本体容器の質量が［28kg以下］のとき、消火器は、手さげ式、据置式または［背負式］とすること。
- ☐ 本体容器の質量が28kg超［35kg以下］のとき、消火器は、車載式、［据置式］または［背負式］とすること。

第8章　消火器の規格（ルール）を学ぼう！

重要度： 🔥🔥🔥

誰にでも分かる 記載で示せ!

このテーマでは、消火器本体および消火薬剤の包装に記載すべき事項と適応火災の絵表示について学習するぞ。使用方法や使用温度範囲のほかにも、絵表示の内容（色・寸法）などを把握しておこう!

Step1 図解 目に焼き付けろ!

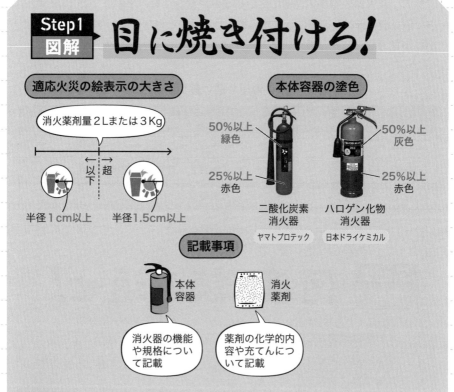

適応火災の絵表示の大きさ

消火薬剤量2Lまたは3Kg

以下 超

半径1cm以上　　半径1.5cm以上

本体容器の塗色

50%以上
緑色

50%以上
灰色

25%以上
赤色

25%以上
赤色

二酸化炭素
消火器
ヤマトプロテック

ハロゲン化物
消火器
日本ドライケミカル

記載事項

本体
容器

消火
薬剤

消火器の機能
や規格につい
て記載

薬剤の化学的内
容や充てんにつ
いて記載

 試験では毎回出題されている内容で、本体容器と薬剤包装の記載の違いなどは、暗記ではなく理由を意識しておくといいぞ!

Step2 解説 爆裂に読み込め！

➡ 適応火災の絵表示の寸法は2つしかない！

　A、B、C火災にはそれぞれ対応する絵表示があるが、これを表示すべき大きさ（寸法）が頻出だ。充てんする消火薬剤の容量または質量が2Lまたは3kg以下のものは半径1cm以上、それを超える薬剤充てん量の場合は半径1.5cm以上となるぞ。

表48：火災の区分と絵表示

区分	定義	絵表示
A（普通）火災	B、C火災以外の火災	
B（油）火災	消防法別表第1に掲げる第4類危険物並びに危政令第4条に掲げる可燃性固体・液体による火災	
C（電気）火災	電気設備による火災	

➡ 本体容器の塗色は高圧ガス保安法（50）＋消火器規格（25）！

　消火器本体容器については、その外面の25%以上を赤色、さらに、高圧ガス保安法の適用を受ける消火器については、上記のほかに表面積の50%以上を、二酸化炭素消火器は緑色、ハロゲン化物消火器は灰色に塗色しなければならないぞ。復習的内容だが、この色の違いは本当によく出題されているんだ。

➡ 本体容器の記載事項は使う場面を想像しよう！

　消火器本体容器には、見やすい箇所に次に掲げる事項を記載した簡明な表示

勢いは、不可能を可能にする。

をする必要があるんだ。

【消火器本体容器の記載事項】

①消火器の区別（泡、強化液等の区分、蓄圧・加圧の区分）
②使用方法（手さげ式と据置式は、図示も必要）
③使用温度範囲
④B、C火災で使用不可の場合はその旨
⑤A、B火災に対する能力単位の数値（C火災は能力単位の数値記載不要）
⑥放射時間および放射距離
⑦製造番号、製造年、製造者名
⑧型式番号
⑨消火器本体容器の耐圧試験圧力値（TP）
⑩充てんされた消火薬剤の容量または質量
⑪消火器本体の総質量
⑫ホースの有効長（据置式消火器のみ）
⑬取扱上の注意事項
　・加圧用ガス容器に関する事項（加圧式消火器のみ）
　・指示圧力計に関する事項（蓄圧式消火器のみ）
　・標準的な使用期間および使用期限
　・その他

◆消火薬剤の包装・容器の記載事項は「化学的なもの」だ！
　消火薬剤の容器（容器に表示できない場合は包装等）には、次に掲げる事項を記載した簡明な表示をする必要があるんだ。

【消火薬剤の包装・容器の記載事項】

①消火薬剤の品名
②充てんされるべき消火器の区別
③消火薬剤の容量または質量
④消火薬剤の充てん方法
⑤取扱上の注意事項
　・著しい毒性または腐食性を有さず、そのようなガスを発生しないこと
　・結晶検出や分離、沈殿物を発生しないこと（水溶液または液状消火薬剤）
　・塊状化、変質その他の異常を生じないこと（粉末消火薬剤）
⑥製造年月、製造者名または商標
⑦型式番号

共通するのは、型式番号や名称、製造者名等ですね。本体には、消火器の機能（使用方法や温度範囲、能力単位、放射時間、距離等）や規格（ホース長、総質量、型式等）が記載されますが、消火薬剤の包装には、薬剤の特徴を主に記載するんですね！

消火薬剤の包装に放射時間や使用温度範囲を記載するって、変じゃないか？ふと考えてみれば、実は当たり前のことが書いてあると気づくはず！

Step3 暗記 何度も読み返せ！

第**8**章 消火器の規格（ルール）を学ぼう！

- [ ] 二酸化炭素消火器の外面は、[2分の1] 以上を [緑] 色に、[4分の1] 以上を赤色に塗色する。なお、ハロゲン化物消火器にあっては、2分の1以上を [灰] 色にし、[4分の1] 以上を [赤] 色とする。
- [ ] 充てんする消火薬剤量が2Lまたは [3kg以下] のときは、絵表示の半径は [1cm以上] とし、充てん薬剤量がそれ以上のときは、半径 [1.5cm以上] とする。
- [ ] 消火器本体容器に記載すべき事項で、消火薬剤の容器または包装に記載しない事項として、主に [放射時間および放射距離]、[耐圧試験圧力値]、使用温度範囲、[使用方法]、[能力単位] の数値や据置式消火器に特有の [ホース有効長] などがある。

消火薬剤の化学的性質を学べ！

このテーマでは、消火薬剤の技術上の基準について見ていくぞ。いわゆるケミカル（化学的性質）についてのもので、各消火薬剤の基準のほかに、粉末消火薬剤の着色や泡消火薬剤の放射量等を中心に見ていこう！

Step1 図解 目に焼き付けろ！

消火薬剤の規格の特徴

強化液

・主に炭酸カリウム
・淡黄色に着色されるものも
・防炎性がある

泡

・耐火性の泡

〈化学泡〉
放出する泡の容量は薬剤量の…
　手提げ式：7倍
　背負式　：7倍
　車載式　：5.5倍

〈機械泡〉
放出する泡の容量は薬剤量の…
5倍

粉末

・水面散布で
　1時間以内に沈降しない
・りん酸アンモニウムの
　消火薬剤は淡紅色に着色
・再利用可の含水率は2%以下

消火器の種類ごとに適応火災が異なることはすでに解説したが、その根本となるのは、充てんされている消火薬剤の性質だ。消火薬剤の化学的性質を利用（理解）して、火災の種類に応じて適切な消火器をチョイスすることが、実際の現場では役に立つからな。

Step2 解説 爆裂に読み込め！

→ 消火薬剤の性質は色と酸・塩基、泡の発泡量に注目せよ！

各消火器に充てんされる消火薬剤（強化液、泡、粉末の3つ！）の性質および規格を個別に見ていくぞ。

◆①強化液消火薬剤

強化液消火薬剤は、主に用いられる物質とその着色に気をつけよう！

【強化液消火薬剤の規格】
主に炭酸カリウム（K_2CO_3）が用いられているが、強化液消火薬剤は、次の内容に適合するアルカリ金属塩類の水溶液でなければならない。
・水溶液中で塩基性を示す。
・凝固点が−20℃以下
水消火器と区別するため、淡黄色に着色されているものもある。粉末状のアルカリ金属塩類等は水に溶けやすいもので、消火器を正常状態で作動させた場合において放射される強化液は、防炎性を有している必要がある。

◆②泡消火薬剤

泡消火薬剤全般に共通する規格と個別の規格を見ていこう！

【泡消火薬剤の規格】
【機械泡、化学泡消火器共通】
・消火薬剤は防腐処理したものを使用（腐敗や変質等の恐れがないものは除く）
・放射される泡は、耐火性を持続できるものであること。
【化学泡消火薬剤】
・粉末状の消火薬剤は、乾燥状態で水に溶けやすいものであること。
・不溶解分が、1質量％以下となること（99％以上は溶けること）。
・常温で薬剤充てんした消火器を作動させた場合に放射される泡の容量が、対消火薬剤容量に対し、手さげ式および背負式消火器は7倍、車載式消火器は5.5倍で、かつ、放射終了15分経過後の泡減少量が25％を超えないこと。

第**8**章 消火器の規格（ルール）を学ぼう！

今流さない汗は、後に涙となって出てくる。

【機械泡消火器】
・常温で薬剤充てんした消火器を作動させた場合に放射される泡の容量が、対消火薬剤量に対し5倍で、かつ発泡前の水溶液容量の25％の水溶液が泡から還元するために要する時間が1分以内であること。

唱えろ！ゴロあわせ

■薬剤容量に対する放射した泡の容量　　～奈良のスターの帰還～

奈良の看板背負っ　てさー、
×7　　　　　　　　　　背負式　　　　手さげ式

午後　　　　車で
×5.5　　　　　　車載式

ご　　　帰還　　淡路島
×5　　　　機械　　　泡

 有名になって地元に凱旋。かっこいいゴロあわせっすね！

 「故郷に錦を飾る」とは、立派な仕事を成し遂げ名声を得て故郷へと帰ることをいうんだ。君たちも、着実に勉強して世のため地域のため、人のために、働く人財になろうじゃないか！

◆③粉末消火薬剤
ABC消火器の色と炭酸水素塩類の違いを押さえよう！

【粉末消火薬剤の規格】

防湿加工したナトリウムもしくはカリウムの重炭酸塩その他の塩類またはりん酸塩類、硫酸塩類その他防炎性を有する塩類で、次の内容に適合する必要がある。
・消火に有効な微細粉末（寸法180μm以下）であること。
・水面に均一に散布したときに、<u>1時間以内に沈降しないこと</u>。
ABC消火器（りん酸アンモニウムを消火薬剤とするもの）については、<u>淡紅色に着色する</u>。消火薬剤は再利用（未使用のもの）できるが、再利用消火薬剤の含水率は2%以下で、均質で、かつ固化を生じないような適切な措置が講じられていること。

Step3 暗記 何度も読み返せ！

- [ ] 泡消火器の放射泡容量は、充てん薬剤量に対して背負式と［手さげ式］の化学泡消火器は［7倍］以上、車載式化学泡消火器は［5.5倍］以上、機械泡消火器は［5倍］以上であること。

- [ ] りん酸アンモニウムを消火薬剤とする［ABC消火器］には、［淡紅色系］の着色をし、水面に均一散布した場合に［1時間］以内に沈降しないこと。

第8章 消火器の規格（ルール）を学ぼう！

燃えろ！ 演習問題

本章で学んだことを復習だ！　分からない問題は、テキストに戻って確認するんだ！
分からないままで終わらせるなよ！！

問題 Lv.1

次の文章の正誤、または問いの答えを述べよ。

🔥01　自動車用消火器として、化学泡消火器を設置した。

🔥02　自動車用消火器として、機械泡消火器を設置した。

🔥03　自動車用消火器として、棒状放射の強化液消火器を設置した。

🔥04　消火器の種類と使用温度範囲の組合せとして、次のうち規格省令に定められ
　　　ているものはどれか。

	消火器	使用温度範囲
①	粉末消火器	0℃～40℃
②	二酸化炭素消火器	5℃～40℃
③	化学泡消火器	0℃～40℃
④	強化液消火器	5℃～40℃

**消火器を正常な操作方法で放射した場合における規格省令上の放射性能について、
次の問いに答えよ。**

🔥05　放射時間は、常温において15秒以上であること。

🔥06　充てんされた消火薬剤の質量または容量の90％（化学泡消火剤においては
　　　80％）以上の量を放射できるものであること。

🔥07　消火器のキャップについて、規格省令上誤っているものはどれか。

　　　①容易に外れないよう、パッキンをはめ込む必要がある。

　　　②キャップを外すときは、本体容器内の圧力を完全に排出するための減圧孔
　　　　または排圧栓を設ける必要がある。

　　　③キャップを外して本体容器内の圧力を減圧する場合、減圧が完了するまで
　　　　の間は、本体容器内の圧力に耐えることができるものであること。

　　　④本体容器の耐圧試験を行った場合に、著しい変形を生じても漏れ出ないこ
　　　　と。

⚫08 大型消火器として必要な消火薬剤充てん量を示した組合せとして、適切なものはどれか。

	消火器	消火薬剤量
①	粉末消火器	30kg以上
②	二酸化炭素消火器	50L以上
③	ハロゲン化物消火器	20kg以上
④	強化液消火器	60L以上

解説 Lv.1

⚫01 × →テーマNo.44

自動車運転中の振動によって、化学泡消火器の内筒および外筒の薬剤が反応してしまう恐れがあるので、自動車用消火器として化学泡消火器を採用するのは不適だ。

⚫02 ○ →テーマNo.44

⚫03 × →テーマNo.44

自動車の燃料であるガソリンは油（B）火災の元だから、これに適応する消火器である必要がある。強化液を霧状放射するとB火災に適応する。なお、棒状放射は水と同じでB火災には不適だ。

⚫04 ① →テーマNo.44

規格省令上、消火器の使用温度範囲は、0℃〜40℃である。ただし、化学泡消火器は、発泡性能の関係で5℃〜40℃となっているぞ。

⚫05 × →テーマNo.44

放射時間は、常温において10秒以上であること。

⚫06 × →テーマNo.44

充てんされた消火薬剤の質量または容量の90％（化学泡消火剤においては85％）以上の量を放射できるものであること。

⚫07 ④ →テーマNo.45

耐圧試験を行った際は、漏れおよび著しい変形を生じないものであること。

⚫08 ④ →テーマNo.44

正しくは次の通りだ。ゴロあわせ「ふんまつーとはっさんでにごったいろ。

きょうろくな機械に水が泡化けやりんす」を正確に覚えることだが、前半3つは「kg」、後半4つは「L」になるので、単位にも気をつけよう！

	消火器	消火薬剤量
①	粉末消火器	~~30~~20kg以上
②	二酸化炭素消火器	50~~L~~kg以上
③	ハロゲン化物消火器	~~20~~30kg以上
④⇒正解！	強化液消火器	60L以上

問題 Lv.2

次の文章の正誤、または問いの答えを述べよ。

🔥**09** 消火薬剤量を示す液面表示を設けるのは、機械泡消火器と化学泡消火器である。

🔥**10** 消火器のホースについて、規格省令上正しいものはどれか。
　①消火薬剤量4kg未満のハロゲン化物消火器には、ホースは不要である。
　②消火薬剤量1kg未満の粉末消火器には、ホースは不要である。
　③据置式以外の消火器のホース長は、20m以上である。
　④据置式消火器のホース有効長は、5m以上である。

消火器の安全栓について、次の文章の正誤、または問いの答えを述べよ。

🔥**11** 不時の作動を防止する目的で取り付けるものである。

🔥**12** 錆や劣化しないように、耐食性・耐候性のある材質を使用すること。

🔥**13** 安全栓は上方向（水平面に消火器を置いて、垂直軸から45度以内の範囲）に引き抜くよう装着する。

🔥**14** 消火器の作動操作の途中において、自動的に外れるものとすること。

🔥**15** 安全栓は、内径1.5cm以上のリング部、軸部、軸受部で構成される。

🔥**16** 安全栓のリング部は、黄色または赤色に塗装すること。

🔥**17** 消火器の携帯・運搬装置に関する次の記述の（　）にあてはまる数値の組み合わせとして、正しいものはどれか。
　「消火器は、保持装置および背負ひもまたは車輪の質量を除いた部分の質量が（ア）kg以下のものは手さげ式、据置式、背負式に、（ア）kgを超え

（イ）kg以下のものは、据置式、背負式、車載式に、（イ）を超えるものは車載式にしなければならない。」

	ア	イ
①	25	40
②	25	35
③	28	35
④	28	40

消火器の安全弁について、次の文章の正誤を述べよ。

🔥**18** 容易に調整することができること。

🔥**19** 「安全弁」と表示すること。

🔥**20** 本体容器内の圧力を有効に減圧することができること。

🔥**21** 封板式のものは、噴き出し口に封を施すこと。

解説 Lv.2

🔥**09** ✕ →テーマNo.47

液面表示が必要なのは、**化学泡消火器のみ**である。なお、このほかにろ過網も化学泡消火器に特有の部品だ。装着目的も確認しておこう！

🔥**10** ① →テーマNo.47

①が正解。ホースの規格はゴロあわせ「馬のホースが不意にハードル下をはしったので見失った」で確実に押さえておこう。なお、他の肢の不正解箇所は次の通り。

②消火薬剤量1kg未満以下の粉末消火器には、ホースは不要である。

③据置式以外の消火器のホース長は、20m以上である。

⇒『有効に放射できる長さ』と記載があるだけで、特に規定なし。

④据置式消火器のホース有効長は、510m以上である。

🔥**11** ◯ →テーマNo.47

🔥**12** ◯ →テーマNo.47

🔥**13** ✕ →テーマNo.47

垂直軸から30度以内の範囲に引き抜くように装着すること。

🔥 14　✕ →テーマNo.47

安全栓の問題は頻出なので、規格省令にしっかり目を通そう。本問の場合、「引き抜く動作以外の動作によっては容易に抜けないこと」が正解だ。

🔥 15　✕ →テーマNo.47

安全栓のリング内径は、2.0cm以上必要だ。

🔥 16　✕ →テーマNo.47

安全栓の塗色は、黄色のみだ。

🔥 17　③ →テーマNo.49

③が正解だ。正しい数値を入れた正解の文章は、次の通り。

「消火器は、保持装置および背負ひもまたは車輪の質量を除いた部分の質量が (28) Kg以下のものは手さげ式、据置式、背負式に、(28) Kgを超え (35) Kg以下のものは、据置式、背負式、車載式に、(35) Kgを超えるものは車載式にしなければならない。」

🔥 18　✕ →テーマNo.48

「みだりに分解し、または調整することができないこと」とされている。

🔥 19　◯ →テーマNo.48

🔥 20　◯ →テーマNo.48

🔥 21　◯ →テーマNo.48

（問題 Lv.3）

次の文章の正誤、または問いの答えを述べよ。

🔥 22　指示圧力計に表示しなければならない事項として、正しいものはいくつあるか。

> ・使用温度範囲　・㉘の記号・使用圧力範囲　・消火器の種別
> ・圧力検出部の材質　・充てん消火薬剤の名称

①1つ　②2つ　③3つ　④4つ

🔥 23　次の文中のA〜Dにあてはまる数値または語句の組み合わせとして、正しいものはどれか。

「加圧用ガス容器で内容積 (A) cm³超のものは、高圧ガス保安法の適用を受けるもので、このうち、二酸化炭素が充てんされたものは、その表面積の2分の1以上を (B) 色、窒素ガスが充てんされたものは (C) 色に塗装

する。また、すべての消火器は（D）以上を赤色に塗装する。」

	A	B	C	D
①	200	ねずみ	緑	2分の1
②	100	緑	ねずみ	2分の1
③	200	ねずみ	緑	4分の1
④	100	緑	ねずみ	4分の1

🔥24 二酸化炭素消火器の充てん比は、2.5以上である。

🔥25 消火器に表示しなければならない事項として、次のうち規格省令上定められていないものはどれか。

①製造者名　　②C火災に対する能力単位の数値

③型式番号　　④使用温度範囲

強化液消火器に充てんする消火薬剤の成分または性状について、次の文章の正誤を答えよ。

🔥26 無色透明で浮遊物がないこと。

🔥27 凝固点が−20℃以下であること。

🔥28 消火器を正常な状態で作動させた場合において放射される強化液は、防炎性を有していること。

🔥29 アルカリ金属塩類の水溶液にあっては、塩基性を呈すること。

常温において、泡消火器が放射する泡の容量（対消火薬剤容量）について、次の文章の正誤を答えよ。

🔥30 車載式化学泡消火器は、5.5倍以上あること。

🔥31 背負式化学泡消火器は、7倍以上あること

🔥32 手さげ式化学泡消火器は、5倍以上であること。

🔥33 機械泡消火器は、5倍以上であること。

🔥34 充てん消火薬剤容量または質量が2Lまたは3kg以下の場合は半径1.5cm以上、超える場合は半径2cm以上の絵表示の大きさとする。

第 **8** 章

消火器の規格（ルール）を学ぼう！

🔥 **22** ③→テーマNo.47

使用圧力範囲、圧力検出部の材質、「⑲」の記号が記載事項だ。

🔥 **23** ④→テーマNo.48

④が正解。正しい数値および語句を入れた文章は、次の通り。

「加圧用ガス容器のうち、内容積（100）cm³超のものは、高圧ガス保安法の適用を受けるもので、このうち、二酸化炭素が充てんされたものは、その表面積の2分の1以上を（緑）色に、窒素ガスが充てんされたものは（ねずみ）色に塗装しなければならない。また、すべての消火器は（4分の1）以上を赤色に塗装しなければならない。」

🔥 **24** ✕→テーマNo.48

二酸化炭素消火器の充てん比は、1.5以上だ。

🔥 **25** ②→テーマNo.50

能力単位の数値が記載されるのはA火災とB火災だ。C火災に適合する消火器については、「C」の記号のみ記載されるぞ。

🔥 **26** ✕→テーマNo.51

水と区別するため淡黄色に着色されているが、「無色透明」と定められているわけではないので、誤りだ。

🔥 **27** ◯→テーマNo.51

🔥 **28** ◯→テーマNo.51

🔥 **29** ◯→テーマNo.51

🔥 **30** ◯→テーマNo.51

🔥 **31** ◯→テーマNo.51

🔥 **32** ✕→テーマNo.51

泡の放射容量（対消火薬剤容量）は、ゴロあわせ「奈良の看板背負ってさー、午後、車でご帰還淡路島」で覚えよう。

🔥 **33** ◯→テーマNo.51

🔥 **34** ✕→テーマNo.50

消火器本体に記載する絵表示は、充てんする消火剤の容量または質量が2Lまたは3kg以下のものについては、半径1.0cm以上、2Lまたは3kgを超えるものは半径1.5cm以上の大きさとするぞ。

鑑別（実技等）

第9章　鑑別（実技等）は訓練あるのみ

初志貫徹

消防設備士の勉強をして資格者になろうと心に決め、テキストを手に取った時の、
新鮮な青葉のように、若々しい最初の想い。
時の経過で、つい惰性に流れる人も居る。
でも、待ってくれ。最初に決めた目的や志は、どんなことがあっても最後まで貫こうじゃないか。
自分に自分で嘘はつくな!
自分が選んで進んだ道、苦しく辛くても、最後までやり通せ!!

第 9 章

鑑別（実技等）は
訓練あるのみ

No.50　鑑別（実技等）とは？

これまでの学習をもとに出題がなされるため、「さらに何か覚える」というよりも、「問題を解く」という実践が一番重要となるぞ。問題を繰り返し解いて、傾向と出題パターンの理解を意識しよう。筆記試験分野ほど特徴的な頻出問題はなく、全体の総復習的な意味合いの分野だ。

No. 50 /50 鑑別（実技等）とは？

最終テーマでは、鑑別で出題される内容と傾向を把握したあとで、実際の問題でトレーニングをしよう。最初にやるべきことは、消火器が外観から見分けられるようになることだ！

Step1 図解 目に焼き付けろ！

問題X

a→
b→

上の写真は、ある消火器を示したものである。次の各設問に答えよ。

設問1 この消火器の名称を答えなさい。

設問2 この消火器の規格に定められている使用温度範囲を以下から選べ。

ア．−20℃以上＋40℃以下
イ．0℃以上＋40℃以下
ウ．＋5℃以上＋40℃以下
エ．−30℃以上＋40℃以下

設問3 この消火器の消火薬剤充てん量を確認する方法を答えなさい。

設問4 矢印で示した部品aおよびbの名称を答えよ。また、部品aが装着されている理由を答えよ。

- イラストや写真をもとに問題が出題される
- 複数の設問を含んだ1セットの問題が5問出題される
- 名称を覚えておくだけで回答できる問題は多い
- 部品用途（装着目的）や消火器設置本数等の計算問題もある

部品用途を問う問題に答えられるようにするには、「なぜか？→○○だから」と、原因と結果を関連づけておくことが大切だ！

Step2 解説 爆裂に読み込め！

➡ パッと見て、判断できるようになろう！

　俺の情熱授業もついに、最後のテーマとなったな。長かったと感じるかもしれないが、ラストスパートだ。最後は鑑別（実技等）を見ていくぞ。

　まずは各消火器の外観から、種類が特定できるようにしよう。鑑別ではどのメーカーの消火器が出題されるかは不明だが、概ね外観は似ているから、各消火器に特徴的なパーツ（部品等）を中心に確認しよう！

　早速だが、メーカー別に主な消火器を見ていくぞ。詳細は、消火器ごとに記載している。本試験では、カラーの写真やイラストで出題されるから、色による識別もポイントになるぞ。

①水（浸潤剤）入り消火器

初田製作所	モリタ宮田工業	ヤマトプロテック

第9章　鑑別（実技等）は訓練あるのみ

②強化液（中性）消火器

初田製作所	モリタ宮田工業	ヤマトプロテック

【水消火器と強化液消火器の共通する特徴】
・ともに蓄圧式で、ホース先端のノズル含め、基本の外観形状は同じだ。
・本体容器に、初田製作所であれば「pure water」「WET」、モリタ宮田工業で
　あれば「MIST」と、水系消火器であることを意味する記載があるぞ！

写真やイラストに記載されている「文字」が、ヒントになること
もあるんですね！

③機械泡消火器

初田製作所	モリタ宮田工業	ヤマトプロテック

【機械泡消火器　見極めの勘所】
・外観形状は水系消火器に似ているが、ホース先端に特徴的な発泡ノズルが装着されているぞ！
・本体容器に初田製作所とモリタ宮田工業であれば「FOAM」と、泡消火器であることを意味する記載があるぞ！

④化学泡消火器

初田製作所	モリタ宮田工業	ヤマトプロテック

化学泡消火器は、外観が他とは明らかに違うよな！　なお、車載式は初田製作所のみ、破がい式はヤマトプロテックだ。

⑤二酸化炭素消火器

初田製作所	モリタ宮田工業	ヤマトプロテック

【二酸化炭素消火器　見極めの勘所】
・特徴的なノズル（ホーン）が装着されているぞ！
・高圧ガス保安法の適用を受けるから、容器全体の2分の1以上を緑色に塗色されているぞ。
・蓄圧式消火器だが、高圧ガス保安法の適用を受けるため、指示圧力計が装着されていないぞ！

⑥蓄圧式粉末消火器

初田製作所	モリタ宮田工業	ヤマトプロテック

⑦加圧式粉末消火器

初田製作所	モリタ宮田工業	ヤマトプロテック

【蓄圧式強化液消火器と蓄圧式粉末消火器　見極めの勘所】
・ともに蓄圧式でパッと見の外観は似ているぞ。ただ、ノズル形状が少し違うんだ。（⇒これが分かれば完璧だが、そこまでこだわらなくてもOKだ）
・適応火災で判断することもできる！
　⇒ABC火災に適応するのは、ABC粉末消火器と霧状放射の強化液消火器のみだ！
【加圧式粉末消火器　見極めの勘所】
・指示圧力計がなく、使用済みの表示装置が装着されているぞ。これは、二酸化炭素消火器と同じだ（比べておこう！）。

ハロゲン化物消火器は見なくていいんですか？

　大丈夫だ！　たまに出題されるときもあるが、内容は「第6章テーマ36」を見ておけば十分だ。なお、試験とは関係ないが時事ネタを触れておこう。

　オゾン層の破壊が懸念されるハロンは、2010年1月1日以降、世界的に生産が全廃され、10年経過したら耐圧試験を実施する蓄圧式消火器の基準から、2020年以降順次廃止されているんだ。

耐圧試験は手間もコストも高いからですよね！

　その通り。ただ、使用そのものを禁止されたわけではなく、必要不可欠な場所では今でも使われているぞ。

➡ パッと見で答えられる基本問題をチェックしよう！

　それでは、次の例題を解きながら講義を進めていこう。

例題 次の消火器写真を見て、次の各設問に答えなさい。
※回答にあたり、消火器を選んで挙げる際は、すべて次の消火器写真の記号（A～H）を用いて答えなさい。

第9章　鑑別（実技等）は訓練あるのみ

A	B	D	D
ヤマトプロテック	初田製作所	日本ドライケミカル	ヤマトプロテック

E	F	G	H
初田製作所	モリタ宮田工業	モリタ宮田工業	初田製作所

設問1 これらのA〜Hの消火器名称を答えなさい。

設問1 解説

　各消火器を見極めるポイントを以下見ていこう。もちろん、暗記で解ける分野だが、「なぜか?」という視点と、装着部品(ノズルや形状)から判断するポイントを見ていくといいぞ!

(1) 指示圧力計の有無で判断する

　写真を見ると、A、B、Eには指示圧力計が装着されていることが分かるはずだ。指示圧力計がある蓄圧式消火器で出題されているのは、強化液消火器、機械泡消火器、蓄圧式粉末消火器の3つだから、そのどれかだと分かるぞ。

(2) ノズルの形状から判断する

　Bの機械泡消火器(発泡ノズル)とGの二酸化炭素消火器(ホーン)は、他の消火器と違い特徴的な形をしているので、パッと見で違いが分かるな!　Cのハロゲン化物消火器についても、二酸化炭素消火器のホーンほどではないが、少し広くずんぐりとした形状をしているので分かるだろう。

CとGは、蓄圧式だけど指示圧力計がないのもポイントですね！

　厄介なのは、強化液消火器と粉末消火器（蓄圧・加圧）の見極めだ。Aの強化液消火器のノズル先端を見ると、他の消火器とは異なる形状（金属金具のようなものが装着されている）ことに気付くはずだ。また、Eの蓄圧式粉末消火器を見ると、ノズルがプラスチック製でハロゲン化物消火器のそれほどは広がってもいないしずんぐりむっくりしていない（シャープな感じ）ことに気付くはずだ。また、Fのガス加圧式粉末消火器もそうだが、粉末消火器は、ノズル先端部からの湿気浸入を防ぐための**ノズル栓**（ひも状の落下防止用の器具）がついているので、そこからも判別できると思うが、どうだろうか？

(3) 全体の形（外観）から判断する。
　Cのハロゲン化物消火器、Dの化学泡消火器、Gの二酸化炭素消火器およびHの車載式大型ガス加圧式粉末消火器などは、パッと見で分かるはずだ！

　以上の要点を総合的に勘案して、写真の消火器が何に該当するかを判断するんだ。最初は難しく感じるかもしれないが、一番いいのは、街中で消火器を目にしたらパッと見で何の消火器かを頭の中で予想し、近くに行って本体容器を見て答え合わせをする訓練をすることだ！　一層理解が深まるはず！

設問1 解答

A	B	C	D
蓄圧式強化液消火器	蓄圧式機械泡消火器	ハロン1301消火器	破がい転倒式化学泡消火器

E	F	G	H
蓄圧式粉末消火器	（手さげ式）加圧式粉末消火器	二酸化炭素消火器	（車載式）大型ガス加圧式粉末消火器

第9章　鑑別（実技等）は訓練あるのみ

設問2 以下の問いに答えよ。

(1) これらの消火器に使われる消火薬剤の種類を答えなさい。

(2) 主に酸素濃度を希釈して消火する消火器はどれか。

(3) 充てんされた消火薬剤量を容量のみで表示している消火器はどれか。

(4) 検定対象となっていない消火器はどれか。なお、水溶性液体用の泡消火薬剤は含まないものとする。

設問2 解説

(1) は、知識の問題なので説明は割愛するぞ。

(2) は、酸素濃度を希釈（燃焼に必要な酸素濃度は14〜21％）するのは窒息作用のため、この場合は**二酸化炭素消火**のみ該当するぞ。

(3) は容量「L（リットル）」のみで表記されるのは、**化学泡消火器**のみとなるぞ。強化液消火器と機械泡消火器は、容量と質量の併記、その他のものは質量（重量）表示になっているぞ。

(4) は、第4章テーマ23で学習したが、二酸化炭素消火器の消火薬剤のみ検定対象から除外されているんだ。

設問2 解答

	A	B	C	D
(1)	強化液	機械泡	ハロン1301	化学泡（A剤とB剤）
	E	**F**	**G**	**H**
	粉末ABC	粉末ABC	二酸化炭素	粉末ABC
(2)	G（二酸化炭素消火器）			
(3)	D（化学泡消火器）			
(4)	G（二酸化炭素消火器）			

設問3 以下の問いに答えなさい。

(1) A〜Hの消火器の放射開始までの動作数を答えよ。ただし、保持装置から外す動作、背負う動作、安全栓およびホースを外して火元に向ける動作を

含まないものとして答えなさい。

(2) A〜Hの消火器の消火作用について答えなさい。なお、複数の消火作用が
ある消火器については、すべて答えなさい。

設問3 解説

　消火器の動作数については、第8章テーマ44で学習した、以下のゴロあわせ「すいかを背負ってにぶる動作」が重要だ！

　手さげ式の街中によくある消火器は1動作以内、車載式の消火器は3動作以内で、それを理解しているかがポイントだ。また、(2)の消火作用については、第6章テーマ31で学習したが、消火の3要素は、①可燃物の除去作用、②酸素供給源の窒息作用、③燃焼温度以下にする冷却作用の3つだ。各々の消火器が、どの消火作用を利用しているかを理解することが迅速な消火活動に必須だから、基本知識としてもれなく理解しておこう！　なお、④抑制作用のある消火器についてもチェックしておこう！

設問3 解答

	A	B	C	D
(1)	1動作以内	1動作以内	1動作以内	2動作以内
	E	F	G	H
	1動作以内	1動作以内	1動作以内	3動作以内
	A	B	C	D
(2)	冷却・抑制	冷却・窒息	窒息・抑制	冷却・窒息
	E	F	G	H
	窒息・抑制	窒息・抑制	冷却・窒息	窒息・抑制

設問4 以下の問いに答えなさい。

(1) A火災に適応しない消火器をすべて答えよ。

(2) C火災に適応しない消火器をすべて答えよ。

(3) 消火器Aは、条件次第でC火災に適応するがその条件とは何か答えよ。

(1) 一般的にA（普通）火災に適応しないものは、次の通りだ。

・二酸化炭素消火器

・ハロゲン化物消火器（条件によっては適応することも）

・粉末消火器（ABC消火器を除く）

　一部に例外が含まれているハロゲン化物消火器を出題の題材に取り上げる可能性は低いと思われるぞ（話がややっこしくなるから）。粉末消火器については、ABC消火器を除くので、消火器の適応火災表示（イラスト等）を参考に、対象か否かを判断できるようにするんだ！

(2) C（電気）火災に適応しない消火器は、次の通りだ。

・棒状放射の水および強化液消火器

　（⇒霧状放射の水消火器と強化液消火器は適応する！）

・機械泡消火器と化学泡消火器

　よって、本問では、消火器B・Dがそれだと判明する。

(3) 消火器Aは強化液消火器だ。消火薬剤を霧状放射すれば、電気抵抗を大きくすることで感電の危険性を下げることができるため、電気火災に適応するぞ。

設問4 解答

(1)	G（二酸化酸素消火器）
(2)	B（機械泡消火器）、D（化学泡消火器）
(3)	消火薬剤を霧状放射する。

設問5 以下の問いに答えなさい。

(1) 高圧ガス保安法の適用を受けるものはどれか。

(2) これらの消火器のうち、Ⓐガス導入管を装着しているもの、Ⓑろ過網を装着している消火器はどれか。

(3) 減圧孔が装着されていない消火器を2つ答えよ。

設問5 解説

　高圧ガス保安法の適用を受ける消火器は、**2種類**しかない。それは、二酸化炭素消火器とハロゲン化物消火器だ。なお、高圧ガス保安法の適用を受ける消火器は、減圧孔がない代わりに**容器弁付の安全弁**を設ける必要がある。以上から、（1）と（3）は問う内容は異なるが、答えは同じだと分かるはずだ。

　装着部品の有無や、特定の消火器にしか装着されない部品等についても試験では出題されやすい分野だ。本問では、Ⓐガス導入管は、加圧式消火器の放射源として加圧用ガス容器から噴出された圧縮ガスを本体容器内に導くための部品だ（本問では、加圧式消火器を選べばよいとなる）。

　一方、Ⓑろ過網は、ノズル等にごみなどが詰まらないよう消火薬剤をろ過するためのもので、化学泡消火器のみ装着されているぞ。

設問5 解答

(1)	C（ハロン1301消火器）とG（二酸化炭素消火器）
(2)	ⒶF（手さげ式ガス加圧式粉末消火器） 　H（車載式ガス加圧式粉末消火器） ⒷD（化学泡消火器）
(3)	C（ハロン1301消火器）とG（二酸化炭素消火器）

設問6 D、E消火器について、以下の問いに答えなさい。

（1）各消火器の規格省令上の使用温度範囲は何℃か。

（2）機器点検における放射能力確認時の試料の作り方について、下記語群より正しいものを選び記号で答えよ。

　　〈語群〉

　　（イ）抜取り数の10％以上　　（ロ）抜取り数の50％以上

　　（ハ）全数の10％以上　　　　（ニ）全数の50％以上

（3）各消火器が大型消火器の場合、充てんされるべき消火薬剤の容量または質量はいくらか答えよ。

（1）本問の消火器写真は、D：破がい転倒式化学泡消火器、E：蓄圧式粉末消火器だ。消火器の使用温度範囲（規格省令上）は、2種類しかないぞ。

　①0℃以上〜40℃以下　②5℃以上〜40℃以下

　原則、①がすべての消火器に適応される使用温度範囲で、化学泡消火器については泡の発泡性能の関係で、②の温度となるんだ。

（2）機器点検の際の放射能力確認時の試料作成は、消火器の放射圧力源によって以下のように分類されるぞ。

	加圧式（粉末除く）／ 化学泡消火器	粉末消火器／蓄圧式
放射能力を除く項目	全数	抜取り数
放射能力	全数の10%	抜取り数の50%

　消火器Eは蓄圧式で抜取り試料数の50%以上、消火器Dは加圧式（反応式）となるので全数の10%以上について、放射能力の確認を行う必要があるぞ。（3）大型消火器の薬剤充てん量は、第8章テーマ44で学習済みだが、「L」と「kg」を間違えないように！

	D	E
設問1	5℃以上40℃以下	0℃以上40℃以下
設問2	（ハ）全数の10%以上	（ロ）抜取り数の50%以上
設問3	80L以上	20Kg以上

第

9

章

鑑別（実技等）は訓練あるのみ

本試験でも出題が多い、目的、理由等が問われる難易度の高い問題を見ていこう！　くれぐれも、暗記はNGだ！　理由を意識して学習するんだ！

問題

🔥01　右の写真は、ある消火器を示したものである。次の各設問に答えよ。

　　設問1　この消火器の名称を答えなさい。

　　設問2　この消火器の規格に定められている使用温度範囲を以下から選べ。

　　ア．－20℃以上＋40℃以下

　　イ．0℃以上＋40℃以下

　　ウ．＋5℃以上＋40℃以下

　　エ．－30℃以上＋40℃以下

　　設問3　この消火器の消火薬剤充てん量を確認する
　　　　　　方法を答えなさい。

　　設問4　矢印で示した部品aおよびbの名称を答えな
　　　　　　さい。また、部品aが装着されている理由
　　　　　　を答えなさい。

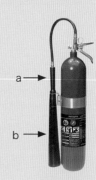

a →

b →

初田製作所

🔥02　右の写真は、ある消火器の写真である。次の設問に
　　　　答えなさい。

　　設問1　この消火器の適応火災として、正しいもの
　　　　　　はどれか。

　　（1）普通火災と油火災　　（2）普通火災と電気火災

　　（3）油火災と電気火災　　（4）油火災のみ

　　設問2　法令上この消火器を設置することができな
　　　　　　い防火対象物の用途を答えなさい。

　　設問3　この消火器に充てんされている消火薬剤の
　　　　　　状態として、正しいものはどれか。

　　（1）液体　　　（2）気体

　　（3）固体　　　（4）液体と気体が混在

初田製作所

設問4 この消火器の容器外面は25％以上をある色に塗色しなければならないが、その色は何色か答えよ。

設問5 写真の消火器について述べた下記説明の空白に入る語句を答えなさい。「この消火器の名称は（①）で、消火効果としては、消火薬剤放出の際の気化潜熱による若干の（②）効果と、消火薬剤自体の（③）効果の2種類である。」

🔥**03** 右の写真はある消火器の写真で、これをもとに以下の設問に答えなさい。

ヤマトプロテック

設問1 この消火器の名称および操作機構上の方式を答えなさい。

設問2 この消火器の使用温度範囲を答えなさい。

設問3 この消火器に使われる消火薬剤は、2種類ある。外筒および内筒に入れる消火薬剤をそれぞれ答えなさい。

設問4 吹き出しは消火器上部の断面のイラストである。矢印で示される部品aおよびbの名称とその装着目的を答えなさい。

設問5 この消火器の機器点検を行う場合に、消火薬剤をポリバケツ等に移してその性状を確認する場合、確認項目を5つ答えなさい。

🔥**04** 右の写真は、蓄圧式消火器に装着されている指示圧力計である。これをもとに以下の設問に答えなさい。

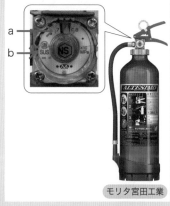

モリタ宮田工業

設問1 矢印aで示される赤色破線枠内の緑色範囲は何を表しているか。

設問2 矢印bで示す「SUS」は、ある部分の材質を示したものである。その部分と材質名を答えなさい。

設問3 設問2の材質として、「Bs」という材質が使われることがあるが、本消火器では使用できない。それはなぜか答えなさい。

05 次のA、B、Cは消火器の写真である。これをもとに以下の設問に答えなさい。

A
初田製作所

B
初田製作所

C
モリタ宮田工業

設問1 冷却作用により消火する消火器に該当するものをすべて選べ。

設問2 負触媒作用により燃焼の連鎖反応を遮断して消火する消火器に該当するものをすべて選べ。

設問3 酸素濃度の希釈によって消火する消火器に該当するものをすべて選べ。

設問4 第4類危険物を移送する移動タンク貯蔵所に消火器Cを設置する場合、必要とされる消火器1本あたりの薬剤充てん量はいくらか。また、設置すべき最低本数は何本以上か。

解説

01　→テーマNo.36＆50

設問1	二酸化炭素消火器
設問2	イ
設問3	質量（重量）の計測
設問4	部品aの名称：ホーン握り（握り手） 部品bの名称：ホーン 部品a装着理由：消火器使用時に放射される消火薬剤の気化冷却にともなう凍傷を防止するため

テーマ50の図解に登場させた問題だ。消火器を外観から判別できることを前提に、その消火器の特徴的な事柄や、各部品の名称やその役割を問う問題だ。どれもすでに学んだ知識で解けるので、分からないときは各テーマに戻って復習だ！

🔥 02　→テーマNo.36＆50

設問1	（3）油火災と電気火災
設問2	地下街、準地下街、地階、無窓階
設問3	（1）液体
設問4	赤色
設問5	①二酸化炭素消火器　②冷却　③窒息

個別消火器の特徴については、消火適応性や不適応火災または建物について、法令または化学的性質からの両方の観点から出題されるので、ともに理解しておこう。

🔥 03　→テーマNo.35＆50

設問1	名称：化学泡消火器 操作機構：破がい転倒式
設問2	＋5℃以上40℃以下
設問3	外筒（A剤）：炭酸水素ナトリウム 内筒（B剤）：硫酸アルミニウム
設問4	aの部品名称：安全弁 bの部品名称：ろ過網 aの部品の装着目的：温度上昇等で上昇した容器内の圧力を排出（減圧）するため bの部品の装着目的：ノズル等がごみなどで詰まらないようにするため
設問5	変色、腐敗、沈殿物、汚れ、固化

問題に出てきた図は、破がい転倒式の化学泡消火器だ。化学泡消火器は、ほかの消火器にはない特徴が数多くあるので、ポイントを再度整理しておくぞ。

・本体容器内にサイホン管がない

・規格省令上の使用温度範囲が＋5℃以上～＋40℃以下

・部品b（ろ過網）が装着されている

・外筒のA剤（炭酸水素ナトリウム）と内筒のB剤（硫酸アルミニウム）を
反応させる唯一の反応式消火器

🔥 04　→テーマNo.32＆50

設問1	使用圧力範囲
設問2	部分：圧力検出部（ブルドン管） 材質：ステンレス鋼
設問3	Bs（真ちゅう）は耐食性がないから

蓄圧式消火器に装着されている指示圧力計についての問題。蓄圧式消火器
に充てんすべき圧力値は、指示圧力計の緑色範囲内（0.7～0.98MPa）で
示されている。この範囲以上でも以下でもいけない。範囲から外れる場合
には機器点検を行う必要があるから、あわせて覚えておこう。なお、指示
圧力計の中で圧力検出部（ブルドン管）の材質については、ステンレス鋼
以外に3種類ほどあるが、水系消火器の場合には金属部分を腐食させてし
まうので、耐食性のあるステンレス鋼のみ使用可能となる。

🔥 05　→テーマNo.37＆50

設問1	A（二酸化炭素消火器）とB（蓄圧式機械泡消火器）
設問2	C（加圧式粉末消火器）
設問3	A（二酸化炭素消火器）
設問4	薬剤充てん量：3.5kg以上 最低本数：2本以上

消火器の外観から消火器の名称や適応火災について答える問題。消火の3
要素＋1要素（抑制）の、どれに該当するかが不明な場合には今一度テキ
ストに戻って復習しよう。

なお、第5種消火設備（小型消火器）で移動タンク貯蔵所（タンクロー
リー車）に設置すべき消火器は2本以上となるが、消火器ごとに充てんす
べき消火薬剤量が異なるので、注意だ。

ここで少し詳しく解説すると、危険物の施設によって第5種消火設備の設置基準が決まっており、移動タンク貯蔵所については、次の表の設置基準が決められているぞ（「危険物の規制に関する規則」の第35条第1項第2号）。頻出の移動タンク貯蔵所についてのみ、覚えておくんだ！

移動タンク貯蔵所に設置する自動車用消火器とその量、本数

消火器	充てん量	設置本数
強化液消火器（霧状）	8L以上	
二酸化炭素消火器	3.2Kg以上	2
粉末消火器	3.5Kg以上	

模擬問題

模擬問題

解答解説

消防関係法令（共通）（6問）

問題1 消防法令上、次の記述のうち誤っているものはどれか。

(1) 戸建て一般住宅については、消防用設備等の設置義務がない。
(2) 消防用設備等とは、消防の用に供する設備、消防用水及び消火活動上必要な施設をいう。
(3) 消防用設備等を設置することが義務付けられている防火対象物は、病院、旅館等の不特定多数人が出入りする防火対象物に限定される。
(4) 防火対象物の関係者とは、防火対象物の所有者、管理者又は占有者をいう。

問題2 既存防火対象物を消防用設備等の技術上の基準が改正された後に、増改築した場合、消防用設備等を改正後の基準に適合させなければならない場合として、次のうち、消防法令上正しいものはどれか。

(1) 延床面積が1,600m^{2}の工場を2,200m^{2}に増築した場合
(2) 延床面積が2,000m^{2}の倉庫を3,000m^{2}に増築した場合
(3) 延床面積が2,000m^{2}の事務所のうち850m^{2}を改築した場合
(4) 延床面積が3,000m^{2}のマンションのうち900m^{2}を改築した場合

問題3 型式承認及び型式適合検定について、次のうち正しいものはどれか。

(1) 検定対象機械器具等であっても、外国から輸入された消防用設備等については、型式承認のみで販売することができる。
(2) 型式承認にかかる申請がなされた場合、その承認を行うのは消防庁長官である。
(3) 検定対象機械器具等の材質や成分及び性能等は、日本消防検定協会又は登録検定機関が定める技術上の基準により定める。
(4) 日本消防検定協会又は総務大臣の登録を受けた法人は、型式適合検定に合格した検定対象機械器具等には、その旨の表示を付さなければならない。

問題4 消防設備士の責務について、消防法令上、誤っているものはどれか。

(1) 消防設備士は、業務を誠実に行い、工事整備対象設備等の質の向上に努めなければならない。
(2) 消防設備士がその業務に従事する場合は、自己の消防設備士免状を携帯しなければならない。
(3) 消防設備士は、都道府県知事（総務大臣が指定する市町村長その他の機関を含む。）が行う工事整備対象設備等の工事又は整備に関する講習を受講しなければならない。
(4) 消防用設備等が消防設備等の技術上の基準に違反して設置又は維持管理されている場合には、消防設備士が消防長又は消防署長にその旨を届け出なければならない。

問題5 消防設備士免状の書換え又は再交付の申請先について、次のうち誤っているものはどれか。

	申請の種類	申請先
(1)	再交付	居住地又は勤務地を管轄する都道府県知事
(2)	書換え	免状を交付した都道府県知事
(3)	書換え	居住地又は勤務地を管轄する都道府県知事
(4)	再交付	免状を交付した都道府県知事

問題6 次のア〜エまでの防火対象物のうち、防火管理者を定めなければならないものの組み合わせとして、消防法令上、正しいものはどれか。

ア、共同住宅で収容人員が30人のもの
イ、カラオケボックスで収容人員が30人のもの
ウ、物品販売店舗で収容人員が20人のもの
エ、養護老人ホームで収容人員が10人のもの
(1) アとイ　　　(2) ウとエ　　　(3) アとウ　　　(4) イとエ

消防関係法令（類別）（4問）

問題7 消防法令上、延床面積にかかわらず消火器具を設置しなければならないものの組み合わせとして、正しいものはどれか。

(1) カラオケボックス、物品販売店舗、旅館
(2) 老人デイサービスセンター、病院、養護老人ホーム
(3) 劇場、地下街、重要文化財
(4) 神社、公会堂、図書館

問題8 防火対象物又はその部分に付加設置する消火器具の数量及び本数についての以下の組み合わせとして、正しいものはどれか。

	少量危険物	指定可燃物	ボイラー室	電気設備室
(1)	少量危険物の数量 指定数量	指定可燃物の数量 令別表第4の数量の50倍	防火対象物の床面積 50	防火対象物の床面積 100
(2)	少量危険物の数量 指定数量	指定可燃物の数量 令別表第4の数量の50倍	防火対象物の床面積 25	100m²以下 ごと1個
(3)	指定数量 少量危険物の数量	指定可燃物の数量 令別表第4の数量の500倍	防火対象物の床面積 50	100m²以下 ごと1個
(4)	少量危険物の数量 指定数量	指定可燃物の数量 令別表第4の数量の500倍	防火対象物の床面積 25	防火対象物の床面積 100

問題9 大型消火器と大型以外の消火器を設置する場合の距離及び高さについて、正しいものの組み合わせはどれか。

	大型消火器	大型消火器以外の消火器	消火器の設置高さ
(1)	歩行距離30m以下	歩行距離20m以下	床面から高さ1.5m以下
(2)	歩行距離30m以下	水平距離20m以下	床面から高さ1.8m以下
(3)	水平距離30m以下	水平距離20m以下	床面から高さ1.5m以下
(4)	歩行距離30m以下	歩行距離20m以下	床面から高さ1.8m以下

問題10 電気設備の火災に適応する消火器具についての下記説明文の（　）に
あてはまる語句の組み合わせとして、正しいものはどれか。

『変圧器、配電盤及び受変電設備室での電気火災の消火には、（ア）と（イ）は
適応しないが、（ウ）と（エ）は適応する。』

	ア	イ	ウ	エ
(1)	二酸化炭素消火器	泡消火器	二酸化炭素消火器	炭酸水素塩類等の粉末消火器
(2)	泡消火器	霧状の強化液を放射する消火器	棒状の強化液を放射する消火器	乾燥砂
(3)	泡消火器	棒状の強化液を放射する消火器	二酸化炭素消火器	霧状の強化液を放射する消火器
(4)	乾燥砂	泡消火器	棒状の強化液を放射する消火器	二酸化炭素消火器

機械に関する基礎知識（5問）

問題11 ボイル・シャルルの法則について説明した下記説明文のうち、誤って
いるものはどれか。

(1) ボイル・シャルルの法則における絶対温度Tは、摂氏温度をtとすると、
　　$T=t+273$ という式でその関係性を表すことができる。
(2) ボイル・シャルルの法則が完全にあてはまるような、仮想的な気体を理想
　　気体という。
(3) ボイル・シャルルの法則は、実在する気体には全く適応しない。
(4) 絶対温度をT、圧力がPの時の一定質量の気体の体積をVとすると、
　　$PV=$定数$\times T$ という式でその関係性を表すことができる。

問題12 4cm×4cmサイズの角棒の軸方向に10^5Nの圧縮荷重が作用している。この時発生する応力 σ の値として、正しいものはどれか。

(1) 6.25MPa　(2) 62.5MPa　(3) 625MPa　(4) 6,250MPa

問題13 次のステンレス鋼に関する説明文中の（　）にあてはまる語句の組み合わせとして、正しいものはどれか。

『18-8ステンレス鋼は、鉄に（ア）を18%、（イ）を8%加えた合金鋼である。』

	ア	イ
(1)	ニッケル	マンガン
(2)	ニッケル	亜鉛
(3)	クロム	マンガン
(4)	クロム	ニッケル

問題14 金属材料の引張強さ（基準強さ）、許容応力、安全率の関係式として、正しいものはどれか。

(1) 引張強さ＝許容応力×安全率　　(2) 引張強さ＝許容応力÷安全率
(3) 引張強さ＝許容応力＋安全率　　(4) 引張強さ＝許容応力ー安全率

問題15 日本工業規格上、[M10]と表されるねじがあるが、このねじの種類として、正しいものはどれか。

(1) メートルねじ　　　(2) 管用平行ねじ
(3) 管用テーパねじ　　(4) ユニファイ並目ねじ

311

消火器の機械に関する部分（9問）

問題16 第4類危険物火災の初期消火の方法として、次のうち誤っているものはどれか。

(1) 乾燥砂を用いた窒息消火が有効である。
(2) 霧状放射する強化液消火器が有効である。
(3) 引火点が低いものについては、冷却消火が効果的である。
(4) 二酸化炭素消火器による消火は効果的である。

問題17 消火器と適応火災についての以下の説明文のうち、正しい組み合わせとなっているものはどれか。

ア．りん酸アンモニウムを主成分とする粉末消火器は、A火災には適応しない。
イ．二酸化炭素消火器には、液化二酸化炭素が充てんされており、B火災及び電気火災に適応する。
ウ．化学泡消火器は、外筒内に炭酸水素ナトリウム、内筒内に硫酸アルミニウムを水に溶解して充てんしており、A火災及びB火災に適応する。
エ．炭酸水素塩類を主成分とする粉末消火器は、A火災、B火災及び電気火災に適応する。
オ．強化液消火器は、消火薬剤に炭酸カリウムの濃厚な水溶液を使用するもので、薬剤放射方法を問わず、全ての火災に適応する。

(1) ア、イ 　　　(2) イ、ウ
(3) ウ、エ、オ 　　(4) ア、ウ、オ

問題18 加圧式消火器に用いる加圧用ガス容器について、次のうち適切なものはどれか。

(1) 内容積100cm³以下の作動封板を有する加圧用ガス容器が腐食している場合、充てんガスを放出せずに廃棄すること。

(2) 作動封板を有する加圧用ガス容器は、全て高圧ガス保安法の適用を受ける。

(3) 作動封板を有する加圧用ガス容器は、容量が同一であれば製造メーカーを問わずに交換・設置することができる。

(4) 容器弁付の加圧用ガス容器にガスを充てんするときは、必ず専門業者に依頼すること。

....

問題19 消火器の構造についての説明文のうち、誤っているものはどれか。

(1) 機械泡消火器には、放射される消火薬剤に空気を混和させる必要があるため、発泡ノズルの基部に空気吸入孔が設けられている。

(2) 強化液消火器には、レバーを操作して開閉バルブ付きカッターで封板を破ることにより消火薬剤を圧縮空気圧力で放出する蓄圧式のものがある。

(3) 二酸化炭素消火器は、液化二酸化炭素が放射される際の気化冷却による凍傷防止のため、ホーン握りが装着されている。

(4) 化学泡消火器は、本体容器内部で2種類の消火薬剤を反応させる構造となっていて、消火器を転倒させて使用するものである。

問題20 消火薬剤の放射異常についての判断として、次のうち不適当なものは
どれか。

(1) 二酸化炭素消火器を使用したところ、二酸化炭素が全く放射されなかった。
これは、消火器内の二酸化炭素が自然噴出していたことが原因と考えられ
る。

(2) 蓄圧式消火器のレバーを握ったが、消火薬剤が少量しか放射されなかった。
これは、充てんされた蓄圧ガスが漏れ出ていたことが原因と考えられる。

(3) 設置してある化学泡消火器のノズルから泡が漏れ出ていた。これは、内筒
に亀裂が入り、A剤とB剤が徐々に反応したことが原因と考えられる。

(4) 蓄圧式機械泡消火器のバルブを開いたが消火薬剤が放射されなかった。こ
れは、消火器を転倒させなかったことが原因と考えられる。

問題21 消火器に消火薬剤を充てんする際の注意事項として、次のうち誤って
いるものはどれか。

(1) 粉末消火器の消火薬剤を充てんする場合には、あらかじめ除湿された圧縮
空気又は窒素ガス等で通気清掃をする。

(2) 化学泡消火器にあっては、消火薬剤を各筒の中で溶解しない。

(3) ガス加圧式の粉末消火器にあっては、加圧用ガス容器を取り付けた後に、
安全栓を起動レバーに挿入する。

(4) 粉末消火器にあっては、消火薬剤の残量は取り出して、新しい消火薬剤に
交換する。

問題22 消火器の廃棄処理方法について、次のうち不適当なものはどれか。

(1) 蓄圧式粉末消火器は、人気のない屋外でレバーを握りながら薬剤全量を放射処理する。

(2) 高圧ガス保安法の適用を受ける二酸化炭素消火器の処理は、専門業者に処理を依頼する。

(3) 廃棄物の処理及び清掃に関する法律、下水道法などの各諸法令を遵守して処理をする。

(4) 高圧ガス保安法の適用を受けない加圧用ガス容器は、本体容器から取り外して排圧治具などにより排圧処理をする。

問題23 消火器の機能点検のうち、内部及び機能の点検に関する以下の記述のうち、正しいものはどれか。

(1) 加圧式粉末消火器は、製造年から3年経過したものについて、抜取りにより内部及び機能の点検を行う。

(2) 二酸化炭素消火器は、製造年から3年経過したものについて、抜取りにより内部及び機能の点検を行う。

(3) 蓄圧式強化液消火器は、配置後3年を経過したものについて、その全数の内部及び機能点検を必ず行う。

(4) 蓄圧式機械泡消火器は、製造年から3年経過したものについて、その全数の内部及び機能点検を必ず行う。

問題24 蓄圧式消火器の整備法についての記述で、正しいものはどれか。

(1) 指示圧力計には、使用圧力範囲、圧力検出部の材質記号及び充てんされている蓄圧ガスの種類が明示されており、交換は明示事項に注意して行う。

(2) レバーの作動確認は、消火器を組み立てたまま行うとバルブが開くことで誤放射の恐れがあるため、整備前に、内圧を排出してから行う。

(3) 消火薬剤の質量又は容量が規定量ない場合、新しい消火薬剤と古い消火薬剤を混合しないようにするため、必ず新しい消火薬剤に詰め替える。

(4) ホースとノズルが一体となっているものについて、ノズルを取り換える場合、ホースからノズルを取り外して該当部分を新品に取り換えて金具で固定する。

消火器の規格に関する部分（6問）

問題25 消火器の放射性能に関する次の記述の（　）にあてはまる語句又は数値の組み合わせとして、規格省令上正しいものはどれか。

『消火器内に充てんされている消火薬剤の放射時間は、常温において（ア）秒以上であること。また、充てんされた消火薬剤の容量又は質量の（イ）％、ただし、化学泡消火器にあっては（ウ）％以上の量を放射できるものであること。』

	ア	イ	ウ
(1)	15	90	85
(2)	15	85	80
(3)	10	90	85
(4)	10	90	80

問題26 消火器に取り付けられているホースについて、規格省令上正しいものはどれか。

(1) ホースの長さは40cm以上であること。
(2) 消火薬剤量が1kg以下の蓄圧式強化液消火器には、ホースを取り付けなくても良い。
(3) 消火薬剤量が1kg未満の粉末消火器には、ホースを取り付けなくても良い。
(4) ホースは使用温度範囲で耐久性を有し、かつ、円滑に操作できるものであること。

問題27 蓄圧式消火器に取り付けられている指示圧力計の指示圧力値の許容誤差について、次のうち規格省令上正しいものはどれか。

(1) 使用圧力範囲の圧力値の上下5%以内であること。
(2) 使用圧力範囲の圧力値の上下10%以内であること。
(3) 使用圧力範囲の圧力値の上下15%以内であること。
(4) 使用圧力範囲の圧力値の上下20%以内であること。

問題28 規格省令上の消火器用消火薬剤についての次の記述のうち、正しいものはどれか。

(1) りん酸塩類を主成分とする粉末消火薬剤には、淡紅色の着色を施すこと。
(2) 強化液消火薬剤は、凝固点が－10℃以下であること。
(3) 泡消火薬剤には、防腐剤等を混和・添加しないこと。
(4) 粉末消火薬剤は、水面に均一散布した場合において、30分以内に沈降しないものであること。

問題29 消火器に表示される適応火災の表示に関する下記記述の（　）にあてはまる数値の組み合わせとして、規格省令上正しいものはどれか。

『絵表示の大きさは、充てんする薬剤の容量又は質量が2L又は3kg以下のものにあっては、半径（ア）cm以上、2L又は3kgを超えるものにあっては半径（イ）cm以上の大きさとすること。』

	ア	イ
(1)	1.0	1.5
(2)	1.5	2.0
(3)	1.0	2.0
(4)	2.0	2.5

問題30 消火器に表示しなければならない事項として、規格省令上誤っているものはどれか。

(1) 使用方法及び使用温度範囲
(2) 普通火災及び油火災に対する能力単位の数値
(3) 放射を開始するまでの動作数
(4) 放射時間及び放射距離

実技（鑑別等）試験（5問）

問題4 下の図は、粉末消火器の消火薬剤充てん工程の一部を示したものである。以下、各設問に答えなさい。

A   B   C

D   E   F

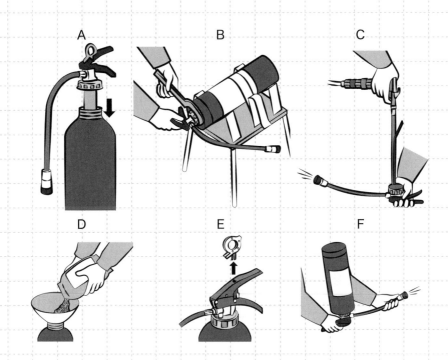

設問1 充てん工程の作業手順を記号で順に並べなさい。

設問2 図中のBで使用されている2種類の工具又は器具の名称をそれぞれ答えなさい。

設問3 この消火器に消火薬剤を充てんした後は、速やかにサイホン管を差し込み、キャップを締める必要がある。その理由を答えなさい。

問題2 下の図は防火対象物の平面図（単位：m）である。次の各設問に答えなさい。

【平面図】

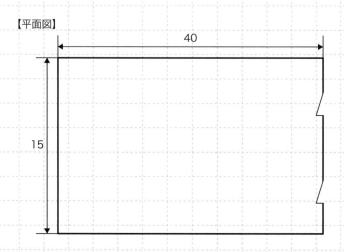

設問1　下記条件を考慮した、本工場の算定基準面積を答えなさい。

設問2　下記条件より、本工場に設置しなければならない消火器の法令に基づく必要最小能力単位の数値を答えなさい。

設問3　法令に基づきこの建物に下記条件の消火器を設置する場合、歩行距離も考慮した実際に必要となる最小本数を求めて、それを図中に記入しなさい。なお、消火器の記号は『○』で表すと共に、設置については、いずれの場所も可能とします。

〈条件〉

・建物用途は工場で、主要構造部は耐火構造で内装を難燃材料で仕上げている。

・消防法上の無窓階には該当しない。

・他の消防用設備等の設置による緩和要件については、考慮しない。

・設置する消火器1本あたりの能力単位は2とする。

320

問題3 下に示す消火器について、以下の設問に答えなさい。

設問1　この消火器の名称及び操作機構上の方式を答えなさい。

設問2　この消火器の使用温度範囲を答えなさい。

設問3　この消火器に使われる2種類の薬剤を充てんするとき、外筒に硫酸アルミニウム、内筒に炭酸水素ナトリウムを充てんしてはならないが、その理由を答えなさい。

設問4　この消火器に特有の構成部品等について、以下の語群より対象となるものを全て選びなさい。

〈語群〉

キャップ、ノズル、減圧孔、ろ過網、カッター、安全弁、液面表示（内筒・外筒）、安全栓

問題4 下の写真は、車載式消火器で（　）内の数値は、充てんされている消火薬剤の容量又は質量を示したものである。以下の設問に答えなさい。

A：粉末消火器
（20kg）

B：化学泡消火器
（80L）

C：二酸化炭素
消火器（30kg）

D：機械泡消火器
（20L）

設問1　危険物施設に設置が義務付けられる、第5種消火設備を記号で答えなさい。また、この消火器が第4種消火設備として扱われるために必要な消火薬剤の充てん質量又は容量についても併せて答えなさい。

設問2　A火災に適応しない消火器を記号で答えなさい。

設問3　設問2で選んだ消火器を設置してはならない防火対象物又はその部分（答えは1つで構わない）及びその設置してはならない理由を併せて答えなさい。

問題5 下に示す図及び写真は、法令に基づく消火器及び検定合格表示である。以下、各設問に答えなさい。

設問1 以下に示す消火器の放射性能として、放射時間及び放射する充てん薬剤量をそれぞれ答えなさい。なお、測定に際しての温度は20℃とします。

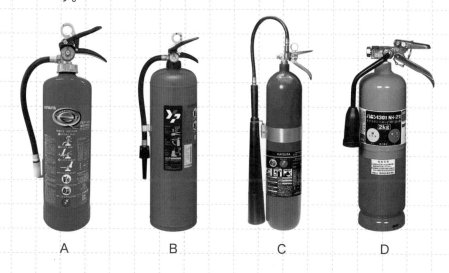

A　　　　　　B　　　　　　C　　　　　　D

設問2 これらのうち、C火災に適応しない消火器を記号で答えなさい。

設問3 CとDの消火器は、それぞれ緑色及び灰色に表面塗色をしなければならないが、その割合は何%以上か答えなさい。

設問4 次のうち、消火薬剤の検定合格表示はどれか。

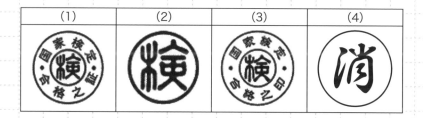

| (1) | (2) | (3) | (4) |

→ 模擬問題 第1回　　解答解説

《 筆記試験 解答 》

消防関係法令	
問1	3
問2	2
問3	4
問4	4
問5	1
問6	4
問7	3
問8	2
問9	1
問10	3

機械に関する基礎知識	
問11	3
問12	2
問13	4
問14	1
問15	1

消火器の機械・規格			
問16	3	問26	4
問17	2	問27	2
問18	4	問28	1
問19	2	問29	1
問20	4	問30	3
問21	3		
問22	1		
問23	1		
問24	2		
問25	3		

【合格ライン】

筆記試験は各科目ごとに40%以上で全体の出題数の60%以上（法令は4問以上、機械に関する分野は2問以上、消火器については6問以上で、かつ、全体で18問以上）、かつ、実技試験において60%以上できていればOKだ！

筆記試験 解説

1 正解（3） →テーマNo.13

(3) の、消防用設備等の設置が義務付けられている防火対象物は、施行令別表第1で掲げる防火対象物である。そこでは、工場や倉庫、小学校等の防火対象物も記載されており、本問記載の病院、旅館等の不特定多数人が出入りする防火対象物に限定されているわけではない。よって、「限定されている」という箇所が、対象となる枠を絞り過ぎているため、誤り。

2 正解（2）→テーマNo.15

増改築に伴い消防用設備等を改正後の基準に適合させなければならない場合の要件は、

①増改築する防火対象物の床面積合計が1,000m²以上

②増改築する防火対象物の床面積合計が、工事着工時の防火対象物の延床面積の2分の1以上

上記どちらかを満たす必要がある。本問を見ると、（2）は増築した床面積合計が1,000m²なので、①の要件を満たしており、正解である。

3 正解（4）→テーマNo.23

検定が不要となるのは、外国から「輸入」するものではなく、外国に「輸出」するものなので、（1）は誤り。型式承認を行うのは<u>総務大臣</u>なので、（2）は誤り。検定対象機械器具等材質や成分および性能等は、<u>総務省令で定める技術上の規格</u>により定めるので、（3）は誤り。よって、残る（4）が正解となる。

4 正解（4）→テーマNo.21

消防設備士が行うべきことは、火災の発生を未然に防ぐことと、火災が発生したときの迅速な消火対応である。その点を考慮すれば、（1）～（3）は正しいと判断できる。（4）のような違反の届出については、法令上このような内容は規定されていないので、誤り。

5 正解（1）→テーマNo.20

書換えは、免状交付から10年経過や氏名変更等の<u>不可抗力によるもの</u>なので、申請先を幅広く認めている。しかし、**再交付**の場合は、免状紛失等による<u>自己の過失によるもの</u>なので、免状を交付した都道府県知事のみに申請でき、居住地または勤務地を管轄する都道府県知事には申請できない。

6 正解（4）→テーマNo.22

「防火管理者の選任要件」は、次の3つのいずれかに該当する場合である。<u>①非特定防火対象物は収容人数**50人以上**の場合</u>、<u>②特定防火対象物は収容人数**30人以上**</u>の場合、さらにこのうち、<u>③避難遅れが懸念される老人施設や乳児院、障碍者支援施設等の特定防火対象物は収容人数**10人以上**</u>の場合。よって、イと

エがこの防火管理者の選任要件に該当するので、（4）が正解。

7 正解（3） →テーマNo.24

「延床面積にかかわらず消火器を設置しなければならない防火対象物」は、ゴロ
あわせ「府営B団地内のカラオケ大会は、老人には重要なイベントだ！」をヒント
にする。選択肢中では、カラオケボックス、病院、養護老人ホーム、劇場、
地下街、重要文化財が、これに該当する。よって、（3）が正解である。

8 正解（2） →テーマNo.25

電気設備室のある部屋だけ、分数ではなく、延床面積100m^{2}以下ごとに1本設
置となる点が本問のポイント。

9 正解（1） →テーマNo.29

大型消火器と大型消火器以外の消火器（要は小型消火器）の設置距離は、とも
に**歩行距離**で算出する。また、火災の発生時、すぐに消火器が使える必要があ
るので、設置の高さは**床面から1.5m以下**とされている。よって、（1）が正解。

10 正解（3） →テーマNo.26

電気設備の火災に適応する消火器のポイントは、電気であるがゆえに「**感電**」
の危険性が重要となる。よって、泡消火器と棒状放射の強化液消火器や水消火
器はNGである。なお、乾燥砂は適応しそうな気がするが、これは窒息作用に
よって消火するものであるため、基本はA火災とB火災（建築物火災を除く）に
適応するとされる。

11 正解（3） →テーマNo.1

ボイル・シャルルの法則が適用されるのは、（2）に記載の理想気体の場合であ
るが、「理想」の文字通り、現実世界には存在しない。しかし、実在気体であっ
ても、体積がゼロで分子間力を無視できると仮定して、理想気体とみなして取
り扱うことができる。よって、（3）は誤り。

12 正解（2） →テーマNo.6

応力σの値は、荷重Wを断面積で割った値となる。

公式：σ［MPa］$= \dfrac{荷重［N］}{断面積［mm^2］}$

計算するときは、単位換算（1MPa＝1N／mm²、1cm＝10mm）に気をつけて計算する。

$$\sigma［MPa］= \frac{10^5}{40 \times 40} = \frac{100{,}000}{1{,}600} = \frac{1{,}000}{16} = 62.5MPa$$

よって、（2）が正解。

13 正解（4）→テーマNo.9

ステンレス鋼は、鉄にクロムを18％、ニッケルを8％加えた合金なので、（4）が正解。

合金に関する出題は、このほかにも銅合金（青銅、真ちゅう）、鋼の炭素含有率の違いによる性質変化等が出題される可能性がある。

14 正解（1）→テーマNo.8

許容応力と安全率、金属材料の引張強さの関係は、右図のように表すことができる。よって、これに当てはまる（1）が正解。

15 正解（1）→テーマNo.11

管用ねじは、平行ねじとテーパねじがJISで規格が定められている。ユニファイねじは、基本的な特徴はメートルねじと同じだが、表記がインチ単位となっており、現在は順次メートルねじに切り替わっている。

16 正解（3）→テーマNo.26

第4類危険物（引火性液体）の消火には、窒息消火が有効である。そのため、（1）乾燥砂、（4）二酸化炭素消火器による消火は、効果がある。（2）強化液は、霧状放射すればOK（棒状放射はNG）だが、一般に水などによる冷却消火は不適とされる。もしガソリン火災に水を注水すると、ガソリンが水面に浮いて、燃焼面を広げてしまう危険があるからだ。

17 正解（2） →テーマNo.35&36

りん酸アンモニウムを主成分とする粉末消火器（ABC消火器）は、すべての火災に適応する。炭酸水素塩類を主成分とする粉末消火器は、A（普通）火災に適応しない。強化液消火器は、B（油）火災に対して、霧状放射は適応するが、棒状放射は燃焼面を広げる危険性があるため適応しない。よって、イとウが正しく、（2）が正解。

18 正解（4） →テーマNo.32&43

（1）の廃棄に際しては、残存ガスによる事故を未然に防ぐため、充てんガスを排出してから廃棄処理する。

（2）の高圧ガス保安法の適用を受けるか否かの判断は、加圧用ガス容器が作動封板式か容器弁付かは関係なく、その**容量（100cm³超）で決まる。**

（3）について、作動封板を有するものは、消火器銘板に記載のある容器記号が同一のものとしか交換することができない。

19 正解（2） →テーマNo.34

カッターで封板を破ることで作動するのは、**破がい転倒式**化学泡消火器のこと。強化液消火器には、開閉バルブは装着されているが、開閉バルブ付きカッターは装着されていない。よって、（2）が誤り。

20 正解（4） →テーマNo.35

転倒させてから消火薬剤を放射するのは機械泡消火器ではなく、**化学泡消火器**なので、（4）が誤り。

21 正解（3） →テーマNo.41

安全栓があることで、万が一の作動封板の誤作動による加圧用ガス容器の作動を防止することができる。そのため、取り外すときには、先に加圧用ガス容器を外してから、安全栓を外す。反対に、取り付けるときには、先に安全栓を取り付けてから、加圧用ガス容器を取り付ける。よって、（3）が誤り。

22 正解（1） →テーマNo.43

蓄圧式粉末消火器は、消火器を倒立（逆さに）してバルブを開き、消火器内部

の充てん薬剤が噴出しないように、**充てんガスのみを排出処理**する。充てんガス排出後は、薬剤が飛散しないよう、袋に入れてからブリキ缶等に入れてフタをして処理する。よって、(1) が誤り。

23 正解 (1) →テーマNo.39

ひっかけ問題で問われやすい、消火器の機能点検の頻度についての問題。反応式（化学泡消火器のみ）は設置後1年経過したら、加圧式は製造年から3年経過したら、蓄圧式は製造年から5年経過したら実施となる。粉末消火器を除く加圧式と反応式の消火器は放射能力を除く項目は全数を、放射能力については対全数の10%を、それぞれ点検する。蓄圧式と全ての粉末消火器については、放射能力を除く項目は抜取り数を、放射能力については対抜取り数の50%を、それぞれ点検する。

24 正解 (2) →テーマNo.40

(1) の指示圧力計については、使用圧力範囲と圧力検出部の材質記号が明示されているが、蓄圧ガスの種類までは明示されていないので、誤り。

(3) については、消火薬剤は一般に新品に替えることが多いが、古い消火薬剤であっても、性状点検をした結果、異常のないものは不足分の補充で問題ない。そのため、「必ず」というフレーズが、言い過ぎており、誤り。

(4) については、ノズルはホースに挿入されて一体となっているものが多いので、どちらか一方を取り替える場合でもセットで取り替える必要がある。そのため、どちらか一方というのはNGのため、誤り。

よって、残る (2) が正解。

25 正解 (3) →テーマNo.44

正しい数値を入れると、次の通り。

「消火器内に充てんされている消火薬剤の放射時間は、常温において (10) 秒以上であること。また、充てんされた消火薬剤の容量又は質量の (90) %、ただし、化学泡消火器にあっては (85) %以上の量を放射できるものであること。」

26 正解（4） →テーマNo.45

（1）のホースの長さについては、「**消火剤を有効に放射できる長さであること**」となっているが、具体的な長さの指定はない（ただし、**据置式消火器の場合は有効長10m以上**となっている）。

（2）、（3）のホースが不要な消火器の消火薬剤量については、ゴロあわせ「馬のホース（ホース）が不意（粉末1kg）にハードル下（以下）をは（ハロゲン）しった（4kg）ので、見（未満）失った」を見ておこう。

よって、残る（4）が正解。

27 正解（2） →テーマNo.45

蓄圧式消火器に取り付けられている指示圧力計の許容誤差の範囲は、**使用圧力範囲の圧力値の上下10%以内**となっている。

28 正解（1） →テーマNo.49

規格省令上、強化液消火器の凝固点は**−20℃以下**、泡消火薬剤には防腐剤等の混和・添加が認められている。粉末消火薬剤は、水面に均一散布後**1時間以内**に沈降しないものである必要がある。

29 正解（1） →テーマNo.48

正しい数値を入れると、次の通り。

「絵表示の大きさは、充てんする薬剤の容量又は質量が2L又は3kg以下のものにあっては、半径（1.0）cm以上、2L又は3kgを超えるものにあっては半径（1.5）cm以上の大きさとすること。」

30 正解（3） →テーマNo.48

「放射を開始するまでの動作数」についての表示は必要ないので、（3）が誤り。

実技（鑑別等）試験 解答解説

鑑別1 →テーマNo.41

設問1	F→B→E→C→D→A
設問2	キャップスパナ　クランプ台
設問3	消火薬剤充てん後、しばらくすると消火薬剤が沈降して締まってくることにより、バルブ本体の回転位置の調整ができなくなるため

設問1について注意すべきは、安全栓を外すタイミング。Eの『安全栓をはずしてから、加圧用ガス容器を取り外す』というもの。安全栓を外してしまうと、不慮の事故（加圧用ガス容器の誤作動等）が起こりかねないので、必ず**加圧用ガス容器を取り外してから、安全栓を抜く**。

設問2では、クランプ台とキャップスパナを出題した。このほか、加圧用ガス容器を取り外すプライヤーや、蓄圧ガスを充てんする際に用いる接手金具と三方バルブ、圧力調整器のほか、内部の目視点検に使用する反射鏡、通気清掃に使用するエアーガン等も写真を見て答える問題が過去に出題されている。

設問3については、解答の通りである。

鑑別2 →テーマNo.25＆29

設問1	200m²
設問2	3
設問3	（下図参照）

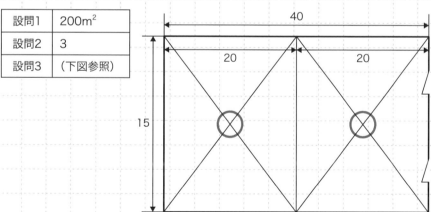

本問では工場（算定基準面積は100m²）を題材とした。建物主要構造部が耐火構造で内装を難燃材料（不燃材料を含む）で仕上げているので、基準面積が倍

の200m²となる。建物面積は図より、40×15＝600m²となるので、必要最小

能力単位は、$\dfrac{600}{200}$＝3である。

そのため、本問で設置する消火器（能力単位2）は、3÷2＝1.5（切り上げて2本）の設置となる。設置距離については、小型消火器なので、防火対象物の各部分から歩行距離で20m以下の距離となるように設置する。

鑑別3 →テーマNo.35＆50　　　　　　　　　　（消火器画像：ヤマトプロテック）

設問1	破がい転倒式化学泡消火器
設問2	5℃以上40℃以下
設問3	外筒に硫酸アルミニウムを入れると、鉄製の容器内部が化学反応してしまうため
設問4	ろ過網と液面表示（内筒・外筒）

化学泡消火器が、消火器の中で唯一、**転倒式**の消火器であること（設問1）、規格省令上の使用温度範囲が唯一、**5℃以上40℃以下**であること（設問2。他は0℃以上40℃以下）など、特徴的なポイントを中心に押さえられていればよい。

鑑別4 →テーマNo.35～37、50　　（消火器画像：左2点 初田製作所、右2点 ヤマトプロテック）

設問1	第5種消火設備：C 必要な消火薬剤充てん量：50kg以上
設問2	C（二酸化炭素消火器）
設問3	設置してはならない防火対象物又はその部分 　⇒地下街、準地下街、地階、無窓階のうちどれか1つを回答 その理由 　⇒使用した場合に窒息する危険性があるため

第5種消火設備（小型消火器）に該当するものを選ぶ問題は、逆を考えれば、第4種消火設備（大型消火器）を除けばよい。このとき威力を発揮するのが、ゴロあわせ「ふんまつー（粉末20）とはっさん（ハロゲン30）でにごった（二酸化炭素50）いろ（kg）。きょうろく（強化液60）な機械に（機械泡20）水

（水）が泡化け（化学泡）やりんす（80L）」である。これを見れば、C（二酸化炭素消火器）がゴロあわせの数値を満たしていないことが一目瞭然である。このほか、消火器ごとの適応火災について問う問題も頻出である。ざっくりいうと、泡系はC火災がNG、二酸化炭素消火器や乾燥砂等はA火災がNGである。このほか、粉末消火器においては、炭酸水素塩類を主成分とするものがA火災はNGである。

実物の消火器を見て答える鑑別等試験では、絵表示が問題文中に鮮明に印刷されている場合が多いので、そこまで心配しなくてもよい。しかし、消火器の外観写真からおおよその消火器の種類を特定し、そこから適応火災がすんなり答えられるようにしておくとよい。

鑑別5 →テーマNo.23、35〜37、50　　（消火器画像：左から初田製作所、ヤマトプロテック、初田製作所、日本ドライケミカル）

設問1	常温（20℃）において、放射時間10秒以上、薬剤放出量が充てん量に対して90%以上（化学泡消火器の場合は85%以上）
設問2	B（蓄圧式機械泡消火器）
設問3	50%以上
設問4	（3）

消火器塗色についての設問3は、併せて本体容器の**25%以上**を**赤色**に塗色する必要がある。なお、設問4は消火器のものと混同しがちだが、ゴロあわせ（「イン（印）ドの薬剤」）で解決できるので、分別して覚えよう。

Appendix | 付録

◆防火対象物の分類（施行令別表第１）　→テーマNo.13

(1)	イ	劇場、映画館、演芸場又は観覧場
	ロ	公会堂又は集会場
(2)	イ	キャバレー、カフェー、ナイトクラブ等
	ロ	遊技場又はダンスホール
	ハ	風俗店等
	ニ	カラオケボックス、インターネットカフェ、漫画喫茶など
(3)	イ	待合、料理店等
	ロ	飲食店
(4)		百貨店、マーケットその他の物品販売業を営む店舗又は展示場
(5)	イ	旅館、ホテル、宿泊所等
	ロ	寄宿舎、下宿又は共同住宅
(6)	イ	病院、診察所、助産所 入院・入所施設を有しない診療所・助産所（クリニック等）
	ロ	養護老人ホーム、有料老人ホーム、救護施設等
	ハ	老人デイサービスセンター、保育所、児童及び障碍者関連施設等
	ニ	幼稚園又は特別支援学校
(7)		小学校、中学校、高等学校、中等教育学校、高等専門学校、大学、専修学校、各種学校等
(8)		図書館、博物館、美術館等
(9)	イ	公衆浴場のうち、蒸気浴場、熱気浴場等
	ロ	イに掲げる公衆浴場以外の公衆浴場
(10)		車両の停車場又は船舶若しくは航空機の発着場（旅客の乗降または待合いの用に供する建築物に限る）
(11)		神社、寺院、教会等
(12)	イ	工場又は作業場
	ロ	映画スタジオ又はテレビスタジオ
(13)	イ	自動車車庫、駐車場
	ロ	飛行機又はヘリコプターの格納庫
(14)		倉庫
(15)		(1) ～ (14) に該当しない事業場（事務所、銀行、郵便局等）
(16)	イ	複合用途防火対象物（特定用途部を含むもの）
	ロ	イに掲げる複合用途防火対象物以外の複合用途防火対象物
(16の2)		地下街
(16の3)		準地下街
(17)		重要文化財等の建造物
(18)		延長50m以上のアーケード
(19)		市町村長の指定する山林
(20)		総務省令で定める舟車

※着色部が特定防火対象物、無着色部が非特定防火対象物

◆消防用設備等の種類 →テーマNo.14

消防の用に供する設備	消火設備	・消火器及び次に掲げる簡易消火用具 （水バケツ、水槽、乾燥砂、膨張ひる石又は膨張真珠岩） ・屋内・屋外消火栓設備　　・スプリンクラー設備 ・水噴霧消火設備　　　　　・泡消火設備 ・不活性ガス消火設備　　　・ハロゲン化物消火設備 ・粉末消火設備　　　　　　・動力消防ポンプ設備
	警報設備	・自動火災報知設備　・ガス漏れ火災警報設備 ・漏電火災警報器　　・消防機関へ通報する火災報知設備 ・警鐘、携帯用拡声器、手動式サイレンその他の非常警報器具、非常ベル、手動式サイレン、放送設備
	避難設備	・すべり台　・避難はしご　・救助袋　　・緩降機 ・避難橋その他の避難器具　・誘導灯および誘導標識
消火活動上必要な施設		・排煙設備　　　・連結散水設備　　　・連結送水管 ・非常コンセント設備　　・無線通信補助設備
消防用水		防火水槽、またはこれに代わる貯水池その他の用水

◆点検を要する防火対象物 →テーマNo.16

特定防火対象物	延床面積1,000m²以上
非特定防火対象物	延床面積1,000m²以上で、かつ、消防長または消防署長が指定したもの
特定一階段等防火対象物	すべて

◆点消防用設備設置によって届出＆検査が必要な防火対象物
→テーマNo.18

特定防火対象物	延床面積300m²以上
非特定防火対象物	延床面積300m²以上で、かつ、消防長又は消防署長が指定したもの
カラオケボックス、旅館・ホテル、病院・診療所、養護老人ホーム、特定一階段等防火対象物、地下街及び準地下街	すべて

※簡易消火用具と非常警報器具は設置しても届出と検査を受ける必要なし

◆消火器具設置が必要な防火対象物と所要能力単位を決める算定基準面積
→テーマNo.24＆25

消火器具設置が必要な防火対象物		算定基準面積
延床面積300m²以上	学校、図書館、停車場、神社、事務所など	200m²
延床面積150m²以上	①、②以外の防火対象物	100m²
延床面積不問	映画館、ナイトクラブ、ダンスホール、カラオケ、病院、老人ホーム、地下街、重要文化財、舟車など	50m²

◆消防器具の付加設置要件と必要な能力単位　→テーマNo.25

区分	必要な消火器具の能力単位
少量危険物（指定数量の5分の1以上）を取扱う場合	$\dfrac{危険物の数量}{指定数量}$
指定可燃物を取扱う場合	$\dfrac{指定可燃物の数量}{危政令別表第4で定める数量 \times 50}$
電気設備（変圧器や配電盤など）がある防火対象物	床面積100m²以下ごとに、C（電気）火災に対応した消火器を1個設ける
多量の火気を使用する場所（ボイラー室、乾燥室など）がある防火対象物	$\dfrac{床面積}{25m^2}$

◆消火設備の区分　→テーマNo.25

種別	消火設備の種類	消火設備の内容
第1種	屋内・屋外消火栓設備	―
第2種	スプリンクラー設備	―
第3種	固定式消火設備（「～消火設備」）	水蒸気、水噴霧、ハロゲン化物、泡、粉末、不活性ガス
第4種	大型消火器	水、強化液、泡、二酸化炭素、ハロゲン化物、消火粉末
第5種	小型消火器、乾燥砂、水バケツ、水槽など	

◆点検対象となる消火器　→テーマNo.39

消火器	検定対象
化学泡消火器	設置から1年経過
加圧式消火器（粉末消火器除く）	製造年から3年経過
蓄圧式消火器（及び粉末消火器）	製造年から5年経過
欠陥・異常があるもの	すべて

◆消火器ごとの動作数　→テーマNo.44

消火器の種類	動作数
化学泡消火器を除いた手さげ式の消火器	1動作以内
化学泡消火器、背負式消火器、据置式消火器	2動作以内
車載式消火器	3動作以内

◆大型消火器に分類される薬剤量の基準　→テーマNo.44

消火器の種類	消火薬剤の量
粉末消火器	20kg以上
ハロゲン化物消火器	30kg以上
二酸化炭素消火器	50kg以上
強化液消火器	60L以上
機械泡消火器	20L以上
化学泡消火器	80L以上
水消火器	80L以上

◆消火器の使用温度範囲（市販品の場合）　→テーマNo.44

消火器の種類	使用温度範囲
化学泡消火器	5℃〜40℃
純水ベースの水消火器	0℃〜40℃
強化液消火器	−20℃〜40℃
機械泡消火器	−20℃〜40℃
二酸化炭素消火器	−30℃〜40℃
蓄圧式粉末消火器	−30℃〜40℃
加圧式粉末消火器	−20℃〜40℃

※規格省令上の基準は、化学泡消火器が5℃以上40℃以下、それ以
　外の消火器が0℃以上40℃以下。

◆携帯または運搬装置の質量による適用区分　→テーマNo.47

本体容器の質量	携帯または運搬装置
28kg以下	手さげ式、据置式または背負式
28kg超35kg以下	据置式、背負式または車載式
35kg超	車載式

Index | 索引

著者

佐藤 毅史（さとう つよし）

付加価値評論家®

調理師として延べ4年半勤務するも、体調不良と職務不適合の思いから退社。しかし、その3日後にリーマンショックが発生して、8か月間ニートを経験。その後不動産管理会社での勤務を経て、TSPコンサルティング株式会社を設立・代表取締役に就任。これまでに、財務省、商工会議所、銀行等の金融機関で企業研修・講演を依頼される人気講師の傍ら、現在は社外取締役を4社務める法律と財務のプロフェッショナルでもある。

主な保有資格：行政書士、宅建士、甲種危険物取扱者、毒物劇物取扱者、第2種電気工事士、消防設備士、CFP®、調理師

TSPコンサルティング株式会社ホームページ　http://fp-tsp.com/concept.php

装丁・本文デザイン	植竹 裕（UeDESIGN）
DTP	株式会社 明昌堂
漫画・キャラクターイラスト	内村 靖隆

工学教科書

炎の消防設備士第6類 テキスト&問題集

2021年　8月27日　初版　第1刷発行

著　者	佐藤 毅史	
発 行 人	佐々木 幹夫	
発 行 所	株式会社 翔泳社（https://www.shoeisha.co.jp）	
印刷・製本	株式会社 廣済堂	

ISBN978-4-7981-7138-8　　　　　　　　　　　　Printed in Japan